Joseph Juste Scaliger

Iosephi Scaligeri Iulii Caesaris filii coniectanea in M Terentium Varronem de lingua latina

Ad nobiliss. & eruditiss. iuuenem Ludouicum Castaneam Rupidozeam

Joseph Juste Scaliger

Iosephi Scaligeri Iulii Caesaris filii coniectanea in M Terentium Varronem de lingua latina
Ad nobiliss. & eruditiss. iuuenem Ludouicum Castaneam Rupidozeam

ISBN/EAN: 9783337377694

Printed in Europe, USA, Canada, Australia, Japan

Cover: Foto ©ninafisch / pixelio.de

More available books at **www.hansebooks.com**

Iosephi Scaligeri

IVLII CAESARIS
FILII

CONIECTANEA IN M. Terentium Varronem de lingua Latina.

AD

Nobiliss. & eruditiss. iuuenem Ludouicum Castanæum Rupipozæum.

PARISIIS,
Ex officina Rob. Stephani typographi Regii.
M. D. LXV.

CVM PRIVILEGIO REGIS.

PRIVILEGII AVTORITAS.

Diplomate Caroli 1x. Francorum Regis Christianiss. interdictum est horum Coniectaneorum impressione, distractionéque omnibus Typographis ac Bibliopolis intra decennium: nisi quibus ea imprimere ac distrahere Robertus Stephanus permiserit. Diploma signo Regio maiore obsignatum est, cui ROBERTETVS Regis Secretarius subscripsit, Fontisbellaquæi, vicesima sexta mensis Martij, anno Domini M. D. LX.

NOBILISSIMO AC
ERVDITISSIMO IVVENI
Ludouico Castanæo Rupipozæo s.

NON dubito, quin hæc Cóiectanea in M. Varroné maturiùs edenda erant, quod à quibusdam ea cupidè expectari sciebã: materia autem ea est, vt vel studiosos iuuare, summos etiam viros delectare possit. Tamé non defuerunt causæ, quæ me quasi currentem primo represserunt. Extiterunt enim nónulli, qui obtrectarent me actũ agere: eum autoré emédatissimum Romæ olim editũ esse: quid aliud quàm me infeliciter versari in ea prouincia, quã magna cum laude summus vir Antonius Augustinus suscepisset? Alij verò negare, bonas horas in his minutis animaduersionibus collocare, esse eius, qui aliquod nomen in literis consequi, ac in hominum luce versari vellet. Hæc sanè sat nõ erant ad deterrendos animos eorum, qui norũt & horuns praua iudicia, & illorũ malignas obtrectationes. Tamen tantũ apud me valuerũt, vt fatendum mihi sit, quòd illis crediderim, potius in eo requirendum iudiciū meum, quā, quòd Varronē emendarim, reprehendendū. Nā quod aiunt isti, post Antoniū Augustinum frustra illud negotiū à me susceptum esse: primum alterutrum, aut profitentur temeritatē suam, qui audeant præstare illā editionem, quā ipsi legisse non videntur: aut supinitatem, qui, si legerunt, non vidēt in ea tot mendosos locos relictos, non paucos etiā perperam mutatos esse, vt mihi videātur magnā iniuriam facere optimo viro, qui eius magnitudinē ingenij hac vna editione volunt æstimari. Deinde tāta nō est eius editionis vel autoritas, vel fides, vt deterruerit similes conatus Vertranij, viri eruditi, quem honorificè appello. Sed ne me mouerint quidem amplius aliorū sinistra iudicia, quos suprà dixi contemnere hæc studia, qui nihil aliud in vita curant, quā vt rectè Latinè loqui videantur illis, qui dūtaxat, quod nesciūt, admirari, aut plausu excipere cōsueuerunt. Hos facilè contēnere possumus, cùm sciā maximū quoq; virum Hermolaū Barbarum existimatū ab aliquo, valde alienū fecisse ab instituto suo, & dignitate, qui tatum studium in Plinio repurgãdo posuerit. Et tamé iste, qui illũ notat, tanti precij est apud me, vt, cùm anteà parum in literis videre semper à me iudicatus sit, nunc etiã cum toto illo iudicio nihil sapere mihi videatur. Nõ dicam, quid boni ex istis expectari possit: hoc tantùm admiror, quo cõsilio se cõsecuturos putant, vt prius eloquẽtes euadant, quàm Latinè loqui sciãt: cùm interea non sentiant, nec quid flagitij cõmittunt, cùm Ciceronem adeunt illotis pedibus: nec quàm ridiculi sunt, qui illa penetralia eloquentiæ sibi vnis patere putãt, quod, vt illum autorẽ solum tritũ habeant, non modò à cæteris omnibus abhorrent, sed etiã eorum lectione iuuẽtuti interdicunt. Nec cogitãt Veteres illos meliore fato vsos, quàm nos, quibus nec aliena lingua loquẽdum erat: & cùm eloquẽtiæ studebãt, nũquam illa secula iis viris caruerunt, à quibus discere possent. Nos cõtrà, quibus & peregrinæ linguæ ediscendæ, & ad earum perfectã cognitionem tot autores peruolutãdi sunt: & cùm ad eloquẽtiæ studium aliquã viam nobis strauimus, lon-

*.iij.

gè aliud inſtitutum nobis tenendum eſt, quàm ſolét iſti argutuli magiſtri, qui pulchrè ſecū agi putant, cùm Ariſtotelē, quem ipſi ignorant, pueris prælegunt, vixdum aliqua linguæ Latinæ cognitione imbutis: tātùm abeſt, vt Ariſtotelē Græcè loquentem audire poſſint: & ita ſplendore falſæ ſcientiæ obiecto perſtringunt illam aciem bonorũ ingeniorum. Sed nos ad aliud animum cōparamus, quàm illorũ ſtare craſſis iudiciis, & operā noſtram, quam in hūc autorem impendimus, minimè luſiſſe putamus, ſi quanta quanta eſt, ſtudioſos iuuare poteſt. Nā autores bonos recognoſcere, contra quàm iſti malignè vellicant, etſi nō ſummi ingenij eſt, non tamen mediocris operæ eſt. Et tametſi in eo negotio interdū falli neceſſe eſt: nō tamen ita omnino luditur opera, vt nō laude dignus ſit, qui magnū autorē iuuare voluit. Hoc me multum conſolatur: Nā & tot maculis ſcatet Varro, vt, in quo me deceperit iudicium meū, eæ ſolæ poſſint ſuſtinere cauſſā defenſionis meæ. Et, quod caput eſt, is eſt autor, quē vel tantùm ediſſe plauſibile ſit apud ſtudioſos, nedũ caſtigatiorē ediſſ-

se aliquid laudis mereatur. Deinde quia necesse
fuit in multis cōiectare tātùm, difficile est autem in omnibus præstare posse coniecturas: se-
quuti sumus sapientū Iudicum rationem. Ipsi,
quod perpetuo iure non possunt, arbitrario deci-
dunt. Idcirco cauimus nobis titulo, & Cōiectanea inscripsimus: vt non habeāt isti, quid cauil
lentur in eo, qui tantùm partes dubitatis susce-
perit. Haud enim facilè cōcoquere possunt, quod
post editiones duas Augustini, & Vertranij, a-
liquid noui me proferre sperē, quod illos latue-
rit. Et tamē qui nostras cum illorū animaduersionibus cōpararit, nō solùm dicet nos vidisse,
quod ipsos fugerit, sed etiam aliquid præterea
monuisse, de quo ipsis nunquā in mentē venit.
Neque hoc dictū velim, tanquā ignorem, quā-
tus vir sit Augustinus, quē sanè eruditissimum
ex suis scriptis expertus sum: sed vt sciāt isti,
lōgè felicius eū potuisse tractare hoc negotiū, si
voluisset. Tolerabile enim erat, quod in ea editione corrupta multa præterita sunt, nisi ex e-
mēdatioribus pleraq; in peius mutata essēt. Cū
igitur, Ludouice Castanææ, iuuenis nobilissime,

& eruditiſſime, in animo habuiſſem, hæc Cōiectanea ſaltē ſola nō edere, quòd multa eiuſmodi in alios bonos autores habeam, & poterāt vnà cū illis publicari: tamē placuit hæc in gratiam tuā edere, quia ea iudicarim melius in nomine tuo apparere, quā ſi in aliud tēpus premerētur, & tam bonā occaſionē vtriq; amitteremus, illa talē patronū inueniendi, ego meā in te volūtatē ſignificādi. Quod quidē multis de cauſſis facio: tum quòd ex nobilitate noſtra nō potui inuenire magis literarū amātē, quā te: cuius ingeniū tale eſt, vt etiā ſine literis videatur cultū eſſe potuiſſe: tātùm autē literarū cōſecutus es, vt vel ſatis ad ſummā gloriā eſſe poſſit. Tū ſi quis quærēdus erat, cui multū me debere fatear, tu profectò vnus occurriſti, cuius & plurima in me extant beneficia, & quotidie magis ac magis eam de te ſpem facis, vt cuius liberalitati multa accepta refero, eius etiam virtutem admirari cagar. Vale, ex Caſtro tuo Rupipozæorum, IIII. Idus Decemb. CIƆ. IƆ. LXIIII.

IOSEPHI SCALIGERI
CONIECTANEA SEV AN-
notationes in quartum librum
M. Terentii Varronis de
lingua Latina.

Vm demonstratur in quo
nō debet pertendi, & per-
tenditur.) Pertenditur legendum esse & ante nos annotauit
Vertranius. Pertendere enim τὸ
ὑπερδιατείνεσθαι ad verbum. Propertius:

Quòd si pertendens animo uestita cubaris
  Scissa ueste meas experiere manus. Plautus Captiuis
more suo allusit ad etymologiam veram. Non enim à
pertendendo, vt vult Varro, sed à pertinendo. Ita
enim ait, Quid ais? tenáxne eius pater? PH. imo epol
pertinax. Pulchrè quid inter pertinaciam esset & peruicaciam docet Attius poëta in Myrmidonibus, ele-
gantissimis versibus: quorum acumen meruit, vt hîc
ascriberentur, ne corruptos legas apud Nonium:

  Tu pertinaciam esse Antiloche hanc prædicas:
  Ego peruicaciam aio, et hac me uti uolo.
  Nam peruicacem dicis me esse, et uincere.

A.i.

Perfacilè patior: pertinacem nil moror.
Hæc fortes sequitur: illam indocti possident.
Tu addis quod uitio est, demis quod probro datur.
2. Hinc Pacuuius Rudentisibilus.) Eodem modo Rependirostrum, & Cortinipotens Lucillio:
Hunccine ego unquã Hiacynthi hominẽ cortinipotẽtis
Deliciis contendi? — Sic etiam Laberius de Ariete:
Reciprocicornem, laniutem, uestitrahũ. σχετψκέρωτα,
δασύμαλλον, ἑλκεσίπεπλον. Et Pacuuius finxit Curuifrons.
Sed ita corriges locum Nonii mirè deprauatum: Armenta genere neutro, plerunque fœminino. Ennius:
—*ad armentas ipsius easdem.* Pacuuius:
Tu curuifrontes pascere armentas soles. Huc referendum & illam compositionem Lucillii, quanquã magis Aristophanicam:
Transuerso ordine posuit hippocampelephantocameles.
Neque alienum erit ab hoc loco, Hegesandri veteris poetæ Epigramma in Sophistas apponere:

Ὀφρυαναςπασίδαι, ῥινεγκαταπηξορύγχοι,
Σακκογενζογϛόφοι, κ̀ λοπαδαρπαγίδαι.
Ἱματανωπείβαλλοι, γηλιποκαυβλεπέλαοι,
Νυκιλαθερειοφάγοι, νυκταπαταπλάγιοι.
Μειρακιεξαπάται, κ̀ συλλαβοπυσιλαβηταί,
Δοξοματαιοσόφοι, ζηταρετησιάδαι.

Videamus num & nos impunè cum Lucillio hæc imitatione Græcorum tentare possimus:

Silonicaperones, uibrissasperomenti,
Manticobarbicolæ, extenebropatinæ,
Obsuffarcinamicti, planilucernutuentes,
Noctilatentiuori, noctidolostudij.
Pullipremoplagii, sutelocaptiotricæ,
Rumigeraucupidæ, nugicanoricrepæ.

3. Hic commonendum esse putaui.) Romana editio, & Vertranius, *hic commonendum esse non putaui:* Male. Ait enim Varro, quæ diligenter tractauerit in aliis libris, hîc ea se non repetiturum, tantùm commonendum modò putat lectorem.

4. Chlamyde contorta clupeat brachium.) Pacuuii ex Hermiona, vt citat Nonius:
Currum liquit: Chlamyde contorta astu clupeat brachiū.
Liuius libro xxv. id genus loquendi mitigauit. Ita enim scribit: Inter hæc dicta paludamento circum læuum brachium intorto (nam ne scuta quidem secum extulerāt) in hostes impetum fecit. Valerius Flaccus lib. 3, *--chlamys imbelli circundedit ostro*
Torta manum, strictóque uias præfulgurat ense. Hoc voluit Pollux lib. 4. ἐφαπλὶς, inquit, συςπεμμάτιόν τι φοινικοῦν, ἢ πορφυροῦν, ὃ περὶ τὴν χεῖρα εἶχον οἱ πολεμοῦντες ἢ θηρῶντες. Chlamydem autem peregrinantes sumere solitos, docet Plautus Mercatore. Ibi enim adolescens profectionem adornans, ita loquitur:
--chlamydem sumam denuo. Itē de currū paulo post:
Postea iā in currū cōscendi: iā lora in manus cœpi meas.

5. Quartus, vbi est aditus, & initia, Regis.) Non videtur eruditissimo Adr. Turnebo aliquid mutandum: neque ego mehercule censeo. Quartus, inquit, aditus, regis est: id est, magnum fecerit, qui ad eū accesserit. Ita loquebantur veteres. Plautus Pœnolo,
Rex sum, si ego illum hodie hominem ad me allexero.
In editione Romana lectio antiqua mutata est.

6. Nolui præterire eos, &c.) Non hoc ait Varro, se nolle præterire eos, qui significationes tantùm verborū expediunt: imo contrà: se aliquid maius iis præstiturum. Ipse postea sese explicat. Itaque *volui legen-*

A.ii.

dum, non, vt antea, *nolui*.

7. In eo verbo quod finxisset Ennius causam neglegere.) *Eo in uerbo, quod finxisset Ennius, caussari: neglegere, quod antæ rex Latinus finxisset.* Hic est germanus huius loci sensus, & vera lectio.

8. Totidem verborum: Horum enim, &c.) Postrema duo verba vacant: quorum alterum conflatum est ex præcedentis simili desinentia: alterū quomodo huc irrepserit, nescio. Itaque inducenda sunt. Porrò huiusce diuisionis meminerat libro 10. rerum humanarū citante Nonio: Et ea quæ ad mortales pertinent, quadripartitò dispertierim: in homines, in loca, in tempora, in res.

9. O terra trita.) Si nomen Tragœdiæ posuisset Varro, minus laboraremus ad cōiecturam. Nunc difficile est tam corrupto loco mederi: cū de quo, & quis loquatur, & in qua fabula, nesciamus. Multi multa adduxerunt ad correctionem huius loci, partim ex se, partim ex libris manuscriptis: quæ tamen omnia mēdosa puto. Quòd si locus esset coniecturæ, ita lubenter legerim:

O terra tritaui, in cuius mœro Liberi
Fanum locaui - Et, vt ingenuè fatear, valde mihi persuasi hanc meam coniecturam veram esse. Nam aduerbium, *ubi*, ex eo conflatum puto, quòd videtur in manu scriptis *tritabi*, pro *tritaui* scriptum fuisse. Qui error quàm frequens sit in libris calamo exaratis, nemo nescit: & nos demonstrabimus in his libris non semel ad eum modum peccatum esse.

10. Ab eo præco dicitur locare, quoad vsque id emit, quoad in aliquo consistit precium.) Legendum proculdubio: Quod vsque idem it, quoad

in aliquo confiftit precium. Et, nifi valde fallor, memini olim quoque ita fenfiffe doctifs. Adr. Turnebu, cùm hæc cum illo communicarem. Idem vfque it ergo dictum vel de præcone, qui femper vagatur, donec inuenerit in quo confiftat precium: vel de merce, quæ femper ὑπ.πολάζει, & incerta eft, donec in eo mancupe confiftit, qui auctionem euicerit. Quo in fignificatu Plautus dicit, *It ad me lucrum: nimirum ut in eo confiftat & quiefcat.*

11. Itaque dicit Andromacha. Noctique caua, &c.) Scribendum: *Itaque dicit Andromeda nocti:*

Quæ caua cæli figna tenentibus

Confici' bigis. Sunt enim Anapæftici ex Andromeda Ennii: quam fabulam vertit ex Euripide. Id autem cognofcimus ex dramate Ariftophanis, cui nomen Θεσμοφοριάζουσαι. In ea fabula Ariftophanes more fuo Euripidem infectatur: & ex eius poetæ Andromeda παρῳδίαν confecit, qua hominem falfe deridet. In illis igitur, quæ dicuntur ex perfona Andromedæ habentur & hæc, ex quibus Latina verfa funt.

---ὦ νὺξ ἱερά,

ἦ μακρὸν ἵππευμα διώκεις

ἀγεροῤῥέα νῶτα διφρεύουσ᾽

αἰθέρος ἱερᾶς

τοῦ σεμνοτάτου δι᾽ ὀλύμπου. Citantur & ab interprete Theocriti in Pharmaceutria. Ex quibus apparet non Andromacha, fed Andromeda legendum effe: Vtranque enim fcripfit Ennius. Sed quemadmodum hîc Andromacha pro Andromeda: ita etiam alibi contrà Andromeda, pro Andromacha: vt apud Nonium medofè ex Andromeda citatur hic verfus:

Nam ubi introducta eft, puerúmque ut lauerent, collo-

çant in clupeo: cùm sit ex Andromacha. quod cognoscimus ex Euripide in Troadibus: vbi cadauer Astyanactis pueri lotum defertur in clypeo à Talthybio: cuius hæc verba apud ipsum Euripidem:

ἔλουσα νεκρὸν κἀπέλουσα τραύματα. Scripserunt autē Andromedam tres summi poetæ veteres, Liuius Andronicus, Ennius, Attius. Tamen Attius raro vertit integras fabulas ex veteribus Græcis: sed de suo edidit. Argumēto est, quòd Armorum iudicium scripsit post Pacuuium, qui eius nominis alteram ex Æschylo vertit: item Medeam post Ennianam ex Euripide conuersam: Telephum post illam, quam ex Euripide quoque idem Ennius mutuatus fuerat: & multas alias. sic & Andromedam puto ex illius inuentione esse, non autem ex aliquo poeta Græco. Liuii verò Andromeda potuit esse interpretata ex Sophocle. Citatur enim ille poeta in Andromeda à Polluce lib. x. item Hesychio voce κύρειον.

12. **Quare vt a cauo, &c.**) Particulam *ut* puto vacare, & ita legendum, *Quare à cauo cauea, & caullæ, & conuallis, cauata uallis, & cauædium: ut cauum sit ortum, unde omnia apud Hesiodum, à cælo: à cauo, cælum.*

13. **Cauilæ.**) Mendose manifestò pro Caulæ. Error ex veteri scriptura: Nam Caullæ scriptum fuit duplici ll, vt Paullus. Inde fecerunt Cauilæ. Varroni ἔπμοι cæli à Cauo deducenti adstipulatur Lucretius, qui dixit *Caulas ætheris.*

14. **Cauatæ cauitione.**) Scio apud veteres Cauitionem dictum pro cautione: & ita posset legi, *Cauete cauitione*: vt id non ineptè videri posset vsurpari solitum in formulis. At quæ ratio est, vt cauere à cauo deductum sit? Fortasse ex Ius duabus vocibus faciendum

cauædium:vel,& cauiar,à cauatione. Cauiar, vt foliar, lacunar, &c.

15. **Propter limitare iter.**) Perperam hic Vertranius putat legendum esse, militare iter. Nam Varro ait terminos constitutos esse in agris propter iter limitare. Ea est tantùm semita modica, quæ relinquitur inter duo confinia, lata pedes v. ex duodecim tabularum præscripto. Militaris verò via est ἡ λεωφόρος. Quòd si de ea sensisset Varro, non dicendum erat iter militare, sed via militaris. Nam viæ significatio latius patet. Ineptè verò Varro terminum à terendo deducit, cùm sciat τέρμα Græcè dici.

16. **Quæ sola teri possunt, sola terræ.**) Lege, *Quæ solo teri possunt, sola terræ.* Lucretius,
   Auia Pieridum peragro loca, nullius antè
   Trita solo— Solum enim, infimũ pedis, calcaneum, & calceamenti solea. Plaut. *Qui auro habet suppactum solum.*

17. **Ideo Ennium in terram cadentes dicere: -cubitis pinsibant humum.**) Homericum:
   αὐτὸς δ' ἐν κονίῃσι πεσὼν ἕλε γαῖαν ἑοῖσῶ. Idem Ennius Annali x. *Pinsebant terram genibus—*
   Apud Diomedem perperam ceram, pro terram.

18. **Ab eo quod Romanus combustus.**) Ab eo quod quom Romanus cõbustus. Neque enim hic ponenda negatio. Videndus Cicero 11. de Legib. Nam etiam si Romæ combustus esset, non dicebatur humatus, antequam iusta persoluta essent: neque propriè situs, nisi imposita inscriptione, quod fiebat denicalibus feriis. Neque ante diem octauum sepeliebatur, vt ait Seruius, & Statius innuit his versibus:
   Septima lux, & iam frigentia lumina torpent,

A.iiii.

Iam complexa manu crimen tenet infera Iuno. Itaque intra id tempus dicebatur esse supra terram. Quod significat Varro de vita populi Rom. lib. III. cùm ait, *Propinquæ adolescētulæ etiam anthracinis, proximæ amiculo nigello, cæpillo demisso sequerentur luctum: ut dum supra terram esset, ricinijs lugerent: funere ipso, pullis pallijs amictæ.* Hæc ille. Vt ante nouendiale sacrum, supra terram esse diceretur: vbi vreretur, locus ille, Vstrina: cùm conditus esset, funus: post denicale sacrum, humatus: vbi humatus, locus ille sepulchrū, & τύμβος. In verbis Varronis quædam, quæ corrupta legebantur apud Nonium, emendauimus: & diuulsa duo testimonia in vnum coniunximus.

19. **Aut si os exceptum est mortui ad familiam expurgandam.**) Etiam digitum abscindi ad eam rem testatur Festus. Membrum, inquit, abscindi mortuo dicebatur, cùm digitus eius decidebatur: ad quod seruatum iusta fierent reliquo corpore cōbusto. Id autem ad purgādam familiam certo genere februi, quod vocabant *Exuerrias*.

20. **Funesta manet, & dicitur humilior.**) Non tantum doleo vicem huius loci, quāquam pessimè est acceptus: quantum admiror non esse animaduersum ab iis, qui hunc autorem purgandum susceperunt: vt satis constet insigniter esse deprauatum. Et sinę magno negotio vulnus aperiri, fortasse etiam curari poterit: Disputabat enim Varro de hoc nomine *Humus*, & ab eo deriuatis. Ea verò disputatio non continuata est: sed propter pagellarum transpositionem perturbata, ad eum vsque locum, vbi iterum de deriuatis ab humo disserit ibi, *Vbi nunc est Roma septem montium, &c.* Quæ sanè olim coniuncta erant cum hoc loco. Quòd

enim hoc verum non sit, nemo aduersabitur, qui viderit in duobus his locis Varronem non sibi constare: hîc, quòd subitò interruperit eam disputationem: ibi, quòd ex interrupto eam repetierit, neque loco, neque ratione vlla ita postulante. Aliter enim neutrobi cohærent illa. Neque est quod quis miretur tantum interualli, & hiatus interiectum esse. Id enim non solum hîc, sed & alibi in hisce libris accidit, & in Nonii Marcelli commentariis. Vnumquodque autem significabimus suo loco. Igitur ita hæc restituēda sunt in suam pristinam sedem. Et *dicitur humilior*. Hinc vbi nunc est Roma, septem montium demissior, infimus: humillimus, quod in mundo infima humus. Humor hinc itaque. Ideo Lucillius:

Terra abit in nimbos, imbrésque— Pacuuius:
Exhalat auram terra, atque auroram humidam:humectam. Hinc ager uliginosus, humidissimus. Hinc udus, uuidus. Hinc sudor aquæ uis deorsum. Hinc terra Vmbria humilius. Sunt quæ ab humo, ut Apulia, & Latium, &c.
21. Hinc sudor quamuis deorsum in terra vmbra.) Quidam legunt: Hinc sudor quiuis in terra imber. Quod sanè falsum est, etiam si nescio quid simile voluerit Empedocles. Alii verisimilius, nihilo tamē verius: Hinc udor. Aquæ uis deorsum in terra, imber. Ego puto: *hinc udor, aquæ uis deorsum. Hinc terra Vmbria*. Quod scilicet ab aquarum vi Vmbri: nimirum ἀπὸ τῶν ὄμβρων. Autores Diodorus, Solinus, & alii. Vel de Vmbria iniecit mentionem, quod cum agat de infimis locis, & quæ in eis sunt, fortasse humilem situm Vmbriæ innuit; & ita tunc legendum esset, Hinc udor. Hinc quæuis deorsum terra, ut Vmbria, humilior. Ita etiam locutus est in libris de re rustica. Nam *deorsum habitare*

dixit, pro, in humilibus locis habitare. De situ vero Vmbriæ, notum est, humilem maxima ex parte esse. Hinc Propertius dixit *Menaniam sitam loco plano, & cauo*. Athenæus quoque lib 12. ait luxui maxime deditos fuisse, quod similem ac Lydi regionem haberent, qui & ipsi deliciarum infamia flagrarunt. Etiam Lydiam planam esse, & humilem ostendit prouerbium, λῦδον εἰς πεδίον προκαλεῖν. Quare & Vmbrorum talem fuisse, & Sybaritarum: de quibus dictū propterea, quod neque orientem solem, neque occidentem viderent. Verba Athenæi sunt hæc: τὸ τῶν ὀμβρικίων ἔθνος ἐπιεικῶς ἐῇ ἁβροδίαιτον, παραπλησίως τε βιοπύειν τοῖς λύδοις, χώραντ᾽ ἔχειν ἀγαθήν. ὅθεν παρελθεῖν εἰς εὐδαιμονίαν. propterea dicuntur pingues Persio. Eo etiam spectauit Plautus Milite, cùm ait :

Minime sputator, screator sum: itidē minimè muccidus. Pòst Ephesi sum natus, non in Apulia, aut Vmbria.
rusticos & crapulæ deditos innuit. Catullus quoque in Scazonte in Egnatium videtur idem voluisse, & ita corrigendus versiculus in eo epigrammate:

Aut porcus Vmber, aut obesus Etruscus. Vbi hodie perperam, vt puto, legitur, *parcus umber*. Ita enim veteres, vt & nos quoque hodie vulgò facimus, homines pingues & obesos, porcos vocabant. Pomponius Vernionibus:

Porcus est, quem amare cœpi, pinguis, non pulcher puer.
Hodie vulgò apud Nonium falsò legitur *Orcus*. Menander in Piscatore loquens de Dionysio Heracleæ Pōticæ tyranno, παχὺς γὰρ ὗς ἔκειτ᾽ ἐπὶ στόμα. De huius Dionysii edacitate, & immensa corporis mole plura Athenæus lib. XII. Itaque errat Alciatus, qui, vbicunque fit mentio Vmbrorum apud Plautum, Ouidium, & a-

tios, parcos vult intelligi. Quod ita non esse, demonstratum est. Etiam magnus ille vir eo errore, in alium longè maiorem protractus est: qui apud Plutarchum in Symposiacis putarit de Vmbrorum cœnis parcis, & frugalibus mentionem fieri: cùm tamen neque ipsi frugales fuerint, neque ea sit mens Plutarchi. Locus autem, quem ille intelligit, neque posuit, est Symposiacῶn lib. II. cap. X. ταῖς δ᾽ ὀμβεικὰς ἐκείνας δαῖτας ὐ χρὴ μεταφέρειν ἐκ τῶν ϛρατιωτικῶν κ᾽ παραμβολικῶν ἐϛὼ τε δείπνων. ἀλλὰ μᾶλλον τὴν τῶν παλαιῶν φιλανθρωπίαν ζηλοῦν, ὐ μόνον ὁμοβίοις, ὐδ᾽ ὁμεροφίοις, ἀλλὰ καὶ ὁμοχοίνικας, & ὁμοσίποις (potest & ὁμοσιπύοις) τὸ πᾶσαν σέβεϛ κοινωνίαν ἐν πιμῇ ἀθερδρίοις. Nam ibi non intelligendum de Vmbrorum cœnis, sed catulorum, & ferarum. ὀμβείκια enim & ὄβεια Æliano, & ὁβείκαλα Æschylo dicuntur catuli ferarum. Vnde etiam ex Musimone fero animali, & ouibus natos prisci Latini Vmbros vocabant. Intellexit ergo Plutarchus prandium ferarum, καὶ τὸ μονοφαγεῖν, cuius nemo particeps est: atque adeo, vt Plautus ait, *cùm quis singulas escas deuorat*. Quod & prouerbialiter dictum Plutarcho: & allusit Seneca epistola XIX. *Visceratio, inquit, sine amico, uita leonis, ac lupi est*. Latius equidem diuagatus sum. Sed & necesse fuit ea adducere, quæ opus essent ad probandam coniecturam nostram: & ad ea diluenda, quæ contrà obiici possent. Quare de Vmbria intellexit Varro, aut quòd ἀπὸ τῶν ὄμβρων, aut quòd humilis eius situs. Agit enim de Humo.

22. **Et dicitur humilior.**) Si non est mendum, familia, quæ in luctu est, non dicetur humilior, vt putat Vertranius: sed potius mortuus ipse ante nouendiale sacrum: Nam & eodem modo supra terram esse

dicebatur, vt supra annotauimus. Sin aliter, legendum cum iis, quæ distracta esse demonstraui, ita: *Hinc quæuis deorsum terra, ut Vmbria, humilior.*

23. Quæ ad humum, &c.) Hîc quoque ordo inuersus multum nocuit, & Varronem sibiipsi aduersari facit: cùm ita potius scribendum sit: *Sunt quæ ab humo, ut Apulia, & Latium: aut declinata ab hominibus, ut Sabini, & Lucani: utrunque, ut Etruria, & Tusci.* Quippe docet ab humo declinari, quòd Etruria: ab hominibus, quòd Tusci dicerentur.

24. Quocirca Gabinus quo siue peregrinus.) *Quocirca Gabinus quoque peregrinus.* Neque enim vera est aliorum correctio. Et supra, *Eo enim ex agro Romano primum progrediebantur*: lege *Romani*. alii legunt *Romam*.

25. Vt nostri Augures publice dixerunt.) Lege, *Vt nostri Augures publicei disserunt. publicei* pro *publici*. Cicero, *Publici Augures signis, & auspiciis postea uidento*.

26. Quod fructus capiebant ex agro plano, Campus dictus.) Inepta est hæc etymologia, sicut & de agro culto, à coalescendo potius, quàm à colendo. Siculi Circum, aut Hippodromum, καμπὸν vocabant, à flexu equorû, & quadrigarum, quæ ibi certabât. Inde omnia plana καμποὶ dicti: poetæ vocant Æquora terræ. Vnde καμπτὴρ, metæ. Pacuuius Tantalo, citante Nonio: *Extremum intra campterem, ipsum*
Iam prægreditur Parthenopæum.

27. Diuidit in eos cum scribit Sulpicius.) Sæpenumerò accidit, vt vna vox corrupta aliam secum trahat aduentitiam, & alienam: vt hîc videre possumus. Olim enim sine dubio præpositio I N, hîc non legebatur: sed factum est, vt propter verbum *Diuidit*,

quod quidem corruptum est, ea huc irrepserit. Hæc enim est vera lectio, *Alludit eò, cùm scribit Sulpitius.* Nam prima litera coaluit cũ vltima præcedẽtis vocis *Rura*. & ex i factum est l. vt supra, in *Caulæ*, pro *caullæ*.

28. **Plebei rura largitur ad aream.**) *ad aream*, potes interpretari, ad annuas messes percipiẽdas, id est, vt quotannis percipiantur fructus. Suspicor tamen legendum esse, *Plebei rura largiuntur adoream*, vel *largitura*. id est, quæ vberes fructus fundunt, & largo manat copia cornu. Antiqui Romani omnẽ ex agris prouentum vocabant Adoream. Plautus Amphitruone:

Qui præda, atque agro, adoreáq; affecit popularis suos.

Falsum verò est, quod dicit Varro, Rura dicta, quod rursus ex iis percipiantur fructus, cùm sint ex Græco ἄρουρα, prima litera abiecta: vt ἀμέλγω, mulgeo: & alia eiusmodi.

29. **Præda dicta, &c.**) Hîc hiatum factum esse in Varrone & cæco appâret. Quare enim Varro de præda iniecit mentionem, cùm quæreret etymon Ruris? Sed, vt quod sentio aperiam, videntur ea deesse, in quibus explicabat Varro, quid esset Adorea in exemplo Sulpitii anteà adducto. Ad quod declarandum videtur laudasse versiculum Plauti ex Amphitruone suprà à nobis productum,

Qui præda, atq; agro adoreàque affecit popularis suos.

Vnde, quòd nunc disserat de præda, id esse ex testimonio Plauti, quod ipse explanat propter verba illa Sulpitii. Porro nihil est mutandum in verbis Varronis, vt putat Vertranius: Nam etiam prædam vocabant, id quo in locationibus, & rebus mancupi & aliis eiusmodi publicè cauebatur.

30. **Vnde sumi potest, puteus.**) In superioris me-

moriæ excusis, Vnde sumi pote, Puteus. Quæ vera est lectio, quanquā eodem sensu. Si aliquid mutandum esset, legerem : Vnde sumitur potius, puteus. Sed nihil mutandum. Ita enim alibi locutus est, vbi scribit Simpulum vas dictum à sumendo. Est autem valde λεπτολόγος, & ςωϊκοπάτη, hoc est ineptissima etymologia. Siquidem putat ab illo nomine pote, dictum puteum. Quare enim fons quoque, ex quo sumi pote, ita dictus nō est?

31. Nisi potius, quod A Eoles dicebant ποταμόν: Sic potura a potu, non vt nunc.) Editio Romana, Nisi potius, quod Æoles dicebant τὸν πύθιον, ἢ ποταμόν. Atqui neque πύθιον Græca est dictio in eum sensum : neque ποταμὸς puteum significat. Et tametsi alterutrum id significasset, vno tantùm contentus fuisset Varro: & etymon alicuius vocis non potest deduci à duabus vocibus ita dissimilibus, vt sunt ποταμὸς & πύθιον. Vertranius certè pro vera hanc amplexus est lectionem: cùm meo quidē iudicio illa vera sit, quam reponemus, sic: Nisi potius, quod Æoles dicebant ποτῆρα, ἀπὸ τοῦ πότου, non, ut nunc, φρέαρ. Vt taceam de potura, voce nihili, & nunquam à bono autore vsurpata. Est autem ποτὴρ, quæ πίςρη apud poetas, nisi me fallit iudicium. Et non est, quod pro legitimis vocibus spurias & adulterinas supponamus. Nam in eadem editione Romana, quod postrema verba legerint sic, Non, uti nunc, à πόσω: quid sibi velint ea voce nulli rei, non video: Nihil enim significat. Vertranius certè eam secutus est. Quòd autē eos induxerit, vt πύθιον hìc reposuerint, id accidit, puto, quia apud Hesychium legerant, πύθιον, τὸ ὕδωρ, Θουκιδίδης. Cùm tamen in Thucydide semper πύθιον pro templo Apollinis accipiatur: vt pote quod alium significatum non habeat. Quare aut errauit Hesychius, aut lo-

cus ille mancus, & corruptus est.

32. Puteoli.) Strabo lib. v. ἑξῆς δέ εἰσιν αἱ περὶ Δικαιαρ-
χίαν ἀκταί, κỳ αὕτη ἡ πόλις. ἦν δ᾽ πρότερον μὲν ἐπίνειον Κυμαίων,
ἐπ᾽ ὀφρύος ἱδρυμένον. κỳ δ᾽ ἢ Ἀννίβα στρατείαν συνῴκισᾳ Ῥωμαῖοι,
καὶ μετωνόμασαν ποπόλους, ἀπὸ τῶν φρεάτων. οἱ δὲ ἀπὸ τῆς δυ-
σωδίας τῶν ὑδάτων, ὅτι ἅπαν τὸ χωρίον ἐκεῖ, μέχρι Βαίων, καὶ τῆς
Κυμαίας, θείου πλῆρές ἐστι, κỳ πυρὸς, καὶ θερμῶν ὑδάτων. Stephanus ab vtroque, Δικαιαρχία, inquit, πόλις Ἰταλίας. ταύτην δὲ
φασι κεκλῆσθαι ποπόλους. πόπα δὲ τὰ φρέατα καλοῦσι οἱ Ῥωμαῖοι,
ὅλη πρὸ δέ, τὸ ὄζειν.

33. Itaque cum Afranius Puticulos in Toga-
ta appellat.) Putiluces legendum esse, ipsius Varronis verba facilè demonstrant.

34. Stagnum a Græco.) Restitue, *Stagnum à Græco στγνόν*. Malè enim in editione Ro. ςαμνόν. Aliud e-
nim est ςαμνός, vt sciunt, qui legerūt saltem Aristophanem. Στέγνον igitur, quod contineat aquam, neque ma-
nare possit, vt etiam Festus scripsit. Vnde Statiuæ a-
quæ dicuntur, quæ cōtrariæ sunt manantibus, & per-
ennibus, cuiusmodi sunt fontes, riui, fluuii. Varro de
admirandis ad Fundanium socerum : *Secundò de stati-
uis aquis, ut sunt lacus, & stagna, & putea, & maria*. Plinius lib. 11. cap. LXXXIX. *In eadem & oppidum
haustum profundo, alioque motu terræ statiuas emersisse.*
Ita enim lego, non *Statinas*, vt habet vulgata exempla:
præcipuè, cùm in veteribus calamo exaratis legatur
stagnum, quod sanè declaratio est eius vocis: deinde in
textum irrepsit, cùm esset ab aliquo studioso in ora libri annotata. *Statinas* verò reposuit, qui legerat apud
Statium, *Statinas* renatas dici : quasi ea sit mens Plinii.
Nam si ita esset, Plinius dixisset insulam in planitie
campi extitisse. Quod sanè non ridiculū modo, sed &

ἀδιώατον. Statiuas vero dicebāt, quomodo calidas & frigidas, & Baianas, & Albulas, cū subintelligerēt Aquas.

35. **Quod nomen habet primam.**) In editione Romana de suo correxerūt, *Quod nomen habuit primū:* malè: Nam nullo negotio emendari poterat: *Stagnum à Græco* στέγνον, *quod non habet rimam*. Siquidem Græci vocant στέγνον, quod minimè rimosum est, & fideliter continet: Cui contrarium Latinum Futile. Sequentia Varronis verba facilè probant coniecturam nostram.

36. **Stillicidia, fluuia, quæ vt ita fluant, cadantque.**) Repono, *Stillicidia, flumina, aquæ, uti fluant cadántque*. Vt in Senatusconsulto, quod extat apud Frontinum, *Quominus ea aqua ire, cadere, fluere*, &c. Vnde caducæ aquæ, quæ ex diuidiis, seu castellis, & fistularum manationibus fluebant.

37. **Amiternini.**) Nempe qui ἀμφιτέρμονες poetis Græcis.

38. **Qui aliter facit, indagabili ex ambitu caussam dicit.**) Si non est mendum in nomine *indagabili*, erit, quod Græci dicūt ὑπεύθυνος: tunc autem legendum erit *indagabilis*. Sed nihil affirmo. Est autem ex veteri formula dictum, quæ seruabatur in legibus scribendis: QVI ALITER FAXIT, CAPITALE ESTO. Vt in legibus Numæ Regis, SI QVIS ALIVTA FAXIT, IPSVS IOVI SACER ESTO. ἐὰν ἄλῳ, ἐὰν ἄλλως ποιήσῃ τις, τῷ νόμῳ ἔνοχος ἔσω. Familiare apud Demosthenem. Forsitan igitur *Indagabilis ex ambitu*, ἐξεταστέος, ὑπεύθυνος, ἔνοχος. Sic dictum apud bonos autores, Indagare crimen.

39. **Appellatum Tibrim.**) *Tebrim* ex Plinio lib. III. cap. v. In editione Romana *Debeberim*. Et supra, *Tiberis, quod caput extra Latium*: lege *quoius caput*.

40. Sunt

40. Sunt & nomina.) Multa desunt.

41. Ab eo late Saturniam terram, vt etiam Ennius appellat.) Apparet manifestò esse versiculum Ennii — *Saturnius illi*

Nomen erat, de quo latè Saturnia terra. In fragmentis Originum, quæ extant nomine Catonis idem Ennii ἀκροτελεύϟον legitur: *A quo Saturnia olim, ubi nunc Capitolium: & ab ea latè Saturnia terra.* Itaq; illud Virgilii desumptum est ex Ennio:

Ianiculum huic, illi fuerat Saturnia nomen.

42. Cuius vestigia, quod qua tum itur &c.) Ita hic locus legendus est, nulla penè licentia: *Cuius vestigia, quod qua num itur, Velabrum: & unde ascendebat ad Ruminam, Noua uia: ubi lucus, & sacellum Larum.* Duo, inquit, sunt vestigia, quòd ille locus olim aquis inundatus esset: Primum, quod qui locus nunc pedibus aditur, retinet nomen Velabri: quæ quidem appellatio ostendit, olim solitum velaturis traiici. Alterum, quod vnde ascendebant, dicitur nunc Noua via, vtpote quod antea ibi semper via non fuisset. Vertranius secutus est eam lectionem, quæ ex duabus maximè corrupta erat. Itaque ei non assentior.

43. Cum Argeorum sacraria in septem & xx partes vrbis sint disposita.) Distributa primùm fuit vrbs in quatuor vrbanas tribus, Esquilinã, Collitiam, Palatinam, & Suburanam. Per quas diffusi erant Argei, per xxvii sacraria. Ab eo infrà in sacris Argeorum scriptum est, PRIMAE REGIONIS QVARTVM SACRARIVM. Itaque videtur Vertranius aliter sensisse: In quo sanè errat.

44. Sacra quotquot mensibus feruntur in arcem.) Quot Idibus scilicet, cùm mactabatur agna Io-

ui. Ouid. *Idibus alba Ioui grandior agna cadit.* Ab eo dicebatur agna Idulis, ex cuius lana conficiebant Flamines Diales albogaleros suos. Et sacra illa, quæ hîc innuit Varro, dicebantur Idulia. Festus de sacra via loquens: *Quidam, inquit, dictam putant, quòd eo itinere utantur sacerdotes idulium sacrorum conficiendorũ caussa.* Quare non assentior viro eruditissimo A. Augustino, qui E*dulium* legendum putat.

45) Quod ibi lucus Fagutalis, & Larium. Querquetulanum sacellum, & lucus Martis.)
Puto legendum: *Quod ibi lucus* Fagutalis, *et* Virarum *querquetulanum sacellum, et lucus* Mefitis. Festus, *Querquetulanæ viræ putantur significari Nymphæ præsidentes quercæto uirescenti: Quod genus syluæ indicant intra portã, quæ ab eo dicta sit querquetulana.* Ergo Viræ querquetulanæ nihil aliud sunt, puto, quàm quæ Græcè χλωείδες, ἢ ἀμαδρυάδες dicuntur. De Mefiti vero meminit Festus, & Seruius. Quod vocabulum Etruscum esse puto. Etruscos autem ab Syris, qui & ipsi quoque Aramæa lingua vtebantur, accepisse. Syriaca enim, seu Aramæa lingua id significat grauitatem, aut exhalationem spiritus, aut flatum.

46. Quorum angusti fines, non mirum.)
Taxat luxum sui temporis. Quare verba eiusdem Varronis ex lib. 1. de vita populi Rom. huc spectant. Citantur quidem illa tribus locis dispersa apud Nonium: quæ nos ita coniunximus ad hunc modum: *Hæc ædis, quæ nunc est, multis annis pòst facta fuit: quia omnia regis temporibus delubra parua facta, ut in cætero cultu. Quæ sunt consentanea, quod sint paupertina, sine elegantia, ac cum castimonia. Quid inter hos Ioues intersit, et eos, qui ex marmore, ebore, auro, nunc fiunt, potes animo*

*aduertere & horum temporum diuitias, & illorum pau-
pertates.* Hæc ille. Ouid. *Iuppiter antiqua uix totus sta-
bat in æde.* Videntur ea, quæ ex eodem Varrone adducit Clemens Alexandrinus, non longè ab superioribus
abfuisse. τὸ παλαιόν, inquit, δόρυ φησὶ γεγονέναι τοῦ Ἄρεως
τὸ ξόανον Οὐαρρρων ὁ ξυγγραφεύς, οὐδέπω τῶν τεχνιτῶν ἐπὶ
τὴν δυσπρόσωπον ταύτην κακοτεχνίαν ὡρμηκότων.

47. *Septimius mons quinticepsos lucum Poetilium, ex quibus est.*) Lego, *Septimius mons quinticeps lucum Poetilium, Esquiliis est.* Et frequens mendum
hîc inoleuit. Nam malè *quinticepsos, sexticepsos* scriptũ
est, pro, *quinticeps, sexticeps, &c.* Neque enim *primi-
cepsos* dixit, sed *primiceps.*

48. *Collis salutaris quarticeps aduorsum est
Pilonoris ædem salutis.*) Substituerunt hîc nonnulli *Pilonoris* pro *Pila Naris*: vt eo modo dicta sit *Pila
Naris*, quomodo Pila Tiburtina. Sed quomodo reliqua
cohærere aptè possint, ipsi viderint. Alii *Pila Honoris*,
alii *Honoris ædem*: maiore imprudentia. Non enim, nisi
fallor, antiquior fuit Honoris ædes, ea, quæ vota est à
Cl. Marcello, bello Gallico, ad Clastidiũ. Alia autẽ à C.
Mario ex Cimbricis manubiis dedicata fuit. Tantum
verò abest, vt vtrauis harũ hîc intelligatur, vt libri Argeorum non minus ccc annis præcedãt Cl. Marcellũ.
Sed profecto errarunt librarii, qui non meminerunt,
cùm hæc exscriberẽt, in iis multa esse, quæ postea non
fuerunt in vsu: ex quo factum est vt *Pilonoris* corruptũ
fuerit ex antiquo genitiuo *Apolineris.* Ita enim legendum fuerat: *Collis salutaris quarticeps aduorsum est Apolineris ædem & Salutis.* In colle enim Quirinali hi par-
ticulares fuerũt, Collis Salutaris, Apollinaris, Martialis,
Latiaris. Apolineris, vel Apelineris antiquo declinatu,

B.ii.

vt Boueris, Sueris, Ioueris, regerum, lapiderum, nucerum. Sic apud Festum Nec erim, pro, Nec eum. Sic puto Cn. Martium vatem, autorem vetustissimum, eo declinatu vsum esse, cùm præsertim aliter in Hexametro versu vix facile locum habere possit nomen Apollinis. Extat autem apud Liuium carmen illud, seu vaticiniũ, alienis quidem verbis, & quasi mitigatum à Liuio, deterso illo situ & squallore vetustatis. Veritus enim fuit, ne simplex illa rusticitas versuum inquinaret delitias illas & lucem orationis suæ. Non tamen ita mutauit, vt diuinandi locum maxima ex parte non reliquerit illis qui restituere vellent. Quæ, nisi fallor, ita ab autore relicta fuerant:

> Romulidæ, si perduellis expellere voltis,
> Et uonicam, quæ gentium longe alienigenarum
> Venit, Apolineri nouecatis censeo ludos,
> Quique Apolineri fiant commune quotannis.
> Prætor ibus ludis faciundis ollu' procesto,
> Qui summum poplo, plebeique endo Vrbe dabit ius.
> Poplos poblicitus cum diderit è stipe partem,
> Conferinant uti priuatim pro seque suisque.
> At bis quinque uiri sacra Græco ritu obeunto.
> Hæc si faxitis recte, gaudebitis' semper.
> Atque adeo fiet melior res poblica uostra.
> Nam is Dius uostros perduellis stinguet ad unum,
> Qui uostros campos placidè nunc, ruraque pascunt.

49. **Collis Mutialis.**) *Collis Martialis* legendum esse autor Dionysius lib. 1 x. ἐν δὲ τῇ πόλει, inquit, τὸν νεὼν τοῦ Πισίν Διὸς Σπολος Ποςμος ὁ σωυύπατος αὐτῷ καθιέρωσε μωνὸς ἰννίν ταῖς καλουμβραις νώναις, ὅπι τῷ ἐνναλίν λόφν.

50. **Apud Turaculum.**) In antiquitus excusis, qui semper aliqua veræ lectionis vestigia retinent, legi-

tur *Auraculum*. Quod sanè ostendit legendum esse *Auguraculum*. ad verbum, id est τὸ οἰωνοσκοπεῖον. Festus, *Auguraculum appellabant antiqui, quam nos aram dicimus: quòd ibi Augures publicè auspicarentur.*

51. **Eundem hunc locum a pecore dictum putant quidam.** Nihil deesse videtur: Quia cùm dicit *à pecore dictum*, forsan intelligit à pecoris balatu, vt Næuius. Videndum tamen num ita scripserit Varro, *Eundem huc locum Pecuscum à pecore dictum putant quidam.* Festus, *Pecuscum Palatij dicta est ea regio urbis, quam Romulus obuersam posuit ea parte, in qua plurimũ erat agri Romani ad mare uersus, & qua mollissimè adibatur Vrbs.* Equidem nil certi statuo. Tamen non abs re esse putaui, indicare de ea re suspicionem meam.

52. **Quod ad ficum Ruminalem & hi ibi inuenti.**) Vera lectio, *Quod ad ficum Ruminalem è Tibri inuecti.* Nemo paulò doctior negabit hanc verā esse non quæ extat in editione Romana.

53. **Et st Harpocrates digito significat.**) Ita emendatum est in Romana editione, quæ vera est lectio: *St* enim nota indicentis silentium apud Plautum & Terentium. Ita etiam legendum in exemplo Pomponii Attellanarii poetæ, adducto à Nonio:

Pater. at st. negato esse hic me: operibo caput. Non tamen hîc Varro Harpocratis iniecit mentionem, tanquā tertii Dei, cùm satis esset Serapis, & Isis, vt alterum eundem cum Saturno, alteram eandem cum Iside faceret. Sed apparet esse ex quodam poeta, qui horum trium simul mentionem faceret. Videtur autem ita scripsisse quisquis fuit vetus ille poeta:

—*Sanctu' Serapis,*
Isis, & Harpocrates, digito qui significat st. Suspicor-

B.iii.

que esse Lucillii, neque longè abfuisse ab iis, quæ adducit Lactantius ex eodem poeta, de superstitioso cultu Deorum. Porrò Ausonius nostrâs vocat eum Sigalionem, eo versu,

Aut tua Sigalion *Ægyptius oscula signet.* Post hæc verba in codice Romano legitur: Q*ui sunt* Tauutes, *&* Astarte *apud* Phœnic*.*s. Quæ tamen verba non hîc magnoperè necessaria videbantur. Quare suspicor de opinione potius addita fuisse: vt etiam addam Tautem illum, nō Phœnicum, sed Ægyptiorum numen fuisse: quem alii Theuth uocant, vt Cicero in libris de Natura Deorum. Astarte verò ea est, quæ Astarot in diuinis literis vocatur. Id Phœnicum lingua sonat greges, ἒ τὰ μῆλα: tanquam suspiceris dictam à victimarum multitudine. Ea colebatur à Sidoniis, sicut Dagon à reliquis Phœnicibus, & Assyriis. Græcis dicitur δερκετὼ, ἒ δερκῆτις: nimirum detorta voce à Syriaco Adardaga. significatio à pisce. Apud Macrob. Satur. lib. 1. cap. xx1. *Architidis* perperam, pro Der*ci*tidis hodie vulgò legitur.

54. Quas Samothracia ante portas statuit.) In codice Romano, Q*uas* Ambracia *ante portas statuit*: puto ex veteribus libris. Si enim alio consilio fecerunt, rationem certè non habent, cur hîc *Ambraciam* potiùs legi malint, quàm S*amothraciam*: cùm ipsi Dii magni non in ea gente, sed in Samothracia, vt & norūt omnes, colerentur. Quòd si de suo emedarunt, non est quod eorum coniecturis priorem lectionem postponamus. Sin autem ex veterum codicum autoritate, quod magis puto, sanè legendum est *Imbrasia*. Ita enim Samothraciam dictam esse à fluuio Imbraso tam notum est, quàm Imbrasum in Samothracia esse, qui priùs Parthenius dicebatur, teste Callimacho, ita ca-

nete: αὐτὴ γὰρ ἐκλήθης Ἴμβρασος παρθενίς. Vide Stephanum. Vtut autem legeris, *Imbrasiam*, aut *Samothraciam*: habes vtriusque rei autoritates.

55. Diui potes.) De his multi multa: Dionysius lib. 1. Macrob. interpres Apollonii. Dicuntur & κάβειροι. Quæ vox Phœnicia, aut Syriaca est. Cabir enim eius gentis lingua significat potem, siue potentem. Tertullianus libro de spectaculis. *Antę eas (columnas) tres aræ trinis Diis parent,* MAGNIS, POTENTIBVS, VALENTIBVS. *Eosdę Samothracas existimant.* Hæc ille. Pausanias Castorem & Pollucem putat esse θεοῖς μεγάλοις. Varroni ea opinio non placet.

56. Oua parire solet.) Sumptum ex Epicharmo,

Εὔμαιε, τὸ σοφόν ἐστιν οὐ καθ᾽ ἕν μόνον·
Ἀλλ᾽ ὅσα περ ζῇ πάντα, καὶ γνώμαν ἔχει.
Καὶ γὰρ τὸ θῆλυ τῶν ἀλεκτορίδων γένος,
Αἰ λῆς καταμαθεῖν ἀτενές, ὐ τίκτει τέκνα
Ζῶντ᾽, ἀλλ᾽ ἐπῳάζον ποιεῖ ψυχὴν ἔχειν.

Habentur apud Laertium in Platone.

57. Epicharmus.) Epicharmi Poetæ Pythagorici quædā περὶ τῆς παλιγγενεσίας interpretatus est Ennius. Ab eo opus suum Epicharmum inscripsit: In quo illā παλιγγενεσίαν sibi accidisse in somnis testatus est hoc versu, *Nam uidebar somniare egomed esse mortuum.* Huc allusit Horatius:

Ennius & sapiens, & fortis, & alter Homerus,
Vt Critici dicunt, leuiter curare uidetur,
Quò promissa cadant, & somnia Pythagorea.

Caue autem cōfundas cum altero somnio eiusdem poetæ, cuius meminerat in primo Annali: in quo apparuisse sibi Homerum dicit in eo acroteleutio— *uisus Homerus adesse poeta.* Itaque scribit Lucretius:

B.iiii.

Vnde sibi exortam semper florentis Homeri
Commemorat speciem – In eo somnio narrabat Homerus Ennio animam suam mutatam in pauonem, ea acroteleutide: *Commemini fieri me pauum –* vt citat Charisius. Deinde ita mutatam in Ennii corpus insinuasse. Persius:
 Cor iubet hoc Enni, *postquam destertuit esse*
 Mæonides, Quintus *pauone ex Pythagoreo.* Postquã autem Q. Ennius factus esset κτ' μετεμψύχωσιν ex illo pauone Pythagoreo, statim factum esse poetam, dum in Parnaso ea somniaret. Propertius:
 Visus eram molli recubans Heliconis *in umbra, &c.*
  Deinde,
 Vnde pater sitiens Ennius *antè bibit.* Quare allusit Persius ad illud somnium Ennii, in quo narrabat se esse factum poetam: quod tamẽ pauci animaduerterunt, cùm scribit:
 Nec fonte labra prolui Caballino:
 Nec in bicipiti somniasse Parnasso
 Memini, ut repentè sic poeta prodirem, &c.
58. I**sthic est de sole sumptus ignis.**) Ita distinguenda sunt hemistichia ista Trochaica.
Isthic est de sole sumptus ignis, id est, sol est. Deinde, *– Isque totus mentis est.* Nam *mentis* pro *mens* dictũ est: quomodo idem in eodem opere alibi:
Terra corpus est: at mentis ignis est,– id est, Mens. Ita citat Priscianus ex Epicharmo Ennii. Puto autem ita integrum versum enuntiandum esse:
Isthic est de sole sumptus ignis, isque mentis est. De hoc autem loco sensit idem Varro lib. 1. de re Rustica, cap. 4. *Eius principia, quæ mundi esse* Ennius *scribit,* Aqua, Terra, Anima *& Sol.* Pudet me referre, quàm malè acce-

ptus sit hic locus in editione Romana: adeo, vt qui antea vulgò integer legebatur, nunc totus vitiosus in ea habeatur.

59. **Atque humori ariditatem.**) *Aritudinem* ex veteribus libris. Ita etiam Varro ipse Prometheo lib. 1. penè iisdem verbis :

Humanæ quandam stirpis gentem concoquit
Frigus, calori, atque humori aritudinem

Miscens. Qui versus confusi & valde deprauati vulgò leguntur apud Nonium Marcellum.

60. **Esse corpus terram, quæ peperit, ipsam capere, neque dispendii facere hilum.**) Versus duo, qui sunt excogitati à correctoribus Romanæ editionis, & nullius sensus sunt, & longè absunt à sententia Varronis. Quanquam non caret ratione, quod pro *peperit*, restituerint *deperit*: quod videntur suspicati esse, Ennium hîc agere de coniunctione cæli & terræ, adducti illis verbis Euripidis, ἐρᾷ μὲν ὄμβρου γαῖ' ὅταν ξηρὸν πέδον, & quæ sequuntur. Sunt enim vulgò noti apud Athenæum: item ex Æschylo,

Ἐρᾷ μὲν ἁγνὸς οὐρανὸς τρῶσαι χθόνα &c. vnde illud:
Tum pater omnipotens fœcundis imbribus Æther
Coniugis in gremium lætæ descendit— Papinius:
—ipsum in connubia Terræ

Æthera, cùm pluuiis rarescunt nubila, soluo. Quod est ex Scytharum opinione. Herodot. lib. 4, Θεοὺς δὲ ἱλάσκονται, ἰςίην μὲν μάλιςα, ὅτι δὲ Δία τε, καὶ Γῆν, νομίζοντες τὴν γῆν τοῦ Διὸς εἶ) γυναῖκα. Est apud Pausaniam γῆς ἄγαλμα ἱκετευούσης ὗσαι οἱ τὸν Δία. Hæc sunt, quæ possunt nobis obiicere, vt tueantur correctionem suam: quæ tota versatur in verbo *deperit*. Id verò alienissimū est mente Varronis, aut Ennii. Id enim volebat ille: animam ex æthere, corpus ex terra esse: vnumquodque vero illuc, vnde profectum erat, reuerti, vt idem Epicharmus, forsan in eodem opere, testatus fuerat, cùm ait, συνεκρίθη, καὶ διεκρίθη, καὶ ἀπῆνθεν, ὅθεν ἦνθε, πάλιν. γᾶ μὲν ἐς γᾶν, πνεῦμα δὲ ἄνω, ὑ τῶν δὲ χαλεπόν; Id ergo concludit eleganti metaphora sumpta à fœneratoribus: Terram, quæ dederit corpus, iterum illud recipere, neque pati, vt vllum dispendium, aut intertrimētum crediti fiat, quominus, quod credidit, idipsum recipiat. Vsurpat ergo Varro non versum, seruata metri lege, sed verba tantùm: Nam versus ipse citatur ab eo lib. 8,

Quæ dedit illa, cœpit, neque dispendij facit hilum.
Quare nihil mutandum in hoc loco, hoc vno excepto, quod pro *peperit*, legendum esse *dederit*, versus ille iam à nobis productus, docet. Ex quibus vides quàm ridiculè illi duo versus huc quasi obtorto collo in alienas sedes irrepserint.

60. Ideo ea in nuptiis in limine adhibentur.)
Idem Varro lib. 11. de vita populi Rom. huius rei mētionem faciebat. Cuius duo exempla citantur apud Nonium diuersis locis, quæ coniungenda esse sententia ipsa indicat, ita: *Cùm à noua nupta ignis in face afferretur è foco eius sumptus, fax ex spinu allata esset, uti eam puer ingenuus afferret: contrà nouo marito cùm item è foco in titione ex felici arbore, & in aquali aqua allata esset.* Reliqua deficiunt, in quibus, vt apparet, explicabatur februi genus, in quo torris ardens demergebatur in aquale: quod Græci vocant χέρνιβα. Idque plurimi erat apud veteres, vtpote cùm his constare vitam humanā crederent. Adeò, vt quem vita priuari vellent, ei his duobus interdiceretur: eúmque vocabant extorrem, tanquam torris illius, & χερνίβων exsortē. Itaque apud

Hesychiū vbi hodie vulgò legitur, ἀφίκιρος, ἀκάθαρτος, μιαρὸς, malo legere ἄφιρος: quod est ad verbū extorris. φιτρὸς enim etiam torrem, seu titionem significat, vt apud Lycophronem: quanquam ἄφικτος, παλαμναῖος posset videri dictus propter Iouem ἀφίκτορα, id est ἱκέσιον. Sed prior lectio magis placet. In verbis Varronis *spinu* correximus, cùm anteà *pinu* legeretur. Apud Ouidium quoque ita legendum est,

Exoptat puros spinea tæda Deos. Hodie perperàm *pinea teda.*

61. Venus Cæligena.) οὐρανία. Plato Symposio de duabus Veneribus loquens, ἡ μὲν που πρεσβυτέρα, καὶ ἀμήτωρ Οὐρανοῦ θυγάτηρ, ἣν δὴ καὶ οὐρανίαν ἐπονομάζομεν· ἡ δὲ νεωτέρα, Διὸς καὶ Διώνης, ἣν δὴ πάνδημον καλοῦμεν. Pausanias, ἔθετο δὲ καὶ τῇ ἀφροδίτῃ τὰς ἐπωνυμίας ἡ Ἁρμονία, τὴν μὲν οὐρανίαν ὅτι ἔρωτι καθαρῷ καὶ ἀπηλλαγμένῳ πόθῳ σωμάτων· πάνδαμον δ᾽ ὅτι ταῖς μίξεσι· τρίτην δὲ ἀποστροφίαν, ἵνα ὅτι ἐπιθυμίας τε ἀνόμου, καὶ ἔργων ἀνοσίων ἀποστρέφῃ τὸ γένος τῶν ἀνθρώπων. Primam ergo, hoc est οὐρανίαν Cæligenā interpretor, vt hic: πάνδημον vero Volgiuagam. Lucret. *Volgiuagíque uagus Venere.* ἀποστροφίαν autem Vorticordiam. Vnde Venus uorso nomine *corde tenet.* Ouid. Ælian. de animalib. lib. x. ait τὴν οὐρανίαν ἀφροδίτην coli ab Ægyptiis. Censebatur verò inter eos Deos, quibus fiebant sacra νηφάλια, cuiusmodi Romæ fuit Rumia Dea. Id puto, quòd ei attribueretur diuinatio, cui qui dabant operam, carebant temeto. Artemidorus de ea loquens, ἀγαθὴ δὲ καὶ μάντεσι. πάσης γὰρ μαντικῆς καὶ προγνώσεως εὑρετὴς ἐῖ) νενόμισαι. Non immeritò igitur Ennius ait Anchisem edoctum fuisse vaticinandi scientiam à Venere: cuius hos duos versus citat Probus:

Atque Anchises doctū Venus quem polchra Dearum

Fari donauit diuinum pectus habere.

61. In Asoto Ennii.) Nō Asotum scripsit Ennius sed Cæcilius. Itaque antiquitus excusi non *Asoto*, sed *Sota* habent: quæ vera est lectio, sed decurtata. Nam *Sotadico* legendum est. Citatur à Festo Ennius in Sotadico— *Cyprio boui merendam*. Quod sanè est comma Sotadicum. Sicut iste versus est Sotadicus ex Ionicis à maiore:

Ibant malacam uiere Veneriam corollam. Apud Festum idem error inoleuerat, qui & hîc, *Asota*, pro *Sotadico*, vbi citat hunc versiculum:

Aliúsque in mare uolt magno tenere tonsam,

Alij Rhetoricā tongent— Sed altera ἀκροστιχὶς à nobis addita est. Est & hîc ex Sotadico Ennii apud eundem Grammaticum:

Prope stagna, genus ubi lanigerum piscibu' pascit.

63.) Ibant malam viere Veneriam corollam.) Hic versiculus deprauatior legitur apud Censorinum: *Ibant mala eluere Veneriam corollam.* In aliis legi *malacci*, admoniti sumus ab iis, qui hunt autorē Romæ ediderunt. Quam veram quidem lectionem, non tamen penitus à mendis vacuam Vertranius reiecit: Cùm parua licentia restitui in integrum possit, si legeris *malacam* pro *malacci*. Coniecturam nostram confirmat Sotadicus versus, qui citatur ab Hephestione: & mirum ni ex eo suum transtulerit Ennius. Eadem enim sententia, idem genus metri:

Ποίης τέρεν ἄνθος μαλακόν ματεῦσαι. At Vertranius ex ea corrupta voce, putauit μαλάχην legendum esse: quasi verò difficile esset μαλακὴν diuinare.

64. Palma, quod ex vtraque parte.) In Romana editione, *Palmam diunt, &c.* Sed prior lectio ger-

mana est & legitima, non quam ipsi suppofuerunt:
Dixit enim, *Ideo'hæc cum corona, & palma*: corona,
quod vinculum capitis: palma, quod ex vtraque parte
natura vincta habeat paria folia Et ita Plutarch. Sympos.lib. VIII. ἔφη δὲ ἀπορεῖν ὃ δή ποτε τ᾿ ἀγώνων στέφανον ἄλλος ἄλλον ἔχῃ; τὸν δὲ φοίνικα κοινῇ πάντες; ὃ γὰ ἐμὲ γοῦν, ἔφη, πείθουσιν οἱ τὴν ἰσότητα τῶν φύλλων οἷον ἀντανισαμθύων ἀεὶ, ἢ σωτρεχόντων ἀγῶνι, καὶ ἁμίλλη παραπλήσιον τι ποιεῖν φάσκοντες.

65. **Quam haberent vim significantes Veneris.**) Legendum, *Quam haberet, uim significantes Veneris*. Significantes, inquit, vim illam, quam haberet
Venus. Nihil planius hac lectione. Tamen Vertranius
emendauit, *Veneris res*: malè sanè, vt apparet.

66. **Quare quod Cælum principium, ab satu
dictus Saturnus: & quod ignis Saturnalibus
cerei superiorib° mittuntur.**) Quòd, inquit, principium sit rerum, ab satu Saturnus dictus: Et quòd
ignis, quem constat generationis principium esse,
propterea Saturnalibus ignes, id est cerei lucentes dabantur. Nam quòd hìc mutarit quædam Vertranius,
valdè falsus est, cùm sensum Varronis assequi non
quiret. Porrò Saturni nomen Tuscum esse omnes mihi concedent, qui sciunt Syriacè, & pro certo habent
olim Tuscorum linguam Aramæam fuisse: Saturnus
enim lingua Syriaca significat latentem. Vnde in agro
Latino quasi interpretantes vocarunt eum Latium, &
eius vxorem Opem Latiam. Et in Pontificalib. indigitamentis dicebatur LATIA SATVRNI. Gellius
lib. XIII. cap. XXI, Et ab eo Latium.

67. **Hæc enim terris gentes dat.**) Vsurpat verba ex Epicharmo Ennii, nulla religione metricæ legis,
vt suprà fecisse demonstrauimus. Ita enim concinnā-

di sunt:

Isthæc terris gentes omnes peperit, & resumit denuo:
Isthæc dat abaria:isthæc omnibus fruges gerit.

68. **Quæ quod gerit fruges, Geres.**) Cicero quoque eidem etymo assentitur. Sed nos putamus dictam esse à Cereo antiquo verbo, quod est Creo. Nisi fortasse prius dicta fuerit Geres, vt volunt ipsi. At ne tunc quidem à gerendo erit, sed à Græco Γῆρυς: Ita enim prius vocabatur. Hesych. ἀχερώ, ἡ ὦπις, ἡ ἐλλὴ, καὶ Γῆρις, καὶ γῆ, ἡ Δημήτηρ ἡ αὐτή. Ex quibus etiam videas Opem Consiuam, non ab ope, vt vult Varro, dictam: sed veteribus quoque Græcis eam dictam Ὦπιν. à quo Latinè Ops.

69. **Isthic est is Iuppiter, quem dico, quem Græci vocant Aerem.**) Trochaici sunt ex Epicharmo Ennii. Itaque omnes distinguedi sunt, vnusquisque ordine suo. Quod tamen adeò negligenter præstiterunt autores editionis Romanæ, vt plurima vltrò huc inserserint inutilia, & aliena à lege metrica. Nihil enim mutandum in vulgata lectione, in qua constat ratio versuum, modò vnumquenque versum ordini suo reddas.

80. **Quem Græci vocant Aerem. --**) Æschylus apud Clementem Stromate v.

Ζεύς ὅςιν αἰθήρ, Ζεὺς δὲ γῆ, Ζεὺς δ' οὐρανός.
Ζεύς τοι τὰ πάντα, χ' ὥ, τι τῶνδ' ὑπέρτερον. Item Democritus apud eundem in Protreptico: ἐνταῦθα, ὃν νῦν ἠέρα καλέομεν οἱ ἕλληνες, πάντα διαμυθεῖ, καὶ πάντα οὗτός οἶδεν, καὶ δίδοῖ, καὶ ἀφαιρέεται, καὶ βασιλεὺς οὗτος τῆς πάντων. Plato Comicus,

Ἀὴρ, ὃν ἄν τις ὀνομάσει ἡ δία. Pacuuius Chryse:

Huc vide, circum supráque quod complexu continet

CONIECTANEA. 31

Terram, quod nostri Cælum memorant, Grai perhibent
   Æthera.
Quicquid est hoc, omnia is animat, format, auget, alit,
   serat,
Sepelit, recipitque in sese omnia, omniúmque idem est
   pater.
Indidémque eadem, quæ oriuntur, de integro æquè codē
   occidunt. Primus versus adducitur à Varrone: secundus à Cicerone: reliqui ab eodem Cicerone. Itaque tria illa membra diuersis locis distracta ita cōnectenda esse non dubitamus. Lucretius imitatus est Pacuuium, cùm ita canit:
   Denique iam tuere hoc, circū supráque quod omnem
   Continet amplexu terram & quæ sequuntur. Huc pertinent etiam verba Ennii:
   At densis Aquila pinnis obnixa uolabat
   Vento, Graiugenūm perhibet quémne Æthera lingua.
Nam ventus ἄνεμος, pro aere, vnde Animus. Citantur autem à Probo Grammatico.

81. **Et idem cum exit quod oritur.**) Lege, *Et idem tum exit, quom oritur.* Vetus scriptura decepit Vertranium, *Quom*, pro *Cum*. Ex quo imperiti librarii infinitis locis formarunt Quod.

82. **Quidam negant sub tecto per hunc deierare oportere.**) Meminit Plutarch. Quęstionib. Romanis cap. xxviii. item idem Varro de liberis educandis: *Itaque domi rituis nostri, qui per Dium Fidium iurare uolt, prodire solet in poblicom.*

83. **Sanctum.**) Qui res Romanas Græcè scripserunt, vocant Σάγκτον. Tamen Sanqualis porta dicta ab eo Deo, ostendit *Sancum* dicendum esse. Propertius etymon aperit:

Hunc, quoniam manibus purgatum sanxerat orbem,

Sic *Sancum Taciæ composuere manus.* Dionysius πίστον Græcè reddit, quod Fidius Latinè: In quo multi errarunt, qui id non animaduerterunt. apud Ouidiū: *Querebam Nonas, Sanco, Fidione referrem,*

An tibi Semipater— mendum est postremo versu, cùm sit legendum *Semo Pater.* Semonem eundem cū Sanco facit T. Liuius lib. VIII.

84. Quorum, quod finis ortus, ortus dictus.) Posterior vox perperàm repetita est: Itaque hæc vera lectio, *Quorum quod finis, orcus dictus.* Quia, inquit, finis omnium rerum, propterea Orcus dictus: quem orcum finem esse rerum iam omnes sciūt. Sic Amphiaraus in Thebaide Statii, de orco loquens, *ô cunctis finitor maxime rerum.* Sanè Diespitrem eundē esse cum Dite nemo ignorat.

85. Noctiluca.) Horatius quoque eādem cum Luna facit: *Ritè crescentem face Noctilucam.* Leuinus verò vetustissimus autor videtur eam Venerem nominare. *Venerem igitur almum adorans, siue fœmina, siue mas est, ita uti alma Noctiluca est.* Quare ab eadem ratione dicitur Noctuuigila à Plauto Curculione, hoc est νυκτιλαμπίς. Dicitur etiam hoc nomine lucerna. Varro Bimarcopoli: *Noctilucam tollo, ad focum fero, inflo, anima reuiuiscit.*

86. Et hic, quod Luna in altitudinem, & latitudinem simul, Diuiana appellata.) Scio hunc locum aliter in Romana editione legi: sed qui eum emendare conati sunt, veram lectionem assecuti non sunt. Ea autem talis est: *Et hæc quod diuia in altitudinem, &c.* Satis patet cur ita legendum sit: rationibus supersedebo.

87. Ignis

87. **Ignis a nascendo, quod hic nascitur, & omne, quod nascitur, ignis scindi.**) Hîc facta est verborum transpositio pro, *quod hinc nascitur omne, & quod nascitur,&c.*

88. **Ignis scindit.**) *Ignescit* alii: non malè. Fortasse melius: *ignis indit*.

89. **Qui denascitur.**) Appositissimo verbo vsus est imitatione Græcorum, qui eodem modo dicunt ἀπογίνεϑγ. Vsurparat & Cassius Hemina vetus autor: *Quæ nata sunt*, inquit, *ea denasci aiunt*. Nimirum extulit prouerbium Græcum: παῦ ὅτι γνόμϑρον καὶ θανεῖν ὀφᴂλε).

90. **Et fulgur, quod fulmine ictum contrariis Diis.**) Repone, *Fulguritum, quod fulmine ictum contrariis Diis.* Nam quomodo legit Romana editio siue ex veteribus libris ea lectio, siue de opinione reposita fuerit, ineptissima est: quam tamẽ Vertranius veritus est reiicere, adeò vt illam conatus sit emendare. Fulgurita igitur loca, fulgure icta, quæ & bidentalia. Ab eadem ratione fulguritæ arbores: ad quas qui sacrificia commouebant dicebantur strufertarii, à strue, & ferto sacrificii genere, vt docet Cato. Dicebantur & obstita loca, de cælo tacta, & fanatica.

91. **Ad lacum Cutiliensem.**) Quod de Iuturnensis aquæ salubritate Varro suprà dixit, idem Strabo de Cutiliensi lacu. ἡ τὰ ἐν κωπλίαις ψυχεὰ ὕδατα, ἀφ᾽ ὧν ἡ πίνοισι, ἡ ἐγκαϑίζοντις θεραπύοισι νόσοις. Siquidem oppidum, quod ad eam paludem erat, dicebatur numero plurali Cutiliæ. Et fortasse apud Catonem cap. cxxxv. vbi hodie legitur: *Vomeris indutilis optumus erit, trapeti Pompeiis: Romæ ad Rufi macœriam claues:* fortasse, inquã, legendum, *Vomeris Cutiliis optumus erit.* De quo ad eruditos referendum puto.

C.i.

92. A quo nuptiæ nuptus dictus.) A quo nuptu, nuptiæ dictæ. vel nupta dicta. Lutea demissos uelarunt flammea uultus. In Romana editione minùs recté.

93. Ac vento illo, quem Plautus dicit.) Etymon Veniliæ deducit Varro ab eo genere loquendi, quo aduenientem aliquem excipiebant, cùm dicebant, Vĕntum gaudeo: quod vsurpauit Plautus in versu modò à Varrone adducto. Ad quod idē allusit facetissimè in Curculione his verbis:

    C V. *Obsecro hercle facite uentum ut gaudeam.*
    P H. *Maxume.* C V. *Quid facitis, quæso?* P H. *Ventum.*
    C V. *Nolo equidem mihi*
    Fieri uentulum. P H. *Quid igitur uis?* C V. *Esse, ut uentum gaudeam.*

Nam τὸ ριπίζειν dicebant Facere ventum. C. Licinius Imbrex, vetus Comicus:

    Resupina, obstito capitulo, sibi uentum facere tunicula.

Quanquam melius & frequentius dicerent Facere uentulum: vt Parasitus correxerit imperitum iuuenem, ob insolentiam loquendi. Terentius Eunucho:

    Cape hoc flabellum, & uentulum huic sic facito.

Vertranius putauit hîc agi de vento secundo. In quo insigniter lapsus est. Nam quòd Varro nō poterat satis exprimere illud genus loquendi, iccirco adduxit versum Plauti. Si enim de vento secundo intellexisset, non opus erat versum Plauti laudare.

94. Mamers.) Nouit & hoc nomen Martis Lycophron, cùm ait:

    Κανδάον', ἢ μάμερτον ὁπλίτην λύκον. Item:
    Πολλῶν δ' ἀναμὰξ πημάτων ἀπάρξεται
    Κανδᾶος, ἢ μαμερτός—

95. Virtus, vt viri vis, a virilitate,) Suspicor, Vir-

tus, ut uiritus, à uirilitate.

96. **Ab iisdem dicimus Herculem, Vestam.)** Quomodo Herculem, si Graecè ἡρακλῆς; Quare merito confodienda est haec lectio, legendúmque, Herem. Imperitus scilicet librarius, cùm haec exscriberet, putauit contractum nomen Herculis esse, scripsítque Herculem. Romana editio videtur huic meae coniecturae suffragari: habet enim *Laram*. Quae lectionis varietas merito hunc locum suspectū reddit. Herem Marteam colebant veteres, postquam creuerant haereditatem.

97. **Fortunam Fortem, Fidem. Ea re Sabinorum linguam olent, &c.)** Lege, *Fortunam, Fortem, Fidem, Lares. Sabinorum linguam, &c.* Huius voti Tatii Regis meminit Augustinus ex monumentis Varronis.

98. **Vt quidam Graeci greges Gergera.)** Suspicor legendum ἀργεα: Quod nomen Graecis pro quauis multitudine sumitur. De quo satis multa Macrobius in Saturnalib. itémque interpres Aristophanis ἀχαρνθῦσι. Apud Hesychium legitur γέργινα, τὰ πάντα. Fortasse & illud quoque hîc locum habere possit.

99. **V raeon.)** Graeci Grammatici, τὰ ὑραῖα, μέρη τ̄ ἰχθύων, sed proprie thunnorum. Persius:

—*rubrúmque amplexa catinum*
  Cauda natat thunni— At verò ὡραῖον aliud est Athenaeo, ex thūno quoque & illud. Item ὡραῖα, quae ad verbum bellaria dicimus.

100. **Hippopotamus.)** Dicebatur & Hippocampa, aliud sanè ab Hippocampo, quippe ἱπποκαμπος animalculum apud Dioscoridem. At Hippocampa, quod Campas equos marinos dicerent authore Festo: vel potius quòd καμπάς omnia cetacea, vnde finxit vocem

C.ii.

καμπίκητος Epicharmus. Menander tamen Hippocampum, non hippocampam dixit pro Hippopotamo, aut potius equo marino. Nonius, *Hippocampi, equi marini à flexu caudarum, quæ piscosæ sunt: & est Græcum*: Menander, *Vehitos hippocampos in æternæ usus, scire nocitur Delphino cinctis uehiculis, hippocampísque asperis*. Quæ verba si pristinæ integritati suæ restituero, putabo me studiosorum gratiam eo nomine non parum demereri posse. Videamus igitur, num ita scripserit ille Grammaticus. Menander:

Οὐχ' ὕπος ἱππόκαμπος ἐν αἰθέρι; Nam & Centauri, & Hippocampi & multa eiusmodi apparent in aere, vt est in Nebulis Aristophanis. Deinde, Næuius:

—*sirenes citis*
Delphino iunctis uehiculis, hippocampísque asperis.

Videntur esse ex Ægysto Næuii: Ex qua hos versus, quos mox adducturi sumus citat idem Nonius, & cum superioribus coniungendi sunt ad hunc modum:

—*Tum autem lasciuum Nerei simum pecus*
Ludens ad cantum classium lustratur: sirenes citis
Delphino iunctis uehiculis, hippocampísque asperis.

Ridiculum est iunctos dicere currus immanes Nereidum iis pisciculis, qui dicuntur Hippocampi. Sed nimirum hîc Hippopotami, vel alia quædam immania monstra ex genere Cetaceo. Nam καμπαί Cete vocabant, vt suprà admonuimus. Sanè hippopotamis vehi Neptunum indicat Statius in Thebaide:

Illic Ægæo Neptunus gurgite fessos
In portum deducit equos: prior haurit habenas
Vngula: postremi soluuntur in æquora pisces. Ex quibus apparet non intelligi ἱππόκαμπον Dioscoridis, sed longè maius animal ex Cetaceis: quod tamen commē-

CONIECTANEA. 37

titium putem, sicuti pleraque alia veterum. Plinius quoque lib. xxxvi. cap. v. cùm ait, *In maxima dignatione Cn. Domitij delubro in Circo Flaminio Neptunus ipse, Thetis, atque Achilles, Nereides, supra Delphinos, & cete, & Hippocampos sedentes:* apertè recenset eos inter Cete, aut monstra potius marina: ne quis putet esse ἱππόκαμπον Dioscoridis & Galeni. Quod tamen quidam putarunt. At nos vidimus apud patrem nostrum σκέλετον hippocampi admodum elegans: neque id excedebat trientalem magnitudinem, cùm ad dodrantalem peruenire velint quidam.

101. **Querquedula, Cercuris.**) Illud κερκυεις, quod à duabus caudis confectum est, putamus adulterinum esse, & temerè in alienam possessionem irrepsisse: videtur enim potius κερκιθαλις reponendum esse. Illud enim ἐρωδιὸν veteres Grāmatici interpretantur: quanuis discrimen esse scio inter querquedulam, & erodiū. Certè hæc aliquando confundunt boni autores. Nam cùm attribuat Aratus ἐρωδιῷ προγνωστικὰ pluuiæ: Virgilius item illam Ardeam interpretetur: Varro contra eius similē querquedulā id facere canit, his versibus:

Aut frigidos nimbos aquæ caduciter ruentis
Præinnuere aquatile querquedulæ natantes. Quanquam & aliæ quoq; aues futuram tempestatem prædicunt, vt cornix, & miluius, de quo ita idem Varro Sesqui vlysse: *Iugere uolitans miluos usus, aquam è nubibus tortam indicat fore, ut tegillum sibi pastor sumat.* Apud Nonium hodie legitur, *Vigere uolitans mulsus.* Nos dè côiectura ita correximus, cùm sciremus ex Festo miluios iugere dici, cùm vocem emittunt.

102. **Atque eas dissoluere, ab lytra.**) *Atque eas dissoluere, abluere.* At Romana editio, item vulgata cor-

C.iii.

ruptè habebat *ab lytra*. Vertranius, ἀπὸ τῆς λύσεως, haud scio quàm benè.

103. **Antiqui fibrum dicebant extremum.**) Vt à cerno cribrum: à facio faber: à tumeo, tuber: à luo liber: deglubitur enim. A cresco creber: à glubo, glaber: à scarreo (vnde scarrosus Lucillio, λεπρὸς) scaber: à suo, suber: insuitur enim solo calceamenti: vnde ea dicuntur καττύματα Græcis. A craceo, craber, qui postea crabro, σφήξ. (cracere significat gracilem esse Ennio, & σφηκώδεις graciles dicuntur apud veteres Comicos.) Sic à sinio, Fiber, extremus. Ab eadem mente Mulciber, à mulcendo, non à mulcendo ferro. Nam Mulciber apud vetustissimos Latinos est propriè μειλίχιος θεός: qualis colebatur Athenis, qui & μαιμάκτης. Plutarchus περὶ ἀοργησίας.

104. **Flamines, quod in Latio capite velato erant semper.**) Illud, *in Latio*, quidam suspectum habuerunt, non immeritò. Quis enim non videt illud παρέλκον; At quod pro eo *in sacro* reposuerunt, nihil præter suspicionem afferre possunt. Nos hanc veram lectionê esse putamus: *Flamines, quòd licio in apice uelati erant.* De apicibus, vide quæ annotauimus lib. v I. Velati dicebantur, qui caput cinctum licio laneo habebant. Liuius lib. I, *Legatus ubi ad fines eorū uenit, unde res repetuntur, capite uelato* (filum lanæ velamen erat) *audi Iuppiter, inquit, audite fines, &c.* Virgil. lib. x I I,

velati lino, & uerbenis tempora uincti. Sic supplicia, & velamenta dicebant τὴν ἱκετηρίαν, quòd nimirum filo laneo velatum erat caduceum. Itaque ab eo dixit Plaut. Orare velatis manibus. Hoc etiam vocabant velamina, & velatā colum. Græci dicunt στέμματα. Eurip. Oreste, ὧ στέμματα ξύνας᾽ ἐπέκλωσε θεά Ἐρινύς. Id est, vellera.

Varro de Re rustica: *quam* (lanam) *demptam, ac conglobatam, alij uellera, alij uelamina appellant.*

105. **Vt Apollini etiam nunc.**) Vera lectio, Vt *Neapoli etiam nunc*. Strabo lib. v. loquens de Neapoli, πλεῖστα δ' ἴχνη τ῀ ἑλληνικῆς ἀγωγῆς ἐνταῦθα σώζεται, γυμνάσιά τι, ἢ ἐφύβια, καὶ φρατρία, & ὀνόματα ἑλληνικὰ, καίπερ ὄντα ῥωμαίων. Satis hoc vno Strabonis loco hæc emendatio confirmatur.

106. **Quas in tuguriis certis &c.**) Ita legit Vertranius. Neque tamen id commisisset, nisi editione Romana motus. Tamē falsus est, vt puto. Nam in auguriis certis obseruari aues Titias dixit, quòd non in omnibus obseruarentur, vt ex hoc loco apparet.

107. **Nam per hos fiebat, vti iustum conciperetur bellum, & inde desitum.**) Postremas duas voces putarunt vacare, cùm tamen dicat Varro, hoc iam obsoleuisse temporibus suis. Quod etiam idem ait apud Nonium. Itaque inde petat lector.

108. **Qui vere nuntii Senatus essent.**) Lege, Q*uiue nuntij Senatus essent.*

109. **Dicit esse Græce cohorton apud poetas dictum.**) Certissimum est, vna litera dempta *Chortō* legendum. χόρτος, ὁ περίβολος apud Poetas. ἰλιάδ. λ.

Πίσταμνει ἔκνε βοὸς Διῒ τερπικεραύνῳ.

Αὐλῆς ἐν χόρτῳ— Item ἰλιάδος ώ.

Αὐλῆς ἐν χόρτοισι κυλινδόμδμος κτ' κόπερν. Inde Euripidi σύχορτα πεδία. In editione Romana emendarunt κοῦρτον. Miror, cur non nouas aures quærerent, quibus talia persuaderent, qui noua vocabula commēti sunt. Est enim hæc vox planè apud omnes autores inaudita.

110. **Manipulos exercitus noua manus.**) *Manipulos*, pro *manipulus*, more antiquo, vt maritos apud

C.iiii.

Catullum. Quare facilè noris, qua temeritate hæc lectio mutata sit in editione Romana.

111. Non a medendo, ac suendo, quæ omnino vltima. Huic rei earum rerum radices, &c.)
Interpungendum ita: *Quæ omnino ultima huic rei.* Deinde, quæ sequuntur, transposita sunt: quæ ita suo loco restituenda sunt. *Earum rerum radices in proxima libro aperientur: nec multa in eo obscura, relinquam. Quare quod ab arte artifex dicitur: similis caussa, quæ ab scientia uocatur aliqua, &c.*

112. Quod sequitur verbum aduentum, & in ventum.) Diuersè castigatur, vel potius cruciatur, hic locus ab aliis. At hæc erat vera lectio: *Quod sequitur æruum ad uentum.* Error natus, vt solet, ex ignoratione veteris scripturæ, quam non animaduerterant imperiti librarii. *Cerbum* enim scriptum erat, pro quo *uerbum* legerunt. Idem error mirum quàm frequens sit in Nonianis codicibus: vt in exemplo Sisennæ, *Ferabitæ:* pro *fera uitæ. Et partim fera uitæ, partim lauro, & arbusto, ac multa pinu, ac murtetis abundat.* Nec defuerūt qui in suis magnificis Thesauris tāto labore consarcinatis *Ferabitæm* pro agresti sumi apud veteres autores admonuerint. Itidem simile erratum apud eundem Grammaticum in exemplo Varronis ab eo citato, verbo *satulla.* Nam cùm vetus librarius scripsisset *poluuro* pro *polubro:* ex eo factum, vt *poluere* hodie legatur in Codicibus Nonii: sed perperā, vt dixi, pro *polubro:*

Nec in polubro mystico coquam carnes,

Meum ut satullem corpus, & famem uentris. Item eodem modo deprauatè leguntur verba Lucillii apud eundem: *Maximus si argento in uerbi Androgyni barbati mœcho cinædi.* Vbi tantum abest, vt in scriptura solùm peccatum sit, vt etiam verba Lucillii manca sint. Nam ita scripserat Lucillius:

Maximu' si argenti sexcentum ac mille reliquit
Imberbi androgyni barbato mœchocinædo. Inuerbi ergo, pro Imberbi. Et volebat ostendere Nonius, imberbem, non imberbum vsurpatum esse à Lucillio.

113. **Et inuentum.**) Vertranius, *inuentum*. Forsan, Hinc uenatus.

114. **Pecus.**) Pecus ab eo, quòd pascebant: à quo pecora vniuersa. Et quòd in pecore pecunia tum consistebat pastoribus, & standi fundamentum pes (à quo in ædificiis dicitur area pes magnus, & qui negotium instituit, pedem posuit) à pede pecudem appellarunt, vt ab eodem pedicā, & pedisequam. Ex his, quæ satis per se clara sunt, & Varronis mentem apertè demonstrant, satis constat, immeritò hæc in editione Romana mutata fuisse. Quod qui fecerunt, non videbant sanè, quò spectabat mens Varronis, cùm Pecudis etymon explanaret, quanquam nimis anxiè & exiliter. Quòd enim veteres, pastores essent, id est pecuariam exercerent, & omnis eorum copia in pecore consisteret, consistendi autem fundamentum pes : à pede, inquit, pecudes appellarunt. Quia vt pes in homine standi, sic pecus in re familiari pecuniæ fundamentum erat apud veteres. In quo vides Varronis λεπτολογίαν in disquirendis verborum etymologiis. Cùm dubium non sit pecudes quòd tonderentur πoκάδας dictas. Vnde πόκος, apud Græcos, Vellus apud nos remansit. Latini verò pecudes potius, quàm pocudes dixerunt, more suo : cùm & Apellinem, pro Apolline dicerent: item téperis, & pigneris, & elera, pro olera. Vnde Eluela, olera minuta, & Elueola vitis, quæ herbacei coloris esset. Titinnius:

Lenti calido eluela, rapula, rumices. Sic etiam *hemonem* pro homine.

115. **Pes magnus.**) Pes *magnus*, id est constratus. Ita vocabant veteres ἐπίπεδον τὸ ἐπὶ μῆκος ᾗ πλάτος. Sic in libris de limitibus agrorum legitur: *Planum est quod Græci ἐπίπεδον appellant, nos constratos pedes, in quo longitudinem & latitudinē habeamus: per quem etiam agros, ædificiorum sola, & quibus altitudo & crassitudo ponitur: & opera tectoria, inauraturas tabularum intelligimus, &c.* Plani nomine hîc intelligitur, quod apud Varronem pes magnus.

116. **Et qui negotium instituit pedem posuit.**) Romani correctores castigarunt de suo *& qui fundamentum instituit, &c.* male: quanquam in Musica qui πόδα instituit, dicitur βάσιν τιθέναι. Atqui non necessariò de ædificiis loquitur Varro: sed de iis tantùm, quæ μεταφορικῶς deducuntur à pede. Itaque allusit Plautus Asinaria:

Ego caput huic argento fui hodie reperiundo. LIB. *ego pes fui.* Ergo pes quodvis fundamentum. Hinc puto Nepotes dictos. Est enim vocabulum Græcum νέποδες nepotes: quòd πούς ipse, id est fundamentum generis non essent, sed tantùm ἀπόγονοι. Theocritus enim, & Apollonius vsurparunt νέποδας pro Nepotibus, ἀντὶ τ̅ ἀπογόνων. Quod & Festus annotarat, vt cognoscimus ex eius reliquiis, in quibus etiam apparet citasse Callimachi autoritatem. Itaque puto me incidisse in eum locum Callimachi, quem Festus laudarat. Nam cùm ita citatum repererim apud Grammaticos, ὐ γὰρ ἐργάτην τρέφω τὴν μοῦσαν ὡς ὁ Χῖος ὑμνικοῦμ ἔπος. Equidem non dubito ita legere — ὐ γὰρ ἐργάτην τρέφω

ἢ μῦς ἔ, ὡς ὁ Κεῖος Ὑλίχυ νέπους. intelligit de Simonide.

117. Pedisequus.) ὀπάων, ὀπαδός. Ab eadem ratione vocabant A pedibus: Et pedes. Plaut. Menæchmis: *Asseruatote hoc sultis nauales pedes.* Qui & pueri dicuntur, & Græcè παῖδες. Antiquitus παῖς por dicebatur, vnde Puer factum: quòd Laconicè & plerisque Doriensibus pes πόρ diceretur. Hinc Marcipor, Publipor, Quintipor. Varro: Q*uintiporis Clodiani foria ac poemata gargaridians dicas*: O *fortuna, ô Fors Fortuna.*

118. Id enim peculium primum.) *Indidem peculium primo*: hinc peculatū, publicū furtum, & peculatoriæ oues, aliudve quid. Hæc enim inuersa erant.

119. Primo, vt cum pecore diceretur multa.) Nimium præceps fuit Vertranius in hoc loco transponendo. Dicit enim Varro peculatum esse propriè, cùm auersa pecunia esset ex multa publica, quæ fiebat pecore: à quo pecore peculatum vult dictum, cùm ea multa auertebatur. Nihil igitur mutandum.

120. Et id esse coactum in publicum si erat aduersum.) Ita legitur in illis, qui primis temporibus excusi fuerunt. Quod non temerè mutandum censeo. Est enim elegantissimè dictū, quo modo loquuntur Iurisconsulti, qui aliquid *aduersione* locari dicunt, cùm ea conditione locatur, vt ex peritorum iudicio æstimetur: quod quidem interea est periculo locatoris, donec approbatum id fuerit. Ergo si erat aduersum id esse coactum in publicum, hoc est vt periculo coactorum animaduerteretur: tamen non improbo alteram lectionem, *Si auersum esset*.

121. Ex qua fructus maior.) Hoc sanè corrigere operosū fuerit, cùm cætera desiderentur. Neq; solùm ea deficiunt, quibus de multa agebatur, sed etiam totum principium sequentium, in quibus animalium

etymologias persequebatur. Tamen legerim, Ex *quå fructus de malo*. Nam facile fuit l, in i, mutari, vt alibi saepe id accidit. Quod cùm factum esset, ex *maio, maior* fecerunt. Deinde addita praepositio, vt infinitis locis in his libris commissum est. Æs, fructum, lucrum, de malo habere dicebantùr, qui interuertendo aliquem lucrabantur. Ita loquuntur Plautus, & Apuleius. Hoc est, quod ait Aristophanes:

οὐκ ἐκ δικαίου τὸν βίον κεκτημένοι.

122. Hinc est, quod Græcis illis vsus, quod βοῦς bos.) Manifestò huic tractatui deest principium. Quod miror in neutra editione animaduersum esse. Neque tamen in eo solùm errarunt: sed etiam cùm vocem illam, *usus*, sustulerunt, quam putarent vacare. Atqui ex ea faciundum erat planè, & disertè, ὗς *sus*. Quod Græcis ὗς, *sus*, quod βοῦς bos.

123. Capra, carpa.) Turrenum, siue Etruscum vocabulum. Hesych.

124. Omnicarpæ capræ.) Quisquis fuit is poeta, qui hoc dixerit, senserat capras ποικιλοφάγους esse, propter quod Archelaus semper febre laborare eas putauerat. Eupolis quoque Comicus idem sentiebat, cùm ita capras loquentes introduxerat, βοσκόμεθα ὕλης παντοδαπῆς ἄπο, ἐλάτης, κομάρῳ τε πρὸς ὄρθοις ὑποτρώγουσαι, & quæ sequutur. Valde enim manca & corrupta sunt apud Plutarchum, & eius simiam Macrobium.

125. Porcus, quod Sabini dicunt a primo porco, poride porcus.) Alii inserciunt pro animi sententia quicquid in buccā, vt aiunt. Hoc igitur, quod in manu est, agamus: Nam hæc est, quam veram putamus, lectio: *Porcus, quod Sabini dicunt aprum porcum: proinde porcus*. Qui meliorem attulerit, caussam non

dico, quin merito nostra explodatur.

126. Κάπρῳ καὶ πόρκῳ.) Idem de re Rustica lib. II. porcus Græcum nomen est antiquum, sed obscuratum: quod eum nunc vocant χοῖρον. Vtrunque verum est: Nam & Græca est vox, & ita obscurata, vt neminem veterum, quod sciam, qui quidam hodie extent, ea vsum esse putem, præter vnum Lycophronem: Cuius ascribam versus ex Alexandra:

Στένω σε πάτρα, κὴ τάφοις ἀτλαντίδος
Δύπ]ου κέλωρος, ὅς ποτ' ἐν ῥαπ]ῷ κύτει
Ὁπῖα πόρκος ἰσρίδὺς τεβρασκελὴς
Ἄσκῳ μονήρης, ἀμφελυβώσας δέμας
Ῥειθυμνιάτης κέπφος ὥς, ἀνήξατο. Nam quod interpres fratris similimus, homo gloriæ & vanitatis Græcanicæ plenus, commentus est de nescio quo animali: quis no videt fabulosa esse? Non enim vult Poeta Dardanum natasse vt porcum, aut potius vt animal illud, quod excogitauit Tzetzes: sed vocat μονήρη, vt aprum. Nam Apri μονιοί dicuntur, vt & apud Latinos posteros Singulares. Ælianus, καλοῦνται δὲ ἐκ τῶν ὑῶν μονιοί τινες. Stultè enim facit, cùm putat duas comparationes eidē rei attribui: Prima enim tātùm quòd solus natarit: Altera, quòd vt κέπφος. Quæ est de Homero sumpta, cùm idem de Mercurio canit. Deinde quàm ridiculus est in interpretatione illius vocis ἄσκῳ, quasi non potius vtribus natarit. Quod dictum est per appositionem ῥαπ]ῷ κύτει. Et cùm vocat ἰσρίεα, manifestò Ercynium aprum intelligit. Ergo qui postea κάπρος, primò apud veteres dictus est πόρκος.

127. **Nostri aruiga.**) Scribendum puto *Aringa*. Hesychius, ἄριγα, ἄρρεν πρόβατον. Quæ scriptura reponenda in Festo & Donato: apud quos mendosè *Aruga*,

& *Harugu* legitur.

128. **Et in Pontificiis libris videmus.**) Vel *Pontificalibus*. Interpungendum autem post verbum, *uidemus*. Quod cùm in editione Romana factum non sit, tantùm sibi permiserunt, vt alterum verbum deleuerint: quòd viderent hæc duo commata aliter aptè hærere non posse. Cæterùm ita sensus perfectus est, nihil vt præterea ad sententiam desiderari videatur. Putarim tamen ita meliùs legi posse, Et *in Pontificalibus libris bidentes*. Nam hîc quoque idem error nocuerat, de quo sæpe iam admonuimus: quia scriptum esset, *uidenteis* Certè bidentes erant hostiæ, quæ & corniger æ essent, & duos dentes eminulos haberent: in qua sentêtia est Festus, etiam si aliter disputetur apud Gellium. Hesychius, κεραΐδες, τὰς προϐάτων τὰ θήλεα τὰ ἔνδον ὀδόντας ἔχοντα. Aliter, vt puto, si carerent illis, ἄπλοι erant, & ad sacrificia ineptæ. Nam si bidens dicta est, quasi biens, cur bidentis, non bidennis, aut biennis dicitur? Atqui magis aperit etymon, quòd & ambidentes apud veteres vocarentur. Sed id requirebatur in hostia, vt duos dentes haberet cæteris longiores, quemadmodum & in tauro πλείῳ, vt diuersa cornua haberet, & patentia. Ab eo dicebantur Patales boues. Plautus Truculento: *Ego ruri hamaxari me mauelim patalem bouem*. De hoc loco intelligit Festus cùm scribit patalem bouem dici à Plauto, qui diuersa cornua habeat, & patentia. Meminit & dictione *Propatulum*. Itaque & Græci quoque ab eadem mente eiusmodi boues vocarunt πταλεῖς. Athenæus lib. IX. πεταλίδων ἢ συῶν μνημονεύει Ἀχαιὸς ὁ Ἐρετριεὺς ἐν Αἴθωνι Σατυρικῷ. Deinde: πεταλίδας ἢ αὐτὰς εἴρηκε, μεταφέρων ἀπὸ τῶν μόσχων. ὅτοι γὰρ πέταλοι λέγονται ἀπὸ τῶν κεράτων, ὅταν αὐτὰ ἐκπέταλα ἔχωσι. Item

& πετλvοί. Hefychius, βοῦς πετλvὸς ὁ ἔχων ἀναπεπλασμένα κέρατα.

129. **Agnus.**) Ἀμνός. item canis, κύων, κυνός. υ in α. ut κύλιξ, calix.

130. **Nocticulus in custodia.**) Miror correctores istos non vidisse, hanc vocem, quia nihil significaret, corrigendam fuisse: præsertim cùm etiam locos integros attentare conati sint. Hîc enim opus est eo epitheto, quod iuuet Varronis sententiam, qui à voce canis vult deduci nomen ipsius animalis: vt ita legendum esse appareat: *Quod hic item nictaculus in custodia, & in uenando signum uoce dat, canis dictus.* Est enim elegantissima vox à nictando detorta, quod Græci dicunt σκυζᾶν: quod solent facere canes in venatu, & in custodia. Ab illa ergo nictatione, qua signū dat, signa verò canere dicuntur, anxiè nimis, & putidiusculè Varro canis etymon deducit. In libro P. Victorii scriptum No-*ctulucus*: an perperam pro *Noctulugus*? Hanc etiam vocem vsurpauit Lucillius pro obscœno, id est mali ominis, quales sunt bubones, aut similes aues noctu lugentes. An quòd in somnis noctu σκυζᾶν solent: de quo elegantissimi versus Lucretii extant, & scripsit Æschylus in Diris, ὄναρ διώκεις θῆρα, κλαγγαίνεις θ' ἅπερ
κύων, μέριμναν ἔ ποτ', ἐκλιπὼν πόνον.

131. **In custodia.** Veteres canes vocabant custodes: & contrà qui custodiæ præfecti erant, canes. Æschylus Agamemnone:
Γυναῖκα πιστὴν δ' ἐν δόμοις εὕροι μολὼν,
Οἵαν περ οὖν ἔλειπε, δωμάτων κύνα. Item ibidem:
Λέγοιμ' ἂν ἄνδρα τόνδε, τῶν σταθμῶν κύνα,
Σωτῆρα νηός— Columella: *Nunc, uti exordio sum priore pollicitus, de mutis custodibus loquar: quanquam*

canis dicitur falsò mutus custos. In carmine obscœno:

Ne, dum me colitis, meúmque numen,

Custodes habeatis irrumatos. id est canes. Plautus quoque in Milite αἰνιγματικῶς huc allusit. Cuius hæc verba:

Nam os columnatum poetæ inesse audiui barbaro,

Cui bini custodes semper totis horis accubant. Næuiū sentit poetam illum cōiectum esse in vincula. Canem verò genus esse vinculi nemo paulò humanior ignorat. Itaque custodes vocauit, quia ita canes quoque vocabantur.

132. **Alexandria Camelopardalis nuper aduecta.**) C. Plinius lib. VIII. cap. XVIII. *Camelopardalis Dictatoris Cæsaris Circensib. ludis primùm uisa Romæ.* Dion lib. XLIII. περὶ δὲ δὴ τῆς καμηλοπαρδάλεως ὠνομασμένης λέγεται, ὅτι τότε πρῶτον εἰς τε ῥώμην εἰσήχθη, ᾧ πᾶσιν ὑπεδείχθη. Et quæ sequuntur: Graphicè enim eam describit.

133. **Cerui quod magna cornua gerant, quasi Gerui.**) Cur non κεραοὶ potiùs? Item Volpes, quòd volat pedibus: quasi non sit ex ἀλώπηξ. Item virgultum à viridi: non autem, quòd prius virguletum. Virgulæ, θάμνοι.

134. **Nux.**) Alii à nocendo, quomodo & Græcè quoque κάρυον, παρὰ τὸ καροῦν. Est autem vox Syriaca Luz. Sed L, in N, abiit: vt Lympha, Nympha.

135. **Ruta, quam nunc πήγανον appellant.**) Interpres Theriacorum Nicandri, Ἰόλαος ἐν τῷ περὶ πελοποννησιακῶν πόλεων, τὸ πήγανον ὑπὸ πελοποννησίων ῥυτὴν καλεῖσθαί φησι. Hesychius ῥυτά, τὰ σέμφυλα, ᾧ πήγανον λευκόν.

136. **Cucumeres.**) Cucumis κύκυος apud veteres dicebatur. Inde nostrum Latinum: ne putes Varroni de hac re

hac re assentiendum.

137. Exta ollica, quo, &c.) Ollicoquam ex Festo. Inde extaris aula Plauto.

138. Puls ita appellata, quod ita Græci.) πόλπις. Vide Athenæum.

139. Quod ita sonet, cum aqua feruenti insipitur.) Obsipare tamẽ, & insipare farinam non insipere dicebant veteres: tametsi eodem modo Pomponius Attellanarum scriptor vsurpauit:

Facite ut ignis feruat, ligna insipite, far concidite. Quod vero dixit de sono feruentis pultis, simile Næuii —*bilbit amphora.* Item Eubuli Comici apud Athenæum lib. VI. λοπὰς παφλάζει βαρβάρῳ λαλήματι.

Patina Cachinnat bulliente murmure.

140. Panis.) Athenæus lib. III. πανός, ἄρτος. μεσαίτεροι. & τὴν πλησμονὴν πανίαν, & πανία, τὰ πλήσματα. Deinde, & ῥωμαίοι δὲ πᾶνα τ᾽ ἄρτον καλοῦσι. Tamen non caret ratione quod ait Varro. Panus enim πλύπη, glomus. Vnde quædam placentæ, quòd ad eum modũ confictæ essent, πλύπαι dicebantur. Meminit Athen. lib. III. Clemens Alexand. Protrep. ὃ σησαμιαῖ ταῦτα, & πυραμίδης, ἢ πλύπαι, & πόπανα πολυόμφαλα. Glomus vocabatur Latinè: quòd πλύπη glomus. author Festus. Vel est quod Pollux lib. VI. ὠνομάζετο δὲ ἵνα ἢ πηλία, ἃ & τοῖς πλακοῦσιν ἐπετίθετο, προσεοικότα πηνίοις. λευκὰ δὲ ἦν τὴν χρόαν. Quod Varro videtur innuere. alioqui scio πηνίον, & Dorice πανίον ἀπὸ τῆς ἀρακτυπνίδος sumi: cùm hîc ἀπ᾽ τ᾽ πλύπης. Vnde & tumor inguinum, qui morbus pueros infestare solet, vocatur panus: & paniculæ Plinio τὰ πλυπώδη. At Panicæ in milio aliud est: Id enim à Græco etiam manauit. πανίκη enim αἱ ῥίζες, & ἡ κόμη. Theophrastus vocat φόβην· τὰ μὲν, inquit, ἔχει στάχυν. τὰ δὲ χυ-

D.i.

ροπὰ λοβόν. Τὰ δὲ κεγχρώδη φόβην. ἡ γὰρ καλαμώδης ἀπόφυ-
σις, φόβη. Vnde apud eundem, ὑποχεῖται ᾖ ὅτι εἰς στάχυν,
ἀλλ᾽ οἷον φόρβην, ὥσπερ ὁ κέγχρος, ⁊ ἔλυμος. in illis, inquā,
verbis perperam φόρβην legitur pro φόβην. Apud Pliniū
quoque lib. XVIII. cap. VII. mendum insigne, vix
paucis animaduersum, inoleuit, in illis verbis: *Milium*,
inquit, *inter hos x. annos ex India, in Italiā ṁuectum est,
nigrum colore, amplum grano, arundineum culmo. Adolescit ad pedes altitudine* VII. *praegrandibus culmis: lobas
uocant: omnium frugum fertilissimum*. Nam *phobas* pro
lobas, ex Theophrasto.

141. Vnde id dictum, nisi ab eo, quod Græci
κόκκον.) Vnde id dictum, ab eo quod Græcis κόκκῳ. à quo
Græcis κόκκος granū dictū. Potest ita legi, vt posuimus.

142. Triticum, quod tritum est spicis.) E spicis.

143. Libum, quod libaretur priusquam esset
coctum.) Forsan, *quòd libaretur, prius quàm essent, coctum*. Quòd id libaretur coctum, priusquam essent, id
est, comederent. Et fortasse illa vera est lectio.

144. Circuitum æqualiter fundebant.) Hîc
fundere ἐλαύνειν. vnde νέηλατοι genus libi.

145. Triton & placenta.) Poterat legi Ἰτρίον, Ἴπριον, vt
aliquādo putauimus. Postea tamen vera visa est lectio,
intritum: præsertim cùm apud Latinos Itrion nunquā
reperiatur. Est enim ἔνθρυπτον, καὶ πλακοῦς. Athen. interpretatur πεμμάτιον λεπτὸν διὰ σησάμου ⁊ μέλιτος. Demosthenes, μισθὸν λαμβάνων τύτων ἔνθρυπτα, κỳ στρεπτοὺς, καὶ
νέηλατα. Hesychius, ἔνθρυπτα, τὰ ἐκπέμματα, ἢ τὰ ἐντριβόμενα βρώματα. Meliùs tamen alibi legitur, ἔντριτον, τὸ διορυσὲς ἔμβρωμα, ὃ γαλᾶται ἐκβρεκτὸν φασιν. Apud Apitium
lib. IX. Embractum Baianum legitur: quod est genus
intriti: vt non dubitem legere intritum, ⁊ πλακοῦντα.

CONIECTANEA. 51

Tamen interere est verbum culinarium apud Terentium: *Tuæ hoc intristi*: vnde intritum potius deducendum erat. Aliorum ridicula commenta nihil moramur, qui cùm hîc inepta vocabula ῥύφον, & Φρύμον induxerint, facilè indicant ea ex sua culina, non ex Græcorum monumentis produxisse.

146. Puluentum, quod edebant cum pulte.) Charisius legit, *Pulmentū*, quòd id cum pulte essent, vt Plautus. inde pulmentariū dictum: lógè meliùs sanè. Locus verò Plauti, quem adduxit, extat in Aulularia:

Pulmentum quin ei pridem eripuit miluus. vt Vertranium defecerit memoria, aut diligētia, qui in nulla Comœdia Plauti extare putauerit.

147. Hoc primum debuit pastoribus.) Tepuit: facetè. Hoc enim vult: Antea Pastores crudis tantùm vescebantur: cùm autem cocta cœperunt esse, hic fuit primus cibus inter illa cocta: maximè cùm puls, à quo pulmentum, sit primum coctorum edulium. Romana editio, & Vertranius hæc valde corrupta habent.

148. Quod terræ rure Ruapa, vnde Rapa.) Romana editio, & Vertranius ὀδὲν ὑγιές. Ita legedum erat: *Quòd è terra ruerent Ruapa. unde Rapa*. sanè ineptè è terra hæc etymologia eruitur à Varrone, quæ adeo terrestris sit, & plena ruris. Græcum enim est ῥάπυς: vnde etiam ῥάφανος. Athenæus lib. IX, Σπεύσιππος ᾗ ἐν δευτέρω ὁμοίων, ῥαφανίς, φησι, γογγυλίς, ἀνάρρινος, ὅμοια. ἢ δὲ ῥάφιω Γλαῦκος ἐν τῷ ὀψαρτικῷ διὰ τοῦ π ψιλῶς καλεῖ ῥάπιν. Etiam suprà, vbi ait, *Caulis, lapathium, radix.* Sic enim antiqui Græci, quam nunc ῥάφανον. puto legendum καυλὸς, λαπάθιον, ῥάπυς. Nam ῥάδιξ aliud est.

149. Suilla sic ab illis generibus cognominata.) Meliùs legeretur *à suillis generibus.*

D.ii.

150. Perna a pede suis, a nomine eius.) In antiquitus excusis, apud quos semper certior lectio, ita legitur:*Perna à pede:Sueris à nomine eius.* Legerem, *Perna à pede sueris*: si verisimile esset, Varronem ita locutum esse, sicut temporibus Catonis, in quibus boueris, & Ioueris & similia dicebant. Sed neque, vt mihi persuadeo, ita Varro locutus est: neque, si ita legas, cætera, quæ sequuntur, cohærent. Quid enim erit illud, *à nomine eius?* Quare videtur rectè legi in antiquitus excusis, vt sit, Perna, *à pede. Sueres à nomine eiusdem:* nempe suis: de quo paulò ante dixerat. Sueres verò inter suillæ partes annumerat Plautus Carbonaria citate Festo, dictione *spetile*.

Edo pernam, sumen, sueres, spetile, callum, glandia. Est autem spetile, pars carnosa infra vmbilicum suis. autor Festus. Græcè ἴβον τὸ ὑποκάτω τοῦ ὀμφαλοῦ μέρος. Vel dicamus Varronem veterem casum vsurpasse, Perna *à pede sueris* ex verbis veteris Grammatici, puta Sisennæ, aut Ælii. Deinde, A *nomine eius* Offa.

151. Murtatum a murta, quod ea large fartum.) Murta genere fœminino apud veteres, vt apud Catonem. Quare non mutandum erat: neque ego muto. De murtato Plin. lib. x v. de murto loquens: Et *alius bacæ usus fuit apud antiquos, antequam piper reperiretur, illam obtinens uicem, quodam etiam generosi obsonij nomine inde tracto, quod etiamnum Murtatum uocatur.*

152. Augumentum.) Meminit Arnobius lib. v i i.

153. Magmentum.) Meminit idem eruditus scriptor, eodem libro. Erat autem daps, quæ profanabatur à rusticis, Iano, Siluano, Marti, Ioui dapali &c. quanuis id non interpretatus sit Arnobius.

154. Quod ad religionem magis pertinet.)

Videtur legendum, *quod ad regionem magis pertinet.* Subiicit enim: *Itaque propter hoc montana fana constituta certis locis.* Nam ad id tantùm constituta erant, vt Iano, Marti, vt est apud Catonem, & Ioui dapali, item Siluano res diuina susciperetur à quodam rustico, siue ingenuo, siue seruo: cui sacro non interessent mulieres. Cato: *Mulier ad eam rem diuinam ne adsit, niue uideat, quomodo fiat.* Itaque dixit Iuuenalis:

Nam quæ docta nimis cupit, & facunda uideri,
Crure tenus medio tunicas substringere debet,
Cædere Siluano porcum, quadrante lauari.

155. Quod imponeretur macte, ab eo quod Græci μᾶλλον.) Hæc est lectio veterum excusorum. Omnes enim illi *macte* habent: quæ vera est lectio. Quòd autem illud *Macte* putant quidam Græcè exponere velle, hoc frustra est. Illud enim peccatum est propter ea, quæ statim sequuntur, *Item Græci sigillatim &c.* cùm ita, nisi fallor, scriptum reliquerit Varro: *Vel ab eo, quòd, cùm imponeretur, macte dicerent.* Ipsi verò putarunt verbum *Dicerent* sine nomine, vacare. Extiterūt deinde, qui illud *Macte* à Græco deduci sibi persuaserint. Itaque nonnullis visum est substituere μᾶλλον: aliis, μάπυς. Quidam etiam μαῖδαν supposuerunt. Et quem lapidē non mouerunt, vt Græcam vocē, quam putarent desiderari, supponerent? Nec defuerunt, qui *mactre* legerent: quòd ita μάκιραν dici Græcè scirent. Quæ omnia magis eorum negligentiam, quàm Varronis mentem aperiunt. Namque Magmenti duo etyma posuit Varro: vel quòd magis ad regionem faceret: vel quòd, cùm id Deo pollucerent, MACTE dicerent. Quòd enim ita dicerent in pollucenda dape, disertè legitur apud Catonem: *Macte hoce uino inferio esto: Ma-*

ète hoce ferĉto esto: Mactè hacc dape pollucenda esto. Est ergo illa vera lectio, quam coniectauimus, nisi valde nos fallit augurium nostrum. Non tamen alibi vsquam corruptior est, quam in editione Romana : quod cum bona venia eorum, qui eius correctionis autores fuerint, dictum velim.

156. Quom id imponeretur.) Imponere, verbū sacrorum. Ouid. — *Cereale sacerdos Imponit libum* — Iuuenalis :

— *et farra imponit cultris.* Aristoph. ὐδ' ἄν θύσαιμι ὐδ' ἂν ἀπισσαιμί ὐ δ' ἐπιθέην λίβανωπίν.

157. Ité Græci singillatim, vt ouum, bulbum.) Puto, *Item Græca fingit Latium, vt ouum, bulbum,* ὠὸν, βόλβον. Neque multùm ab hoc sensu mens Varronis abfuisse videtur.

158. Lana Græcum.) Posset putare quispiam hîc intelligi λάχνη, & extrita media, factum lana, vt ab ἀράχνης, araneus. Sed non ita est. λῆνος enim prius dicebatur, & Doribus λᾶνος. Apollonius lib. IIII,

Βεβρίθη λήνεσιν ἐπηρεφές — Et λανιςαὶ, οἱ κτενιςαὶ apud veteres dicebantur, qui carebant, hoc est carminabant lanam. Nec sine caussa ad hoc testimonio Callimachi vtitur Varro, cùm & Æschylus ipse, cùm hanc vocem vsurparet, eam, vt à vulgi opinione paulò remotiorem interpretatus sit. Cuius hæc verba ex Diris:

Λῆνά μεγίσω σωφρόνως ἐςεμμένον,

Ἀργῆ τε μαλλῷ· τῇδε γὰρ τρανῶς ἐρῶ. Solet enim interdum ille poeta, cùm quædam insolentia verba, aut duriuscula ponit teorum interpretamentū subiicere: vt in ἑπτὰ ὑπὶ Θήβαις· ἅλω δὲ πεμπτήν (ἀσπίδος κύκλον λέγω)

Ἔφριξα δινήσαντος· ἐκ ἄλλως ἐρῶ. Porrò ante hæc quædam deesse sensus ipse satis docet.

159. Trama, quod trameat frigus genus vestimenti.) Omnino legendum, *Quòd trameat Frugionis uestimentum*. Frugiona vestimenta sunt ea quæ *Ricamata* vocant Itali dictione Syriaca: in quibus tramæ diuersis modis retortæ, & perplexi mæandri sunt. De Phrygione Varro κοσμοφφοριώη. *Phrygio, qui poluinar poterat pingere, soliar læuigabat*. Ita legendū in Nonio.

160. Trama, quod trameat.) Trameat enim stamen, & substemen. Persius metaphoricōs,

—*nihi trama figuræ*
Sit reliqua: ast illi tremat omēto popa uenter. Ex Euripide Τείβωντες ἐκλιπόντες οἴχονται κρόκας. Vnde defloccati senes dicuntur, metaphora sumpta à vestibus, quæ fratillos suos, id est villos amiserūt. Quæ & decotes dicebantur.

161. Panuelium: a panno, & voluendo filo.) Apud Isidorum non prorsus malum autorem legitur *panuelium*: item Hesychium, qui in Græca voce explicanda vsus est vocabulo Romano. Πηνίον, inquit, πανούκλιον, ἢ ἄρακτος, εἰς ὃν εἰλεῖται ἡ κρόκη. Quæ si vera est lectio, videtur à pano luendo Panuelium dictum. Vnde hodie *diuidere* dicunt Francæ mulieres, à diuidendo: hoc est, luendo filo. Aristoteles lib v. Historiæ animalium, ἐκ ᾗ τούτων βομβύκια ἀναλύουσι τῶ γυναικῶν τινὲς ἀναπηνιζόμεναι. Nonius Panulam vocat.

162. Conum, quod cogitur in acumen versus.) At ego: quod Græcè κῶνος.

163. Hasta, quod astans soleat ferri.) Antiquitus enim sine aspiratione scribebatur: & astare, pro adstare dicebant: vt Plautus assum, pro adsum.

164. Scutum a sectura.) Fallitur. Est enim σκῦτος, quòd esset ὠμοβόϊον.

D.iiii.

165. Vmbones, aut a Græco: vel quod ambones.) Lego: Vmbones à Græco, quòd ἄμϐωνες. Græci ἄμϐωνας vocant, quicquid extumidum est, & prominet, vt ventrem ampullarum Plutarchus Lycurgo. In montibus quoque ὑψηλοῖς τόποις ita vocant. Itaque quidam poeta vetus sic scripserat: —ἐπ' ὄρεος ἀμϐώνεσσι. Sic quoque Latini vmbonem in eam significationem vsurparunt. Statius Achilleide:

  —undisonæ quos circuit umbo Maleæ. Id est, quod poetis Græcis πρών. Idem in Thebaide:

  Stant iuga, & obiectus geminis umbonibus agger
  Campum exire uetat— Idem in via Domitiana:
  Tunc umbonibus, hinc & hinc coactis. In Thebaide:
  —uasto metuenda umbone ferarum
  Excutiens stabula— Idem in Hercule Surrentino.
  —quòd solidus contra riget umbo maligni
  Montis— Satis apparet, cur posteà vmbones in clupeis appellarunt: quos vocat ὀμφάλοις. Polybius lib. v1. qui & plura addit de forma clupei Romani.

166. Gladius a clade.) Clades dicebatur surculorum detritio. Κλάδος, ramus. Sic calamitas, calamorum. Strages, stratorum arborum: Deinde ad homines translata.

167. Ex anulis ferream tunicam.) ἀλυσιδωτόν. Diodorus Siculus lib. v. Etiam hodie loricam vocant Hallecret, quasi ἀλύκροτν, pro, ἀλυσίκροτν.

168. Ocrea, quod opponebatur ob crus.) Ocrem antiqui vocabant asperum montem, & confragosum, vt etiam docet Festus. Inde ocreas dictas, quod inæqualiter tuberatæ essent, vt idē ait. Vsurpauit eam vocem Liuius Andronicus in Odyssea.

  Celsósque ocris, aruáque petrita, & mare magnum.

Ita putamus legendum ex Homero in Odyssea.

Ἔκτοθεν μὲν γὰρ πάγοι ὀξέες, ἀμφὶ δὲ κῦμα
Βέβρυχε ῥόθιον, λισσὴ δ' ἀναδέδρομε πέτρη.

169. Galea, a Galero.) Olim Galeæ ex diuersorum animalium pellibus conficiebātur. Quod patet ex ipsis nominibus apud Poetas. Sunt enim apud illos κυνέαι, λυκέαι. Sic etiam, quòd ex felina pelle fiunt, γαλέαι dictæ. γαλῆ enim feles, vel simile animal ei, quod vocant Græci ἰκτῖν. Quare & Homerus quoque ἰκτιδέην Galeam vocauit. Ex quibus apparet Varronem non rectè sensisse, qui à Galero deduxerit.

170. Vallum, quod ea varicare nemo posset.) Quid certi afferam de huius loci lectione, nihil habeo. Nam vulgarem recipere, sanè religio est. Fortasse non ineptè legi posset: *quòd ea uari, ac ærumnæ essent*. Erant vari propriè bacula furcillata, vt interpretatur Varro, & informia. Alii scribunt Varri. Vnde Varrones, duri, καὶ σκληροὶ homines, quos Aristophanes πρίνινυς vocat. Lucillius:

Varronum, ac rupicum scarrosa, incondita rostra.

Hinc Varronum cognomen Romæ. Erant & furcillæ, quibus tolluntur retia, quæ σκανδάληθρα, & σκάμβυκες Græcè dicuntur. Lucanus:

—dispositis attollat retia uaris. Ex varo igitur Vallus fit. Hinc vallum, quòd ex iis fieret. Ærumnas verò furcillas quoque esse nemo dubitat, qui saltem legerit Festum. Cæterùm de veritate lectionis præstare non possum: Mihi sufficit, quod in animo haberem, indicasse.

171. Cerui.) In vallo castrensi per spatia ponebantur cerui. A quo interstitium illud inter ceruos dictū Interuallum. Id quod ex Cæsare nouimus, item ex Si-

lio Italico lib. x,

Ceruorum ambustis inuitantes cornua ramis. Brachia vocat Lucanus.

—crudáque extraxit brachia terra. Item,
Aut circum largos curuari brachia fontes. Vtrunq; à similitudine.

172. **Vt troulla. Hinc Græci trullam.**) Inuersũ est, pro *Torulla*. Hinc Græci τρυώην. Aristophanes Auib⁹,
ἔτνους δ᾽ ἐπιθυμῶ, δεῖ τρυώνης ἢ χύρας. Interpretantur τὸ κινητήριον τῆς χύρας. Truam verò τὸ κινητήριον τῆς χύρας esse, vnde & Truare, τὸ κινεῖν apud veteres, indicio sunt hi versiculi Titinii, poetæ Comici:

Sapientia gubernator nauim torquet, non ualentia.
Cocus magnũ ahenũ, quãdo feruit, paula cõfutat trua.

Cui simile illud Aristophanis ex Equitibus:

Ἀνὴρ παφλάζει· παῦε, παῦ
ζαρζέων. ὑφελκτέον
δὲ τῶ ξύλων. ἀπαρυστέον τε
τῶ ἀπαλῶν ζωπή. Quæ Titinii sententia tracta ex Homero,

Μήτι τοι δρυτόμος μέγ᾽ ἀμείνων, ἠὲ βίηφι.
Μήτι δ᾽ αὖτε κυβερνήτης ἐνὶ οἴνοπι πόντῳ
Νῆα θοὴν ἰθύνει ἐρεχθομένην ἀνέμοισι.

173. **Hinc Græci Trullam.**) Romana editio βυβλίον. At neque βυβλίον Trulla: neque, si esset, bis eam Varro nominasset. Aliquid esset, si reposuissent βυτίλην. Eam enim etiam τρυώνην interpretatur Hesychius.

174. **Postea accessit Magnus cum Græco nomine, & cum Latino nomine Græca figura Barbatos.**) Legendum: *Postea acessit Nanus cum Græco nomine, &c.* Festus, Nanũ Græci vas aquarium dicunt, humile, & concauum, quod vulgò vocant situ-

lum barbatū. Vnde Nani pumiliones vocantur. Nam de μάγνος quod alii repofuerunt, ipſi viderint. Mihi certè nihil temerè perſuadebunt.

175. **Peluis, pedelauis.**) Non, ſed à Græco πέλυς. De quo vide Pollucē, itémq; alios veteres Grāmaticos.

176. **Quod Siculi** κάπνον.) Scribe κάπανον.

177. **Patinas a patulo.**) Satis notum, à Græcis originē trahere. Nam vt à κάπανος Catinus: ſic à παπάνη, patina. Eubulus Comicus apud Pollucem, & Athenæū:

ὦ πυκ]ὰ σικελικὰ παπάνεια σωρεύματα. Plautus Menæchmis ad verbū videtur eū verſiculum tranſtuliſſe:

Tantas ſtruices concinnat patinarias. Tamen in nonnullis legitur βαπάνια. Vnde etiam Latini batillum fecerunt.

178. **A quo illa Capit, & Capulæ.**) In omnibus editionibus locus hic deprauatus eſt, qui ita legi debet: Menſa rotunda *nominabatur Cilibātum, ut etiamnum in caſtris.* Id *uidetur declinatum à* Græco, ὑπὸ τῆς κύλικος. *A quo illa : Capis et minores capulæ à capiendo.* De Capidibus notum ex Feſto. Capedines aliter dicebantur, & Capedunculæ Ciceroni. De Capedunculis, vel capulis meminerat & ipſe Varro lib. 1. de vita populi Rom. *Etiamnum pocula, quæ uocant capulas, ac capides, quod eſt poculi genus : item arnullū, quod eſt urceoli genus uinarij.* Puto tamen Capidem Græcum eſſe. Quòd id genus vaſis καπίθη dicatur à Græcis κιλιβάντης Græcum eſt: ne fortè putes legendum eſſe *Cilibathum,* vt alii.

179. **Cum magiſtri fiunt.**) Iidē & modiperatores dicebantur. Si Catullus legem συμποτικὴν vocauit magiſtram : *vt lex Poſtumiæ iubet magiſtræ. Lex Poſtumiæ,* pro, *Lex Poſtumia,* vt Vrbs Romæ: & Horatio, *Herba lapathi.* Plin. lib. XIIII. *Numæ Regis Poſtumia lex eſt.*

VINO ROGVM NE RESPERGITO. Cur id Numa vetat, cùm ex veterib. autoribus satis constet, vino rogũ respergi: apparet eas leges Numæ συμποτικὰς fuisse nō πολιτικὰς. Itaq; allusum esse ad voluptariorũ dicteria, cuiusmodi sunt hæc in epigrammatis Græcis:

Μὴ μύρα, μὴ ϛεφάνοις λιθίναις ϛήλαισι χρίζου,
Μηδὲ τὸ πῦρ ϕρέξῃς. εἰς κενὸν ἡ δαπάνη.

Ζῶντί μοι, ἤ τι θέλεις χάρισαι· τέφρην δὲ μεθύσκων.

Πηλὸν ποιήσεις, ἢ οὐχ ὁ θανὼν πίε). Quanquã in duodecim scriptum fuit: MVRRINAM MORTVO NE INDITO.

180. *Depesta.*) In veteribus excusis *Flepesta.* Quæ lectio, quamuis corrupta, tamen veræ lectionis nobis index fuit. Perperam enim *Depesta* pro *Lepesta*, quæ à Græco λεπαϛή. Cuius præter quod veteres Grammatici, Athenæus, & Pollux meminerunt, ipse quoque Varro eadem penè, quæ hîc, monuerat, lib. 1. de vita populi Ro. *Lepestæ*, inquit, *etiamnum Sabinorum fanis pauperioribus plerisque aut fictiles sunt aut æneæ.* Nam Varronem δέπαϛρον scripsisse non facilè mihi persuaserim.

181. *Simpulum a sumendo.*) Id est bibēdo. Vnde sumi pote, puteas. id est, vnde bibi potest. Cicero, *si sumpserit meracius*, id est biberit. Apud eundem, Fluctus in simpulo excitare τὸ πομφολυχεῖν. prouerbium. Est autem Syriacum. Nam vt ab Abub Ambub, αὐλός: ambubaiarum collegia: à copher, camphora: à sadon, sindon: à sabeca, quod est apud Danielem, sambuca: sic à sephel, sempel, & inde, simpulum fecerunt. Scio ego me dicere hoc cum magno odio eorum, qui non solum literas Hebraicas, & Syriacas ignorant, verum etiam oderunt. At tam mihi facile est eos contemnere, quàm ipsis procliue est, eas odisse.

CONIECTANEA. 61

182. Vrnarium.) Varro παφῆ μνίππυ. Sed quæ necessitas te iubet aquam effundere domi tuæ? Si uasa habes pertusa, plumbum non habes? Ad quam rem nobis confluuium? ad quam urnarium? In pauimento non audes facere lacunam, at humus facis calceos elixos? Antiqui nostri domibus lateritiis paululum modo lapidibus suffundatis, ut humorem effugerent, habitabant. Non uides in magnis peristyliis, qui cryptas domi non habent, sabulum iacere à pariete, aut è xystis, ubi habitare possint? Nō uides in publica nostra taberna, qua populus ambulando perinde, ut in arato, porcas reddit? Quæ testimonia quinque ita connecti debere sententia ipsa satis demonstrat. Ad quorum interpretationem vide Vitruuium lib. v I. cap. t I I I. in fine. Palladium lib. I. cap. I x. item in fine.

183. Epichysis.) Apud Pollucem est genus coquinarii vasis: idque probatur ex Aristophane δαςαλῦσι. Ego verò inueni etiā pro poculi genere, ex Menandri Philadelphis apud Athenæū loquentē περὶ τ λαβρωνίας:

ἤδη δ' ὁπιχυσις, διάλιθοι λαβρώνιοι,

πέροας δ' ἔχοντες μυοσόβας ἐσήκεφ. Meminit & Plautus.

184. Et in ea, & cum ea ænea vasa.) Omnino legendum, Et tina, et cum ea ænea uasa. Meminerat huiusce rei. I. de vita populi Ro. Antiquissimi, inquit, in conuiuiis utres uini primò, postea tinas ponebant.

185. Imburum fictum ab vrbo.) Varro cùm ab vrinando Vrnæ veruerbium deduceret, vrinare quoque; vnde esset, declarabat. In quibus postremis verbis peccatum est ab imperito librario. Quæ ita restituenda sunt: Vrinare, est mergi in aquam in urbum: fictum ab urbo, quod ita flexum, ut redeat sursum uersus: ut in aratro, quod est uruum. Quòd enim, in urbum scriptum esset, non in uruum, caussa fuit erroris indocto librario,

vt sæpe accidisse aliàs admonuimus. Est autē vruum, siue vrbum:(vtrunque enim inuenimus) τὸ ἀνάπημον, sursum versus reflexum. Qui in aquam mergitur, vt iterū sursum versus existat, dicitur vrinare. Quod etymon Varronis mihi & eruditum valde, & verum esse videtur. Vruare ergo, ita se iactare, vt sursum denuo excitet se. Vnde amburuare apud Lucillium dicuntur Salii, qui eo modo corpora saltu reciprocabant:

Præsul, ut amburuat, sic uolgu' redandruat inde. At in Festo, & Nonio mendosissimè ille versus legitur hodie: Græcè dicitur κυβισᾶν, id est κολυμβᾶν, interprete Suda, quod Curetes, qui idem Latinè Salii, faciebant. Id aliter dicitur Reciprocare. Plautus Astraba:

Quasi tollene, uel pilum Græcum reciprocas planá uiá. Tollenones enim, & pila ruderaria, modò sursum modò deorsum in opere ipso aguntur. Itaque eleganter & venustè apud Aristophanem, citante Polluce.

ὥστε κηλώνειον, ἀνακύπτων ἢ κατακύπτων. Apud Plautū Pœnolo:

sunt Græca œlonea: sustolli solent. Eodē modo dictum, quo in Astraba, pilum, aut tollenonem Græcū reciprocare. Quod à nobis ita restitutum est ex veteri scriptura. Ita enim legitur in manu scripto, *Trecæ sunt œlonnæ.*

186. **Cacabum.**) Κακκάβου meminere Pollux & Athenæus lib. X I I I. Non enim Latinum est, quod putat Varro. Itidem ineptit de calice, à caldo, non ἀ κύλιξ.

187. **Sedum.**) Solum, vel solium.

188. **Arca, quod arcebantur fures ab ea clausa)** Sic Græci φωριαμὸν, παρὰ τὸ τὰς φῶρας εἴργειν. Cùm tamē Eratosthenes ex commentitia fabula deducat originē, in hymno εἰς ἑρμῆν·

Φωςιαμὸν δ' ὀνόμηναν, ὃ μιν κικλῆ φωςιον ἄρην.
Ἐκ τοῦ φωςιαμὸς κικλήσκεται ἀνθρώποισι. At potiùs Arca ab arcendo: quòd arcere apud veteres significaret, continere. Vnde arcus in fornicato opere, ἀπὸ τὸ ἀρκεῖν.

189. Vestis, &c.) Potest & ita legi: *Vestis à uelis: uel ab eo quòd uellus lana tonsa uniuersæ ouis: id dictū, quòd lanam uellebant: ex lana autem facta uestis.* Certè ea mēs est Varronis. Tamen quis Vestem à Græco deduci dubitarit? At Varro, quòd vestis ex lana, lana autem vellus diceretur, iccirco vestē vocatam ait. φδῦ τ̃ ἐνότητος.

190. Rica.) Ricam Festus ex Granii sententia ait esse muliebre cingulum capitis, quo pro vita Flaminica redimiretur. Apud Gellium lib x. cap. xv. vbi de Flaminica loquitur: *Et quod uiriæ surculum de arbore felici habet*: scribendum, *& quod in rica surculum de arbore felici habet*. Surculum autem eum intelligit, quem vocabant Inarculum. Is erat è Punico malo, vt ait Festus. Ego verò puto ex omni felici arbore. Non referam hîc, quæ perperàm ad huius loci emendationem attulit Cælius Rhodiginus.

191. Capitium, quod capiat pectus.) Idem de vita populi Ro. lib. IIII. *Neque id ab orbita matrumfamiliás instituti: quòd eæ pectore, ac lacertis erant apertis, nec capitia habebant.* planè hic capitia pectori tegendo, non capiti, vt voluit Nonius. videtúrque esse, quem Græci μασχαλιστῆρα vocabant. Erant & ad vinciendum pectus strophia, & fasciæ, de quibus Terentius intellexit, de puellis loquens, quas matres student esse:

Demissis humeris, uincto pectore, ut graciles sient,
    Si qua est habitior paulò, pugilem esse aiunt, deducunt
        cibum. Nam fasciis illis ὁμαλοὺς & æquos humeros reddebant, cùm contrà in pugilibus sint torosi.

Xenophon, ὥσπερ οἱ πύκται τοῖς μὲν ὤμοις παχύνονται, τὰ ᾗ σκέλη λεπτύνονται. Ergo strophio tumorem papillarum cohibebant: fasciis illis humerorum castigabant superfluum,& quasi luxuriantem,ᾗ σφριγῶντα habitum. Itaque apud Ouidium,

Conueniunt humeris tenues ameletides altis: ego lego *omaletides*. ὁμαλήνδες enim videntur vocatæ esse, quòd iis æquabantur humeri,& complanabantur.

192. Vocabula apparet esse Græca, vt asbystō.) Hîc non melior editio Romana, quàm vulgata prior. Quin etiam vetus melior. In ea legitur *abastō*. Ex quo isti interpolatores mirifici fecerunt *asbyston*, aut *asbestum*. Quasi verò id lini genus inter vestimenta annumerandum sit: & non potiùs ex eo mappæ conficerentur, non vestes: ne mihi interim obtrudant, quæ de eo Plinius, Pausanias, & Stephanus scripserunt. Ego mehercule illam lectionem suppositiciam reiicio, hâc autem, quam ponam, germanam esse quouis pignore contenderim : Vt *ambustum* Amictus dictum, quod *amictum id est circuniectum*. Accedit eiusdem Varronis autoritas ex lib. v 1. *Ambagio*, inquit, *dicta, ut Ambustum, quod circum ustum est*. Festus, *Amiternini, qui circa terminos prouinciæ manent: unde Amiciri, Amburbium*, &c. Dictionem verò Græcam hîc desiderari qui putarunt, moti sunt præcedentibus verbis, vbi dicit Varro vocabula vestium multa esse Græca, &c.

193. Antiquissimi amictui ricinium.) Legendum *amictuis*.

194. Paria.) ἢ διπλοῖς. In vita Aureliani Imperatoris, *Mantelia duo Cypria, paria duo*. Ab eo quòd Pares olim dicebantur duo. Festus, *Paribus equis, id est, duobus Romani utebatur in prælio*. Intelligit enim ἀμφίππους equites.

tes. Vnde pararium illud æs dicebatur, quod duplex equiti dabatur pro duobus equis: Græcè καπάσασις. vide Sudam. Ab eadem mente Pararius Senecæ, προξενητής, quòd inter duos stipulantes esset μεσεγγυητής.

195. **Parapechy.**) Hesychius, παράπηχυ, τὸ ἱμάτιον, τὸ παρ' ἑκάτερον μέρος ἔχον πορφύραν. Pollux lib. VII, τὸ δὲ παράπηχυ, ἱμάτιον ἦν λευκὸν πῆχυν πορφυροῦν ἔχον παρυφασμένον. Et lib. IIII. ita lege, συρτὸς πορφυροῖς, παράπηχυ λευκὸν τῆς βασιλευούσης. In eodem: τοῖς δὲ παρασίτοις πρόσεστι ςλεγγίς, καὶ λήκυθος, ὡς τοῖς ἀγροίκοις, λαγωβόλον. ἐνίαις δὲ γυναιξὶ καὶ παράπηχυ, καὶ συμμετρία. In quibus etiam verbis Pollucis, quòd attribuitur parasito ςλεγγίς, ἢ λήκυθος, ita est accipiendus locus Plauti ex Sticho,

>Aut periuratiunculas parasiticas,
>Rubiginosam strigilem, ampullam rubidam,
>Parasitum inanem, quo recondas reliquias.

Ex his igitur potes videre ineptè mutatam esse lectionem in editione Romana, in qua παραπλεκεία, pro *parapechy* suppositum est.

196. **Sarculum a serendo, ac sarriendo.**) Lege *serando*. vt lib. VI. Sarrire à serare id est operire dictú. Serare significat claudere, operire.

197. **Rutrum.**) Hîc significat, quod Græcè κρωπίον. Varro apud Nonium, *Rutro caput displanauit*. Imitatus est Pherecydem, qui dixerat, τῷ κρωπίῳ παίσας ἀπέκλινε. significat & hostorium: quod Græcè ῥόκανον. Lucillius,

>Frumentarius est, modium secum, atque rutellum
>vnum adfert—

Ruere enim est modio cumulum adæquare. Cicero Attico, lib. XVI, *De laudibus Dolabellæ deruam cumulum*. Plautus. —*æris aceruos ruit*, ὅτι μὲ δεῖ scilicet. Horatius idem intellexit, vt *metiretur nummos*. id est etiam si modiis metiretur, & rueret aceruos nū-

E.i.

morum. Est enim prouerbium ὀρήνειον μεδίμνῳ ἀπο-μετρῖν. Xenoph. ἑλλην. γ'.

198. Irpices.) Cato vocat Vrpices, vel Hurpices cap. x. ab ἁρπαξ, & ἁρπαγη Græco. Eurip. Cyclope:
Σκίρρον σιδηρῇ τῇ δέ μ' ἁρπαγῇ δόμους. Quare errat Varro, qui à serpendo. Ita enim videtur legendum, Irpiæ, regula cum pluribus dentibus, quam itidem ut plaustrum boues trahunt, ut eruant quæ in terra serpunt, Sirpiæs: postea, S, detrita à quibusdã dicti. Hesychius, ὀξίναι, ἐργαλεῖόν τι γεωρ γικὸν, σιδηροῖς γόμφοις ἔχον, ἑλκόμενον ὑπὸ βοῶν. manifestò ὀξίνας vocat Sirpiæs.

199. Vt eruant, quæ in terra sunt, sirpices.) Quæ in terra serpunt, vt infrà, spinæ quæ in agris serpunt. A quo verbo deducit sirpices.

200. Rastelli.) Rastelli, ut Irpiæs serræ læues: ita quia homo in pratis per fœnisicia festucas abradit, ab eo rasu, Rastelli dicti.

201. Atque eruunt, a quo rutubatri dicti.) In Romana editione Rutabri. Fortasse Runcastri. Aliter de veritate lectionis mihi non constat. Forsan apud Gellium pro Runigestri, reponendum Runcastri. lib. x. cap. xxv. vel rumicastri. Rumices, Lucill. Tum spara, tum runnices, &c.

202. Falces a farre.) Purum putum Syriacum est. Pheléq, à quo πέλεκυς. & in statu absoluto, vt eius Gentis Grammatici vocant, Phalqa. vnde Falx. Itaque sæpe labitur Varro ignoratione peregrinarum linguarum.

203. Adoreæ.) Alii arboreæ. Cato, Falces fœnarias III. stramentarias VI. arborarias V.

204. Has phancillas chermonesice dicunt.) Scripsissem, Zanculas. Ζάγκλη enim δρέπανος Syracusia lingua. Sed quid faciem? illa voce nihili, Chermonesiæ?

Esset aliquid *Chersonesitæ*. Sed quidnam Chersonesitæ ita vocant falcem? Aut quinam Chersonesitæ κατ' ἐξοχὴν dicuntur? Nam, num & alii præterea Chersonesitæ? Nisi in vltima Italia ea pars Chersonesi nomine intelligitur, quæ pertinet ad Leucopetram. Quod si verum esset, facilè inducerer, vt hîc legendum putarem *Zanclas*: quòd sciam eam partem Italiæ cum Sicilia ita vocasse falcem. Nihil autem affirmare possum. Fortasse legendum, *Has falcillas chermes pœnicè dicunt*. Scio enim Chermes falces vocatas olim à Syris, & Phœnicibus, quorum colonia sunt Pœni in Africa. Et fieri potest, vt hoc dixerit Varro ex Magonis libris, qui Pœnicè scripti erant de re Rustica. Hæc verò asseuerare vt vera, nolumus. Scimus tamen ex eiuscemodi coniecturis sæpenumero veritatem erutam fuisse.

205. **Inde post in vrbe Lucilli.**) In excusis antiquis legitur sine præpositione *In*. Quæ proculdubio ab aliquo audaci hîc temerè inculcata fuit, & totum locum hunc obscurabat. qui ita legendus est: *Inde pistor, uel Lucillij pistrina, uel pistrix*. Nam qui primùm lectionem corrupit, fecerat, *Inde post urue*. Deinde *in urbe* degenerauit. Citauit testem Lucillium de pistrina, & pistrice, quasi minus vsitata. De pistrina quidem Charisius lib. 1. Pistrinum, inquit, neutro dicitur. Sed Lucillius lib. XXVI. fœminino extulit,

— *media à pistrina* — ad tabernam referens.

De pistrice non ita obuium. Incidimus tamen in versiculum Lucillij, qui eam vocem vsurpauit: & nisi fallor, est ille, quem Varro intellexit. Extat autem apud Festum dictione Mamphula:

Pistricem ualidam si nummi suppeditabunt,
Addas empleurum, mamphulas quæ sciat omnes.

E.ii.

106. Trapetes, a terendo, nisi Graecum.) τραπεῖν, τὸ ληνοπατεῖν. ὁ δύος. ή.

Ἄλλαι δὲ τραπέοισι, πάροιθε δὲ ὀμφακές εἰσι.

107. Molæ a molendo.) Imò contrá. Itaque videtur scripsisse *à molliendo*. Subiicit enim: *Harum motu eo cõiecta molliuntur*. similis error in Truculēto Plauti,
—*meretriculis   Mollendis rem coegit*. melius *mollendis*. —*non alienas Permolere uxores*— Horat. Putarunt nonnulli apud Theocritum τὸ μυλεῖν idem significare: at eos maximè arguit scriptura, quòd scriptum sit duplici λ. Deinde μυλεῖν non molere significat, sed suere. Vnde Latini veteres mullare dicebant, pro suere: & mulleos calceos, à mullando. Itaque Theocrito τὸ μυλεῖν est, quod vsitatius dicitur, περαίνειν. Vnde subulones vocauit Lucillius pædicones apud Ausonium: *Lucillij uatis subulo, pullipremo*.
Ergo mollere non est τὸ μυλεῖν Theocriti. Porro Varro apud Nonium videtur in obscœnum significatū accepisse, *Hic alius*, inquit, *tibi molit, ac depsit*. Depsere enim etiam obscœnum verbū: vt etiam Cicero ad Pætum ostendit. Apud Catullum verò mendum est:
—*patrui perdespuit ipsum   Vxorem*— legendum enim *perdepsuit*.

108. Volant inde leuia.) ἄχνη. ἀχυρμαί. Vallus verò ex vanno ὑποκοριστικῶς.

109. Tragula.) *Trahula* puto scribendum. ὑποκοριστικὸν à Trahea, vel trahes. *Tribuláque, traheæque*— Virg.

110. Sirpea.) Lucillius. *Tintinnabulum abest hinc, sirpiculáque olerorum*. Est autem vehes ex crate. Sunt enim hîc duo genera vehiculorum, sirpea, aut sirpiculæ, & tintinnabulum. De sirpeis habes hîc apud Varronem. De tintinnabulo non ita cognitum omnibus.

Plautus Pseudolo:

—*lanios inde arcessam duo cum tintinnabulis.*

Eadem *duo greges uirgarū indidem ulmearū adegero.* Quod tamen vocabulum Scholasticorum,& Gramma ticorum nationi anteà ignotum fuit.

211. Quæ virgis sirpatur, id est colligando implicatur.) Sirpare à sirpo, σχοίνῳ, ex quo omne πλέγμα fiebat. Vnde quæstiones obscuræ sirpi olim Latinis, Græcis verò γρῖφοι dicebantur. Quod vt γρῖφοι erant πλέγματα ἁλιευτικὰ ex sirpo: ita etiam ex sirpis nassæ piscatoriæ, quæ dicebantur sirpiculæ, vt Plauto, Lucillio, & Propertio. Itaque improbè fecerunt, qui apud Gellium ex sirpis scrupos fecerunt.

212. Arcerra.) Puto in Epistola ad Marium legendum *arcerrarum*, pro eo quod hodie legitur *Craterrarum*. Vbi sanè Crateræ opus non erant, sed plaustra,& carpenta.

213. In gladiatoribus Samnites.) Cur ita vocatum genus id gladiatorū, vide Liuium lib. 1 x. Possunt & dici à Samnite quodam, qui primus scuti vsum inuenit, quod gestabant gladiatores. Autor Clemens Alexandrinus Stromate 1. Athenæus sequitur opinionem Liuii: Cuius hæc verba ex lib. v 1, vbi de Romanis loquitur: ἔλαβον δὲ ἐ παρὰ Τυῤῥηνῶν τὴν μάχην φαλαγγηδὸν ἐπιόντων, ἐ παρὰ Σαυνιτῶν δὲ ἔμαθον θυρεοῦ χρῆσιν.

214. Fundula a fundo, quod exitum non habet, ac peruium non est) Græcismus. ὅθεν ἐκ ἔξιτα. Alii, *peruia non est*: sed non assecuti sunt modum loquendi.

215. Μάκελλον.) Μάκελλα, τὰ δρύφακτα, ἐ φραγμοὶς interpretantur. Vnde Maceria.

216. Ad Iunium.) Vertranius *ad Iunonium*. Sed for

tasse neque Varro de illo foro intelligit, quod erat in regione palatii, sed de illo, quod erat trans Tiberim, vbi Volcanalibus piscatores pro se animalia in ignem proiiciebant. Nam quod dixit *Secundum Tiberim*, id valet vltra Tiberim: vt alibi Fanum fortis Fortunæ ait esse secundum Tiberim, quod in transtiberina regione fuisse certum est. Quanquam non puto omnino, secundum Tiberim esse, vltra Tiberim, sed ad ripas Tiberis. Neque Ianus, vulgo Iunonius dicebatur, sed tatum in Pontificalib. indigitamentis. Quòd si Varro intellexit de eo, quod erat in Palatina regione, ego legerim, *ad Ianium*, vt Dianium, Mineruium. Quid quod & trans Tiberim in ea parte vrbis erat etiam Ara Iani? Quare pro, *ad Iunium*, ego puto legendú, *ad Ianiü*.

217. Forum Cupedinis a Cupedio.) In hoc quoque fallitur Varro, vt de macello. Nam vt illud à mactandis pecoribus: ita & hoc quoque à Cupediis. Quæ dicta sunt quasi Caupedia, vt laura, lura: claudus, cludus: *cluda anus* apud Plautum. Itaque Cupedia, omnia lautiora esculenta vænalia, à cauponando: Cauponari enim nõ de vna tãtùm re, vt nunc, sed ad multa quoque aliæ extendebatur, vt καπηλεύειν Græcum. Itaque Ennius dixit *Cauponare bellum*, quod ex Æschylo desumpsit, qui dixit, ὐ καπηλεύων μάχην. Quare Cupo, caupó, Cupa, caupa. Apud Ciceronem in Pisonem, *Panis & uinum, à propola, & de cupa*. Significatur eum nunquam de penu & promptuario viuere, sed de Caupona. quod Horatius vocat numerató viuere. Cupam vocauit, quam Virgilius Copam. Copa Syrisca &c. vt à πίθηκος, πίθων, à κάνθηλος, κάνθων, sic à κάπηλος, κάπων. Vnde Latine Caupo, qui & Copo.

218. Lacum Curtium a Curtio.) Apud Sudam

monachum, quidam Græculus (vereor ne ipse quoque monachus) describens hanc historiam, posteaquā satis ex fide, vt extat in monimentis Latinis, eam narrauit: mox aliam historiam cælo Latino incognitam refert, his verbis: συνελθύσης δὲ τῆς γῆς, ἡρωϊκὰς ἡμᾶς τῷ ἀδρὶ κτ΄ μέσην ἀγοραν, ῥωμαῖοι ἀνὰ παῖ ἔτης ὑπιπλεῖν διέγνωσαν· τον τε τόπον λιβερνον ἐκάλεσαν, βωμον οἰκοδομήσαντες· ἐξ οὗ δὴ καὶ βιργίλιος τὴν ἀρχὴν ἐποίησατι. Primùm non colebāt Curtium Romani, neque ara ei posita fuit. Nam, si ita esset, quare dubitaret Varro, vnde ille locus Curtius diceretur? Deinde, quòd locus ille Liburnus diceretur: nemo, qui hanc historiam tractauit, meminit, Varro, Plutarchus, Liuius, Valerius, & alii. Postremò, quis ferat mentientem de Virgilio? Tantum enim abest, vt Virgilius ab eo poema suum auspicatus sit: vt etiam nunquam eius mentionem fecerit, nisi in Culice.

219. Deum manium postulionem postulare, id est ciuem fortissimum eodem mitti.) Lege, *postulionem postulare, ciuem fortissimum eò demitti*. Postulionem, pro postulationem. Deum Manium, Summanum. Postularia ostenta, fulgura, prodigia vocabant, quæ neglecta fuerant, nec procurata: ideoque expiatione indigebant. Cicero, *Quod eodem ostento Telluri postulatio deberi dicatur.*

220. A Concordia conuersum.) *Ad concordiæ conuersum*. Eò enim conuersum supplices manus protendisse colligimus ex Liuio: *Silentio*, inquit, *facto templa Deorum immortalium, quæ foro imminent, Capitoliumque intuentem, & manus nunc in cælum, nunc in terræ patentis hiatum ad Deos manes porrigentem se deuouisse.* Formula deuotionis, quantum ex aliis imitari potuimus, plus minus ita concipi poterit: IANE, IOVIS

PATER, MARSPITER, QVIRINE, LASES, DIVI NOVENSIDES, DII INDIGETES: DIVI, QVORVM EST POTESTAS POPOLI ROMANI QVIRITIVM, MEIQVE: DIIQVE MANES, SVB VOS PLACO, VENERO'RQVE: VENIAM PETO, OBSECRO'QVE, VTI POPOLO ROMANO QVIRITIVM VITAM, SALVTE'MQVE PROSPERETIS: VTI EGO AXIM PRAE ME FORMIDINEM, METV'MQVE OMNEM, CAELESTIVM, INFERNV'MQVE OMNIVM DIRAS. SICVTI VERBIS NVNCVPASSO: ITA PRO RE POPLICA POPOLI ROMANI QVIRITIVM, VITAM, SALVTE'MQVE MEAM DIIS MANIBVS, TELLVRI'QVE DEVOVEO. Decium quoque filium exemplo patris se pro patria deuouentem introduxerat in Prætextata L. Attius, cui Æneadas, seu Decium nomen fecerat. Atque hæc verba citata à Nonio, non obscurum est ab ipso proferri:

Patrio exemplo me dicabo: animam deuorabo hostibus.
Deinde posuerat formulam deuotionis, quæ hæc est:
Te sanctæ uenerans precibus inuictæ inuoco,
Portenta ut populo patriæ uerruncesbenè.
Ac nescio an idem intellexerit Ennius Annali VI.
—auditæ parumper,
Vt pro Romano populo prognariter armis
Certando, prudens animam de corpore mitto.

111. Itaque dictum in Cornicula millies aduētu, quem circumeunt ludentes.) Vertranius, *Mulieris ad restim*. Et restim ducere interpretatur Cordaca Quòd, inquit, *præsultor funē duæret: quo apprehen-*

CONIECTANEA. 73

ὅ illum alij sequebantur. Nolo hîc alienis erroribus refutandis triumphare, neque ex illis spolia reportare. Tantùm dicam, neque Κόρδακα illud esse, quod putat ille, tanquam à χορδὴ esset: Neque, si esset, χορδὴν funem aut restim significare, sed neruiam, aut fidiculam. Putamus verè legi: *Itaque dicunt milites ad uectim, quem circumeunt ludentes.* Nam Cornicularia nomen Comœdiæ facilè indicat milites legendum esse. Ludunt milites, vt apparet, qui palum ad terram destitutum, seu vectim circumeant, vocéntque illum ideo Circum. Ex qua circuitione Varro etymologiam suam probare conatur. Quanquam translatio potiùs est. In eundem enim sensum Plautus ipse Milite translatè dixit: *Iam est ante ædis Circus, ubi sunt ludificandi mihi.* Est enim idem iocus, qui in Cornicularia. Posidippus itē apud Athenæum eadem translatione lusit:

ἱπποδρόμος ὕπος ὅτι σοι μαχλεικῆς. Quòd autem hîc vectim in terra destitutum esse cognoscimus, quem milites circumeunt: fortasse est ex volgato exercitamēti genere in militia veteri: quòd milites ad palum se exercerent. Qui locus veteribus Palaria dicebatur, vt ait Charisius. Nam alioqui cùm singulari congressu duo se exercebant, locus Batualia, ipsi Batuatores dicebantur. Batuere enim, ferulis velitari, aut verberare, vt apud Suetonium in Vespasiano legimus. Tamen Cicero posuit inter κακήφατα in erudita illa epistola ad Pætum. *Quia Syracusanè* βατεύειν *dicebatur cùm mas init fœminam.* Theocritus,

—ὄκκ' ἐσορῇ τὰς μηκάδας, οἷα βατεῦνται. Varro propriè dixit insilire Equilam. Quare cùm Vertranius alibi dixerit, hanc vocem Latinam non esse, videndum est, num putet apud Ciceronem barbara vocabula extare, quæ ipſe mutari velit. Nos certè longè aliter rem ſe habere oſtendimus ex illo Ciceronis loco, qui antea obſcurus, à nobis illuſtratus eſt.

222. Quod ab iis viris dicuntur ædificata.) Viocuris ſe vidiſſe ſcriptum in vetuſto exemplari admonuit me doctiſſimus Adrianus Turnebus: Ex cuius fide hæc reponimus. Viocuris verò, id eſt, Ædilibus. Meminerat huius vocis & ſuprà in proemio libri.

223. Carpentum iniceret.) Vnius literæ mutatione, *inigeret*. Verbū ruſticorū: à quo dicebant inigere pecudes. vt contrà exigere, cùm è ſtabulis educebant.

224. Ad Florales vſus, verſum capitoliū vetus.) Legendum *ſuſus uerſum*, aut *ſuſum uerſum*: ſed & *ſuſus*, vt rurſus, & prorſus legi poteſt. *ſuſus*, pro ſurſus: vt proſum, ἀντὶ τοῦ prorſum. Afranius Emancipato:

   Vetuit me ſine mercede proſum Paccius
   Remeare ad ludum— Feſtus Remeare.

225. Nam cuprum Sabine bonum.) Ex Syriaca lingua, qua vſi Tuſci antiquitus.

226. Cauum ædium.) Cauum ædium, vel Cauædium ἡ μέσαυλος.

227. Atrium ab Atriatibus Tuſcis.) Vel potiùs, quòd αἴθριον.

228. Tutilina loca.) Quidam ſcribunt Titilinam. Varro Menippea, Hercules tuam fidem: *Non* Tutilinam, *inquam, ego ipſe inuoco: quod meæ aures abs te obſidetur*. Hanc qui inuocabant ferias obſeruabant. Itaque Ara ei dicata in Auentino ad tutelam populi Ro. ſicuti etiam Tutani extra portam Capenam. Quod quando Annibal, vt ait Ennius,

   Ob Romam *noctu legiones ducere cœpit* : tantus terror ex quibuſdam terriculamentis nocturnis inuaſit

Pœnum, vt inde pedem retulerit. Quo facto fanum ibi consecrarunt, ab euentu Rediculum appellatum: Deum verò, cui consecrarũt, Tutanum. Ita collegimus illa ex Festo, & Plinio lib. x. hæc ex eadem Satyra Varronis, quam inscripserat, Hercules tuam fidem.

Noctu Annibalis cùm fugaui exercitum,
Tutanus hoc, Tutanu' Romæ nuncupor.

Hoc propter, omnes, qui laborant inuocant. Vbi non prætereundum, ex prioris versiculi autoritate confirmari quoque opinionem Val. Probi, qui obliquorum penultimam producebat in huiusmodi nominibus Pœnis Asdrubal, Annibal, Hiempsal. De quo extat integrum caput in Gellianis animaduersionibus.

229. Quæ habet gradus in noualia.) Ego profectò, quæ sint ista noualia, & qua parte vrbis fuerint, apud nullum veterum inuenio. Alij *Naualia* legunt. Vbi dupliciter erratur. Nam neq; ita Latinè loquimur, & Varro de quadratæ Romæ portis agit: cùm tamen Naualia trans Tyberim, fuerint, vt cognouimus ex Liuio, & Plinio. Planè non dubito legere, parua admodum licentia, *Quæ habet gradus in noua uia.* De hac noua via alibi meminit ipse.

230. Ianualis porta.) Δίπυλον ἰανῦ Plutarcho. & πολέμου πύλη. Sunt geminæ belli portæ, &c. Virgil. Plutarchus de Fortuna populi Ro. ἰανῦ δίπυλον, ὁ πολέμου τύχην καλοῦσι. Budæus fortunam belli vertit. Non vidit πύλην, non τύχην legẽdum: præsertim cùm in vita Numæ eadem repetat Plutarchus.

231. Vt etiamnum sit in castris.) Lecticæ militares dicebantur Cubæ Sabina lingua, Græcè χαμευνάδες. Plato Symposio, τελευτῶντες δὲ ἄνες τῆς ἰώνων, ἐπειδὴ ἑσπέρα ἐγένετο δειπνήσαντες (ἐ γὰρ πότε ἔρος ἦν) χαμεύνια ἐξενεγ-

κάμδρος ἅμα μὲν ἐν τῇ ψυχῇ καθεύδον, ἅμα δὲ ἐφύλατῖον αὐ-τόν. Loquitur de militibus, ex quibus erat & Socrates. Euripides Rheso: λῆπ χαμεύνας φυλλοςρώπις. Aristophanes, & alii vocant στιβάδας.

132. **Quam lecticam inuoluebant.**) Lege, Q*ui lecticam inuoluebant*. Varro de vita populi Ro. Hoc, quod iniicitur, toral dicitur: *lecticam qui inuoluebant, Segestria appellabant*. De segestri Lucillius,

    *Penula, si quæris, canteriu', seruu', segestre
    Vtilior mihi, quàm sapiens—* Erat enim teges, quæ à segetibus, vt vult Varro, quòd ex eis fieret, dicta fuit. Postea factam esse ex pellibus testatur Plautus apud Porphyrionem, qui dixerit de anu dormituriente:

    Anus hæc in pellis periculum protenditur. Val. Maximus ait Catonem hœdinis pellibus vsum fuisse pro stragulis, tanquam nihil mutasset è prisca frugalitate. Certè τέγαςρον pelles significat. Et nostrum Dormio ὑπὸ τῶν δερμάτων: Nam dermio veteres dicebant.

133. **Quod in eas sagus, aut tomentum, aliud-ue quid inculcabant.**) In Romana editione *sagum*. Benè sanè, quòd videbant aliter Varronem σολοικίζειν. At vbinam gentium vsitatum fuit, pro tomento saga in culcitas inferciri. Meliùs sanè tegendo corpori adhiberentur, quàm centonibus farciendis & inculcandis. Sed nugas omittamus. Tomenta propriè sunt ex ciliciis pilis: Borram vulgò vocamus. Iis igitur tomentis, aut ciliciis pilis implebant culcitas. Tamen olim, vt etiam hodie, culcitæ inferciebantur acere & glumis spicarum. Quocirca ita scripsit Varro, Q*uòd in eas acus, aliudue quid inculcabant*. Acus, ἄχυρον. Aristophanes Βαϐυλωνίοις apud Pollucem, loquens de ceruicalibus, aut puluinis, ἔχις ἄχυρα, ἢ χνοῦν, ait. Latini autem quic-

quid tomento inculcabant, vocabant culcitam. Vnde ei nomen. Itaque centunculum, quod Dioscorides πίλημα vocat, id est puluillum, culcitam appellat Plautus Milite :

> Causiam, inquit, habeas ferrugineam, culcitam ob oculos laneam.

234. Poluinar a pellulis.) Scribēdum puto, Apolulis. Polulæ, seu Polæ erant pilæ ex aluta, molli tomento farctæ, quibus datatim ludebant in foro. Vnde polire, pila ludere dicebant veteres. Autor Festus. Id tractum à Græco. Nam φαλγός Græcè significat veretrum, quòd gestabatur in pompa Liberi. Primùm ita vocabatur, quandiu fieret ex ficu. Postquam ex aluta rubra fieri cœptus, dictus πολίων. Ab eo Polæ Latinæ, quæ ex aluta fiebant. Et Polimenta, testiculi porcorum dicti, postquam ex illo folliculo euaginati erant in castratione. Verrius ineptit à politione. Sic à φαλλός follis, qui & suffiscus in testiculis. Ergo poluinar à polis: quòd ex alutaceo scorto. Vnde σκύπνα προσκεφάλαια Polluci. Inde cognomenta Romana, Polliones & Pollæ.

235. In his multa peregrina, vt sagum, reno Galli quid Gaunacum ma eius sagum, & amphimallon Græca.) Hæc quoque pariter mendosa leguntur in editione Romana. Quæ tamen non multùm absunt à vera lectione : *In his multa peregrina, ut sagum, reno Gallica: Gaunacum maius sagum, & amphimallon Græca*. Interpretatur Gaunacum maius sagū, quòd esset crassum vestimentum. Aristophanes Vespis,

οἱ μὲν καλοῦσι ἀρσοί, οἱ δὲ καυνάκην. Pollux tamen ibi legit κανδίκην. Apud Athenæum lib. XIIII, αὔνακας ἀμφιβεβλημένοι, perperàm pro γαύνακας. Vide Hesych. & Pollu. lib. VI. & Ælian. de animal. lib. XVII. cap. XVII.

236. **Sagum.**) Gallicam vocem esse Strabo & alii quoque testatur. Plinius ait inuentum Gallorum esse, scutulis sagos diuidere. Quas Plinius in sagis Gallorū vocat scutulas, eas πλινθία Diodorus de iisdem sagis loquens. Ait enim Gallos sagula ῥαβδωτὰ gestare πλινθίοις πολυανθέσι ᾗ πυκνοῖς διαλημμδρα: Hoc est, quadris & maculis quibusdam reticulatè distincta. Nihil enim aliud intelligit per πλινθία, quàm quas hodie Galli vocāt *laufangias*, quasi laurangias, à lauri folio, quod habet Rhōbi figuram. Explicat & Plinius, qui maculas & plagulas in retibus, vocat scutulas, vt cùm de cassibus araneorum loquitur. Item Liuius, qui in funda scutale vocat, quod est reticulatum in medio fundæ. Scutulatum sagum igitur, reticulatè distinctum: ac propterea virgatum Virgilio, & Propertio: non purpureū, quod nugatur Seruius: nec ab eo quòd ῥάβδοι in vestibus dicerentur αἱ πάρυφοι πορφυραῖ, quod quidam ex Polluce falsò accommodarunt: sed quod maculas in retibus & scutulas vocari ostendimus, id in retibus quoque ῥαβδωδές Pollux vocat, hoc est virgatum. Quod cùm ita sit, virgati saguli, seu scutulati, sunt reticulati, ac maculis distincti in speciem cancellorum. ἔςι δὲ, inquit, βρόχος τὸ συνεχὲς ἐν τοῖς δικτύοις τετράγωνον διάςημα, συνεςηκὸς ἐκ πλέδρων ἁμμάτων, ὃ τζνοιδύης τ̄ ἔρκυος γίνε]) ῥαβδωδές. Vide quàm apertè macularum τὸ σχῆμα vocauit virgatum. Quod quidam non videns, mutauit, & vertit, tanquam legisset ῥομβωδές: qui sensum quidem Pollucis assecutus est, vim autem vocis ignorauit. Etiā Græci in capite humano consuturas transuersas, vt vocat Celsus, ῥαβδωδεῖς esse dicunt: quòd videlicet alia aliam scandat, more cancellorum. Forsan etiam rete quandrangulum vocauit Varro Parmenone, quod ῥομ-

CONIECTANEA. 79

βοχδὲς. Quod πτεράγωνον τὸ χῆμα βρόχων, vt suprà Pollux.
  Lepusculi timentis hoc quadrangulum
  Dedit Diana, retæ nexile, arcyas,
  Viscum fugarum, lineámque compedam. arcyas re-
posuimus ex veteri scriptura.

137. **Reno.**) Ita vocant Galli pelles, aux exuuias pe-
cudum. Cæsar lib. VI. Item Sallust. apud Seruium, &
Fl. Sosipatrum Id vidétur accepisse à Græcis, qui ῥῆνας
ἃ μῆλα vocant: Nam & ipsi Galli aliquando Græcè lo-
cuti sunt. In quo monendus mihi est Vertranius, qui
non vidit eam vocem Gallicam esse: & putauit mutan-
dam in Senones Gallos.

138. **Torus a toruo.**) Torus est quiuis funis ex lo-
ris retortus: vnde nomen habet. Cato: *Funem exordiri*
oportet longum pedes L X X I I : *toros* I I I. *Habeat lora*
in toros singulos I X. *lata digitos*. I I. Quòd autem toris le-
cti tenderentur, ab eo toros vocarunt. Herodo. τόνοις
vocat. τοις τόνοις ἔχοντες τῆς κλινέων, ἐπιτέοντο. vnde illud
Homeri ῥυτοῖς ἐν λεχέεσσι.

139. **Quid simplici scansione scandebant in**
locum non altum.) Altiores enim cubiculares le-
cti quàm tricliniares, vt idem videtur innuere lib. VII.
Quòd si esset analogia petenda in supellectile, omnes
lectos haberemus domi ad vnã formã: & aut cũ fulcro,
aut sine eo : tum ad tricliniarẽ gradum, nõ ad cubicu-
larẽ. Vnde prouerbium Varronis apud Nonium: *Ful-*
mentum lectũ scandit: fortasse ad differentiã cubicula-
ris, qui sine fulmentis scandebatur. Est autem *Fulmen-*
um lectum scandit simile illi, ἄνω ποταμῶν παγαί.

140. **Peristromata.**) Plautus Sticho.
  Tum Babylonica peristromata, consutáque tapetia
  Aduexit nimium bonæ rei— Vocat consuta tape-

tia, quæ Xenophon ῥαπία. ὑποπ θέντων ὃ τῆς θεραπόντων ῥαπία, ἐφ' ὧν καθίζυσιν οἱ Πέρσαι μαλακῶς, ἠσχύνθη ἐν ρυφῆσαι, &c.

241. Sic aliquid item conuiuii cauſſa ibi.) Sic aliquid item in conuiuiis, ut gauſapia. Nam erant, quibus meſa tegebatur: quæ nos hodie vocamus tapetia Turcica, villorum mollitia, & texturæ artificio inſignia.

Nobilius villoſa tegunt tibi gauſapa citrum. Martial.

242. Vncia ab vno.) Et hîc quoque fallitur Varro, cùm Siculum ſit vocabulum. Quod teſtatur Ariſtoteles apud Pollucem lib. IX, καὶ μὲν ἐν Ακραγαντίνων πολιτεία φησὶν Αριστοτέλης ζημιοῦσθαι ἕνα τριάκοντα λίτρας· δύνασθαι δὲ τὴν λίτραν ὀβολὸν αἰγιναῖον. ἀλλὰ μὴν τοι παρ' αὐτῇ ἕως ἂν ἐν τῇ Ἱμεραίων πολιτεία, ἓ ἄλλα βάροι Σικελῶν ὀνόματα, οἷον ἐγκίαν, ὅπερ δύναται χαλκοῦ ἕνα.

243. In argento nummi: id a Siculis.) Pollux eo, quem modò citaui, loco: ὁ δὲ νέμμος, inquit, δοκεῖ μὲν ἔτι Ῥωμαίων εἶνομα τοῦ νομίσματος. ὅτι δὲ ἑλληνικὸν τῆς ἐν Ιταλίᾳ, ᾗ Σικελίᾳ οἰκίων. ὁ Επίχαρμός τε γὰρ ἐν ταῖς χύτραις φησίν,

Ἀλλ' ὅμως καλαί τε πίοι ὄρνες. δυρήσουσι δὲ
Μοι ᾗ νέμμοις. ᾗ γὰρ ἀνωπαίας τᾶς ματέρος. ᾗ πάλιν,
Κᾶρυξ εὐθὺς ἰὼν πριῶ μοι δέκα νέμμων μόχων καλήν· καὶ Αριστοτέλης ἐν τῇ Ταραντίνων πολιτεία φησὶ καλᾷ δὲ νόμισμα παρ' αὐτοῖς νέμμην, ἐφ' οὗ ἐντετυπῶσθαι Τάραντα τ Ποσειδῶνος δελφίνι ἐποχούμενον. Ergo vt ab ἀναβολή, & Doricè ἀμβολά, ἀβόλια fecerunt: ſic à νόμος, vnde νόμισμα, νέμμος. Quare ineptè Suetonius Tranquillus à Numa nummos appellari ſcribit. Hæc enim verba ex eo recitat Sudas: Λαβέριον Νυμᾶς ὁ πρῶτος βασιλεὺς μετὰ Ῥωμύλον, Ῥωμαίων γεγονὼς, ἀπὸ σιδήρου καὶ χαλκοῦ πεποιημένα ἐχαρίσατο Ῥωμαίοις, τῆς πρὸ αὐτοῦ πάντων διὰ σκυτίνων, καὶ

ὁ ϑρανίνων τἰὼ χρείαν πληροιύτων, ἄπερ ὠνόμασεν ἐκ τοῦ ἰδίν
ὀνόματος νυμμία, ὡς φησὶ Τραγκώλιος.

244. Hæc Græce δωπίνη.) Repone δώς. Hesiodus, δὼς
ἀγαθὴ, ἅρπαξ τι κακή.

245. A Græcis ἀῤῥαβών.) At ne Græcum quidem: sed
merum Syriacum. Arabon enim apud ipsos dicitur.
Descenditque ab eo verbo, quod apud eam gentem significat
ἐγγυᾶν.

246. Singulæ dicuntur appellatæ esse multæ,
&c.) Varro obuiam it obiecturis, quare singulæ multæ
ita vocatæ essent, cùm multus adiectiuum multitudinem
significet: eius rei caussam magis subtilem,
quàm veram reddit, Olim enim vnum dixisse multa.
Sed nimis tenuis & λεπτολόγος est in hac etymologia
Varro. Nam veteres cùm plures culeos in dolium vnum
indituri essent, primo addito, dicebant, multa:
hoc est numera, pro quo Galli dicunt *enprun*, id est,
en pro *uno*. Id enim multare verbum significat. Plaut.
Sticho: *cum quo multas una multaui miserias*. id est ἐξηριθ-
μησάμην. Quanquam propriè multare est polliceri
in auctionibus, πλεισηριάζειν. Varro autem putauit
illud, *Multa*, esse nomen, & significare Vnum, quòd
in primo numero ita dicerent.

247. Sophron.) Scripsit Mimiàbos, sed prosa oratione.
Eius imitatione Mimiàbos quoq; scripsit Herodo:.
quidã vetus scriptor, versibus Hipponacteis: quẽ
secutus Mattius Romanus poeta. Maurus Terentianus:
> Hoc miniambos Mattius dedit metro,
> Nam uatem eundem est Attico thymo tinctum
> Pari lepore consecutus & metro.
Intelligit, inquã,
Herodotum, cuius Scazontas adducit Stobæus. Sed apud
eum perperam ἠμιάμβοις legitur pro μιμιάμβοις.

F.i.

Hic est ille qui apud Athenæü dicitur λογόμιμος. Mattius verò sæpe in Mimiambis adducitur à Gellio.

248. **Moeton anthymo.**) Hesychius habet, μοῖτον ἐνύμφι. Puto, μοῖτον ἀντίτμον. Quasi dicas, ἢ χάρις, ἀντὶ χαρίτων. quòd gratus animus sufficit ad rependendum beneficium. Vel potius μοῖτον ἀντίτμον, Par pari: Nam ἀντίλημα, τὰ ἄποινα. Et fortasse verum est. Porrò apud Hesychiü deprauata sunt verba, vbi explicat hoc prouerbium. Quæ ita corriges, μοῖτον ἀντίτμον. παροιμία Σικελοῖς. ἢ γδ χάρις μοῖτος. Μοῖτον χάριν. Ergo μοῖτον ἀντίτμον, mutuas vicissitudines, hoc est, Par pari.

249. **Attributa pecunia.**) Attributa pecunia, quæ tradita erat ea lege, vt hæc alii solueretur. Hoc Græcè προσπίθεσαι τὰ χρήματα. Xenophon ἑλληνικῶν ά. ὁ δὲ Φαρνάβαζος ἀκούσας ταῦτα, ἀπέςηλεν αὐτὸν προθύμως εἰς τὰς Ἀθήνας, καὶ χρήματα προσέθηκεν αὐτῷ εἰς ἀνατρεσμόν.

250. **Stipem a stipando.**) Verum esse puto, quod ait Varro. Quod & simile dictum in vita Lycurgi apud Plutarchum, & Porphyrium περὶ ἀποχῆς ἐμψύχων. ὥστε δέκα μνῶν ἀμοιβὴν ἀποθήκης μεγάλης δεῖσαι. Hanc pecuniam sic repositam in cella Dei Festus ait Impensam vocatam fuisse, quòd nondum esset pensa, sed tantùm stipata. Vnde factü, vt quæuis stipatio, & farctura, impensa diceretur. Quod sæpius vsurpauit Apitius: vt, *Indes impensam præscriptã*, id est farcturã. Arnob. lib. VII, *impensarũ uarietate conditis*. Pallad. lib. I, *impénsa pumicea farciri muros*, id est stipari acerato ex pumice tuso.

251. **Diis cum tesauris asses dant, stipem dicunt.**) Quæ scilicet colligebatur ab æruscatoribus. Seneca in Epistolis: *Colitur autem non taurorum opimis corporibus contrucidatis, uel auro, argentóque suspenso, nec in thesauro stipe infusa, sed pia & recta uoluntate.*

CONIECTANEA IN LI-
BRVM QVINTVM M. TE-
rentii Varronis de lingua
Latina.

Vcianum.) *Lucienum*, ex veteri-
bus excusis.
2. Ab solo, solum.) Ab *solo solium*.
Solum & solium idem. Ennius,
- *regni stabilita summa, solúmque.*
Solium θρόνος.

3. Tempus interuallum mundi, & motus.)
Otiosa est coniunctio Et, quæ totum hunc locum per-
turbat. *Tempus interuallum mundi motus*.

4. Vnde tempestiua, & a motore eorum.)
Tempestiua etas. Motor eorum. Etas, pro ætas, veteri consuetudine scribendi.

5. A motore eorum.) Ita in veteribus excusis: nõ,
vt in aliis, *à motu eorum*. Lege, *Motor eorum, qui toto cælo coniunctus mundus Deo.*

6. Meridies.) Annotandum & illud, veteres meridiem pro media nocte dixisse: quomodo & æquidiale pro æquinoctio. Varro Marcipore,

 Repente noctis circiter meridiem,
 Cùm pictus aër feruidus lacte ignibus
 Cæli choreas astricas ostenderet:
 Nubes aquali frigido uelo leues
 Cæli cauernas aureas subduxerant,
 Aquam uomentes inferam mortalibus.
 Ventíque frigido se ab axe eruperant,
 Phrenitia Septentrionum filij,

      F.ii.

Secum ferentes tegulas, ramos, sirus. Hîc planè ῥαψῳδοὶ fuimus. Nam testimonia tria, quæ diuulsa adducit Nonius, in vnum coniunximus, & aliquot menda ex ipsis sustulimus, præsertim in tertio versu: cùm ita sciremus Platonem locutum esse in Timæo, cùm τὰς χορείας ἓ παραβολὰς ἀστέρων dixit. Item eius æmulum, magnum imprimis virum, Philonem Hebræum: τὰς περιφορὰς, ἢ χορείας ἀστέρων διανοούμενος.

7. **Lex Prætoria.**) Vtrum Prætoria, an Pletoria legendum, id verò incertum est. Vtrunque verò benè. M. Pletorius Tribunus plebis plebiscitum tulit, in quo scriptum fuit: *Prætor urbanus, qui nunc est, quique posthac fuerit, duos lictores apud se habeto. Vsque ad supremā ad solem occasum ius inter ciues dicito.* Censorinus.

8. **Vt Catulus ait.**) Variatum est hîc in nomine autoris, Catulus, prò Pacuuius. Varro de re Rust. lib. 1, *Verum enim est illud* Pacuuij, *Sol si perpetuò sit, aut nox, flā meo uapore, aut frigore fructus omnes interire.* Error verò accidit, vt alibi quoque monuimus, propter apicem summum, i, vt mutaretur in l. Quomodo apud Plautum in Pseudolo erratum est, vbi hodie ita legitur: *Euge pellepide Charine, ne meo ludo iam beas.* Lamberas enim planè scribēdum ex vestigiis antiquæ scripturæ. Festus. *Lamberat, scindit, ac laniat.* Hæc coniectura nostra confirmatur ex alio loco in Pœnolo:

Enimuero here meo me lacessis ludo, & delitias facis: idem enim est.

9. **Eadē stella vocabatur iubar, quod iubata.**) Callimachus:

—ὗλος ἐθήρας   Ἕσπερος—

10. **Ennius Aiace.**) Alii, Aiax, *lumen iubarue in cælo cerno.* Quod verum puto: neque esse ex Aiace En-

nii, quam verſam ex Sophocle indicio ſunt hæc verba, quæ citantur à Feſto:

Sanguine emiſſo tepido tullij efflantes uolant. Ex illo Sophoclis,

— ἔπι γὰρ θερμαὶ

σύριγγες αἴω φυσῶσι μέλαν τέφος. Vbi etiam videmus σύριγγας Latinè *tullios* vocatos eſſe, qui & Salientes.

11. In Bruto Caſſii.) Hîc, & libro ſuperiore malè *Caſſii* pro *Attij.* Meminit & Cicero eius fabulæ in libris de Diuinatione, & in Sextiana.

12. Nocte intempeſta noſtram deuenit domum.) Verba ſunt Lucretiæ ad parentes ſuos, cùm de nefaria audacia Sex. Tarquinii conqueritur. Ouid.

Nox erat, & tota lumina nulla domo.

13. Solſtitium, quod Sol eo die ſiſtere videtur.) Meliùs, *quòd ſolo die ſiſtere uideretur.* Nam altera etymi cauſſa à Sole.

14. Aut quod Sol ad nos verſum proximum eſt, ſolſtitium.) Manifeſtò mendoſus locus. Nam neque verba ipſa cohærēt, neque etymi cauſa explicatur. Nos ita legimus: *Aut quòd Sol aduerſum nos proxumè ſtet:* vel potiùs, *quòd Sol ad uerſum proxumum ſtet:* tranſlatio à bubus. Verſum ſiquidem vocabant ruſtici, cùm ſulco ad finem perducto iterū reditur eo, vnde arationis principiū ſuſcipiebatur: quod verſum peragere dicitur Plinio lib. XVIII. Ab eo Græci, vt ait Pauſanias, βυστροφηδὸν γράφειν dicebant, cùm vno verſu peracto in pagina, inde ſumitur initium ad alium progrediendi, vt in arato. Quod nos contrà facimus. Nam verſu peracto, idem ſemper initium progrediendi tenemus. Sic igitur Sol elegantiſſimè à Varrone dicitur ad verſum proximū ſtare cùm regreditur. Sic in por-

F.iii.

ticibus versura dicta est apud Vitruuium eodem modo. Item τειώλαξ, ἀγὼν παρθένων Lacedæmone ab eo dictus, quòd tres versus percurrendi erant, quos vocant ὦλακας, tanquam sulcos.

15. AEquinoctium.) Etiam Æquidiale apud veteres, vt suprà annotauimus. In quo secuti sunt Græcos, qui ἰσημερινόν.

16.   Sic magni dicebantur Circites anni.) Otiosa est vox *Cirátes*: iccirco delenda. Putauit enim sciolus quidam hîc desiderari vocem illam, qui legerat apud Festum *Cirátes*, circulos magnos esse. Porrò nonulli putant Annum à Græco ἔννος deduci. Quos sanè arguit primùm scriptura, quòd veteribus vno *n* scribebatur: deinde significatio, quòd propriè circulum significat, vnde diminutiuum anulus, & anus podex eodem modo, quo Græcis quoque δακτύλιος vtrumque significat, & podicem, & anulum. Et mirum in Syriaca quoque lingua quod anulum significat, id ipsum & pro ipsa quoque parte pudenda sumi.

17.   Quartum autumnus.) Hîc nonnulla desunt, quæ explanabant etymon Autumni; quod est ab augendo. Iccirco à Græcis poetis illud tempus dicitur πλεσφόρος ὥρα: vnde autumnitas ipse fructus. Varro Quinquatribus:

Cape hanc cadu*c*am Liberi mollem dapem
De fronde Bromiæ autumnitatus nobilem.   Quod venustissimum distichon deprauatum legitur apud Nonium: à nobis autem ita in integrum restitutum est.

18. Dicti ab agon·) Quasi verò non & in omnibus quoque sacrificiis obseruari solitum doceat Seneca: item Plutarchus Symposium. VIII. cap. VIII, ἔρδην μὲν, inquit, ἐκάλουν, ὃ ῥέζειν, ὡς τὲ μέγα δρῶντες, τὸ θύειν

ἔμψυχον. ἄχρι δὲ τῶν προφυλάτζεσιν ἰχυρῶς, τὸ μὴ σφάτζιν, πρὶν ἐπινεῦσαι καταπευδόμδρον.

19. Quod interrogatur a principe ciuitatis.) Sanè, *interrogatur princeps ciuitatis* legendum est. Suprà ex Plutarcho patuit, interrogari solitum, qui fundebat vinum inter cornua victimarum. Id autem honoris dari principi ciuitatis verisimile est. Sic apud Maronē,
    Ipsa tenens dextra pateram pulcherrima Dido
    Candentis uaccæ media inter cornua fudit. Quod sanè illius, qui principem locum teneret.

20. Feralia a ferendo.) Ouid. Hanc, quia iusta ferūt, dixère *Feralia lucem.* Demosthenes, ἐπὶ δὲ πλευτήσῃ ἕως αὐτῷ, ὡς τὰ νομιζόμδρα αὐτῷ φέροιτο, &c. Inde inferiæ: & arferia aqua, quæ afferebatur ad sepulcra, vt libaretur mortuis. Arferre, pro adferre dicebant veteres: vt aruenire, pro aduenire: item arcedere pro accedere. Turpilius Boethuntibus:
    Qui uerba mea uenatur pestis? arcedat, *& sermonem hinc sublegat.* Malè apud Nonium, *ars cædat.*

21. Prope murum Megalesion, in templum eius Deæ.) Hæc ita scripsisse Varronem vix quispiā vel leuiter doctus sibi persuaserit, nisi qui Varronem σολοικίζῃν velit. Puto legendum, *Quod ex libris Sibyllinis arcessita ab* Attalo *Rege Pergami, Pesimunte, ubi Megalesion, templum eius Deæ.* Nam μεγαλήσιον, ὁ ναὸς τῆς μεγάλης θεᾶς, vt μηῥῶον. Sic τυχῶον, τύχης, ἀνακεῖον, ἀνάκων. Vel, *Quod ex libris Sibyllinis arcessita ab* Attalo *Rege Pergami*: ἀπὸ μητρὸς μεγάλης, *ubi templum eius Deæ.* vbi, id est, in regione Pergami. Nam qui legerat *apo metros megales*, ex eo fecerit, *prope mœrum megalesion.* Sed puto priorem coniecturam veram esse. Non enim verisimile est Varronem de Pesimunte vrbe tacuisse, quam

F.iiii.

alii Pesinunta vocant per *n*.

22. A Fordis bobus.) Fordæ boues, φορράδες. Itaque hinc petendum etymon.

23. Publice immolantur boues prægnantes in curiis complures.) Triginta immolari tantùm solitas innuit Ouidius in Fastis, pro numero Curiarum, quæ triginta fuerunt.

24. Vinalia.) Erat is dies, in quo Ioui nouum vinũ libabant. Festus, *Calpar uinum nouum, quod ex dolio demitur sacrificij caussa ante, quàm gustetur. Ioui enim prius sua uina libabant, quæ uocabant Vinalia.* Hæc ille. Id autem fiebat, ne reliquum, quod in apothecis illis, vnde Calpar promeretur, remaneret, sacrum esse inciperet, & omnino ex vsibus eriperetur humanis, sed calpari libato, religione solueretur. Itaque cùm calpar libabant, inferium vocabant, quòd solum inferretur, his verbis: *Macte hoc uino inferio esto.* Apud Catonē malè legitur *uino inferiore:* tametsi ibi non agitur de Calpari. Et hoc præcipuè dicebatur de vino diffuso & doliari. Nam alioqui de eodem musto libabant: sed id Sacrima vocabatur, posteaquam polluxerant eas confectiones, quæ vocabant Suffimenta, ex faba, milioque molito, mulso sparso: quæ Diis eo tempore dabantur, quo vuæ calcatæ prælo premebantur. Quo modo & in frumentis quoque, quod sacrificii caussa antè præmetiebatur, Præmessum appellabant, Lacones προλογίας. Quòd verò Cereri offerebant post messem factam, Florifertum. Quare ex illis quæ annotauimus, potes cognoscere caussam superstitionis illius, cur vinum nouum tangere nefas esset, ante quàm Vinalia calarentur. Athenis verò, quandiu ferueret mustum, religio erat tangere. Plutarchus Symposi. lib. VIII. γλεύκους δὲ

ξέοντος ἀεὶ ἀφαιρεῖδαι καὶ τοῖς ῥγάταις δεδιότας ὁρῶ μδυ. Ad quam rem habebant suum festum vinale, quod ipsi πιθοιγίαν vocabant. Plutarchus Sympos. lib. III. τοῦ νέου οἴνου Ἀθήνησι μδὺ ἐνδεκάτῃ μιωὸς κατάρχονται, πιθοιγίαν τὼ ἡμέραν καλοῦντες, & πάλαι γ,ὡς ἔοικεν,δύχοντο, ὃ οἴνου, πρὶν ἢ πίνειν, ἀποσπένδοντες,ἀβλαβῆ, & σωτήριον αὐτοῖς τοῦ φαρμάκου τὼ χρῆσιν γενέδαι.

25. **Flamen prorsus vinum legit.**) Apparet, morem fuisse, vt prior Flamen auspicii caussa vinum legeret.

26. **Fanum Fortis Fortunæ secundum Tiberim extra vrbem.**) Manifestò, *secundum Tiberim* dixit pro, vltra Tiberim. Nam Fortis Fortunæ templū in Transtiberina regione fuit. Sic superiore libro, *Secundum Tiberim ad Iunium*, *forum piscarium*: non intelligit de illo foro piscario, quod in regione fori Romani ponit P. Victor: sed videtur & aliud forum piscarium trans Tiberim fuisse, vbi piscatorii ludi quotannis fiebant mense Iunio à Prætore vrbano, pro piscatoribus Tiberinis: vt perperàm videri possit Vertranius legisse *ad Iunonium*, quod ita in Diebus Genialibus Alexādri Neapolitani legerat. Cùm tamen Ianus Iunonius in nulla parte vrbis ita vocaretur, sed tantùm in Pontificalibus indigitamentis. Ego sane nihil mutarim: quia vt de veritate lectionis mihi non liquet, sic etiam vtrùm deprauata sit nécne æquè dubitari possit.

27. **Apollinaribus ludis docuit populum.**) Quàm multa hinc exciderint, licet coniicere ex iis, quæ Liuius lib. XXVII. pluribus persecutus est de Apollinaribus ludis, qui fiebant III Nonas Quintiles. Forúmque origo ex Cn. Martii vatis carminibus petita, vt idem author lib. XXV. Ex quibus satis apparet, quæcun-

que de Apollinaribus Varro docuisset, ea hinc deperiisse. Neque est, cur sequaris editionem Romanā, in qua hæc verba mutila cum præcedenti historia connexa sunt. Quod qui fecerunt, non viderunt, Varronem, qui antea de omnibus festis diebus sese traditurum professus esset, aut sine stulto consilio celeberrimorum ludorum mentionem prætermittere: aut, si eorum meminisset, eius historiæ summam paucis complecti non potuisse. Vnde perierint ea necesse quæ ad ludorum Apollinarium cognitionem faciebant.

28. **Et horti eius tutelæ assignantur.**) Veneris tutelam hortos fuisse admonet idem & in 1. de re Rustica. Item, inquit, *adueneror Mineruam, & Venerem. Quarum unius procuratio oliueti, alterius hortorum: quo nomine Rustica Vinalia instituta.* Plinius, *In remedio Saturnia signa, quanquam hortos tutelæ Veneris assignante Plauto.* Quod hîc Plinius Plautum dixisse ait, idem & Næuius quoque voluit, cùm dicit, *Coquos edit Neptunum, Venerem, Cererem.* Per Neptunum pisculēta intelligit, per Cererem panem, per Venerem olera. Non igitur difficile est coniicere, cur Menippeam suam Varro inscripserit, Vinalia περὶ ἀφροδισίων.

29. **Is cum eat, &c.**) Is cùm eat, suffibulum quod habeat scriptum: id dicitur à suffiendo, vt subligaculum. Videtur enim lex fuisse, & in ea scriptum: EO PRAETER SACERDOTEM POBLICVM NE INTROEVNTO: IS QVOM INTRET, SVBFIBVLVM HABETO. Est autem ordo, *quod scriptum, Suffibulum habeat: id dicitur, &c.*

30. **Suffibulum, a suffiendo.**) Festus ita dictum putat, quòd fibula comprehenderetur. Sed Varro more suo anxiè etymologias comminiscitur: Sciebat enim

CONIECTANEA. 91

Vestales maximè omnium sacerdotum publicorum suffitionibus vti. In quibus erat præcipuum, quod vocabant Exfir: quod erat genus suffitionis à Vestalibus patrari solitæ. Fabius Pictor apud Nonium, vbi agitur de nomine SAL. *Exfit, inquit, est sale sordidum, quod ustum est, & in ollam rudem fritilem obiectum est. Postea id sal uirgines Vestales serra ferrea secant.* Malè enim hodie apud Nonium legitur Tessit, pro Exfit. Festus, *Exfit, purgamentum, unde hodie remanet suffitio.* Fritilem ollam reposuimus ex eodem Festo: quòd & quoddam pultis genus fritilla diceretur: à Græcis ἀθάρα, vt ego quidem puto. Nam Frit, ἀς ίψ. De quo suffimine vide amplius apud ipsum Festum, vbi de Muria Vestalium disputat. Eam enim Muriam Exfit vocari iam cognoscimus ex Fabii Pictoris exemplo à nobis citato, & emendato.

31. **Nouum vetus vinum bibo.**) Plinius, *Cur ad primitias pomorum hæc uetera esse dicimus, alia noua optamus?* Et quod dixit, medicamenti caussa, id volunt verba, quæ suprà citauimus ex Plutarcho, ὃ πάλαι γε, ὡς ἔοικεν, δύχετο, τῶ οἴνω, πρὶν ἢ πιεῖν, ὑπασπένδοντες, ἀβλαβῆ καὶ σωτήριον αὐτοῖς τῶ φαρμάκω τὴν χρῆσιν γινέθαι.

32. **Fontanalia.**) Alii *Fontinalia*, vt Fontinalis porta. Vnde sequitur, *Quod is dies*, eius scilicet Fontis, cuius delubrum fuit iuxta portam Capenam. Vnde & ipsa Fontinalis dicta est. Eius Fontis mētio Ciceroni II. de Legibus, nisi mendum subest in scriptura.

33. **Angerona.**) Libētiùs scripserim *Angenora*, quia cohibet os. Est enim Dea ἐχμυθίας. vt Sophocles, ὧν καὶ χρυσέα κλῄς ἐπὶ γλώσσα βέβακεν.

34. **In curia accuscia.**) Ita habent veteres excusi. Quam lectionem cum minus exploratam haberent

quidam, factum est, vt deteriora substituerint. Nam nunquam ipsi A*ccalia* legerunt, pro Laurentinis feriis. Ex vestigiis illius lectionis legendū est: A*ngenoralia, ab* A*ngenora, cui sacrificium fit eo die, ac cuius eæ feriæ publicæ.* L*aurentinæ, is dies, quem diem* &c. Qui autem genitiuum relatiui substituerunt, non viderunt eum latere sub illa voce mendosa: cùm tamen substituendus non esset, sed ex illa voce corrupta eruendus.

35. Die sexto.) *Festo* reponendum docet Licinius Macer historiarum lib. 1. vt citat Macrob. qui ait regnante Romulo Accam Tarrutio cuidam Tusco diuiti denuptam, auctamque hæreditate viri: quam post Romulo, quē educarat, reliquit: & ab eo Parentalia diemque festum pietatis caussa statutum.

36. Qui atra dicitur. diem Tarentum Accas Tarentinas.) Etiam si in his annotationibus nihil aliud, præter certas & constantes coniecturas adducerē, tamen minimè operam lusisse viderer. Quod enim salutem planè præstare non possum, at vulnera ipsa indicasse non parum erit. Igitur scripserit Varro: L*aurentinæ, is dies, quem diem quidā in scribendo* L*aurentalia appellant, ab* A*cca* L*aurentia nominatus: cui sacerdotes nostri publicè parentant festo die: quia altera dicitur ob ditem* T*aruntium,* A*cca* T*aruntia*. Laurentinæ feriæ, ait Varro, ab illa, in quā Acca, quæ Laurētia cognominata est: quia altera Acca est ea, quæ nupsit Tarutio cuidam Tusco nobili, & diti viro: & ab altera cognomine Laurentiæ distinguitur, cui sacerdotes nostri in Velabro parentare quotannis solent. Fuerunt enim cognomine duæ Accæ: quarum vni, vt ait Plutarchus, sacrificabatur mense Decembri: fuitque nutrix Romuli, & Laurentia cognominata. Alteri mense Aprili res diuina fiebat, à

multis Flora exiſtimata: ab aliis Tarracina, ſiue, vt eſt apud Gellium Tarratia cognominata. Quanquam has inter ſe confundit Plutarchus. Error verò tam vitioſæ lectionis ex varietate ſcripturæ natus eſt. Nam qui hîc Taruntius vocatur, ita idem eodem modo apud Aurel. Auguſtinum: ab aliis verò & Tarrutius, & Taratius, & Tarratius. Græci etiam ταρρύτιον. Sic quom Cicero in libris de Diuinatione Tarrutium vocat, in Solino idē Taruntius, in Stephano λεύκιος Θαρραῖος vocatur. Fuitq; ſummus mathematicus, ac Ciceroni quoque & ipſi Varroni familiaris. Non ſunt ergo audiendi illi, qui non veriti ſunt Laurentinalia à Romanis ad Tarentinos transferre. Quos cùm videam ita ἀνέδην & licenter in hoc miſero autore vagari: Cæpi, vt verum fatear, de eorum fide dubitare, potiúsque illis os obſtruere veris argumentis, quàm cóuiciis inceſſere, apud me decreui.

37. **Vt quod ibi prope faciunt Diis manibus ſeruilibus ſacerdotes.**) Sanè ſimplicius multo fuerit, vt ego quidem puto, ſi ita legimus: Vt *quod propè faciunt Diis manibus eius ibi ſacerdotes*. vel, *ut quod ibi propè faciunt Diis manibus aruales ſacerdotes*. Sacerdotes enim aruales, qui & aruales fratres, Accæ ſeu Caiæ Tarratiæ rem diuinam facere ſolitos conſtat ex Gellio. Melius erat, inquies, tacere, quàm incertiorem ex incerta rem facere. Atqui memini me in his cómentariis non κριτικόν agere, ſed σκεπτικόν: & omnia arbitrario iure, nó certo decidere. Itaque confidenter hîc, quicquid viſum fuerit, adducere poſſum, cùm iſta non ſint κύριαι δόξαι. Hoc tamen ſine arrogantia affirmare poſſum, hæc noſtra verecunda illorum audacibus commentis longè eſſe meliora.

38. **Sed montanorum.**) Ad diſcrimen eorum, qui

deorsum in humilibus locis habitant. Sic in Attica diſtincti erant ἐπικριεῖς ᾗ πεδιᾷς. Dionysius, διελὼν δὲ οὖν ὁ
Τύλλιος εἰς ὁπόσας δή ποτε μοίρας τὼ γῶ, ὃ τοὺς ὀρόνους, &c.
39. **Paganalia.**) In Paganalibus duo ritus explanandi apud Ouidium: etsi hæc annotatio hoc loco alienior erat. Primum, quod scribit,

Dum licet, apposita uelut in cratere camella,

Lac niueum potes, purpureámque sapam. Hæc potio burranica dicebatur, à colore burro, quem mulſum lacte dilutum facit. Festus, *Burranica potio lacte commiſtum sapa, à ruſo colore, quem burrum uocant.* Camela autem ea est, quam Pollux σκάμιλλαν vocat. ἐντῦθεν εἰρῆ-
δη λέγοιοι ὃ τὼ ἄρα τοῖς Ῥωμαίοις σκάμιλλαν. Deinde, quod alibi,

Placentur matres frugum Tellúsque, Cerésque. Ceres in Paganalibus sacris vocabatur Empanda. Varro apud Nonium lib. 1. de vita po. Ro. Hanc Deam Ælius, (non *melius*, vt hodie perperam in Nonio) putat esse Cererē. Sed quòd in asylum qui confugerent panis daretur, esse nomen fictum à pane dando pandere, hoc est aperire. Intelligit ergo Empandam Deam paganorum. Ego verò putarem dictam à latitudine: iccirco εὐρύστερνος. At Varro à pandendo: vnde & eadem cum Pale fuisse videtur. Hoc videtur innuere ipse his versibus,

Te Anna, & Peranna, Panda, Celato, Pales,

Nerienes, Minerua, Fortuna, ac Ceres. Ita enim lego primum versum. Qui mos implorantium Deos: nam ἐμιλίπως ferè id faciunt, vt Dii voſtrā fidē. & Plaut. *Tuā fidem Venus Noctuuigila.* & Satyra Varronis, *Hercules tuā fidem.* Item Euripides, vt citant Grammatici, σὲ τὲν αὐ-
τοφυῆ πάντως ἐθέοντ', αἰθέρα ῥύμβῳ. Porrò Varro videtur paganicas à Paganalibus distinguere: quòd Paganalia

essent priuatæ feriæ alicuius pagi, Paganicæ vero omnium. Tamen nihil tale apud Ouidium & alios.

40. *Sic dictæ quinque cælo Iuno nouella.*) Hæc putat se emendasse Vertranius, & tamen nihilo meliora, quàm alii, protulit. Forsan ne ipse quidem suam emendationem amauerit, si hanc nostram legerit: *Primi dies mensium nominati Kalendæ: ab eo, quòd ijs diebus Kalentur eius mensis Nonæ à Pontificibus, quintanæ, an septimanæ sint futuræ, in Capitolio in curia Calabra sic,* DIES TE QVINQVE KALO IVNO NOVELLA. SEPTEM DIES TE KALO IVNO NOVELLA. Sensu sanè plano & aperto, non inuoluto, vt prioribus editionibus: neque suspenso, vt Vertranius correxit.

41. *Iuno Nouella.*) Quòd in Iunonis tutela Calendæ essent. Vnde Kalendaris Iuno. Non male tamé Iana legeretur: ita vocabant Lunam. Varro de re Rustica: *Nunquam rure audisti, octauo Ianam Lunam crescentem, & contra senescentem: & quæ crescente Luna fieri oporteret: & tamen quædam meliùs fieri post octauo Ianam Lunam, quàm antè?* Accepit autem ex Hesiodo:

Ὀγδοάτῃ τ' ἐνάτῃ τε, δύω γε μὲν ἤματα μηνὸς
Ἔξοχ' ἀεξομένοιο βροτήσια ἔργα πένεσθαι.

42. *Nouella.*) Mirum mihi visum est, quòd legitur in vetustioribus excusis. Omnes enim illi planè habent *Couella*: forsan non male, quòd Couum veteres Cælum vocabant: quod Festus scribit dictum à chao, ex quo Poetæ dicunt Cælum esse natum. Imò potiùs, quòd χάος apud veteres significabat aerem. Euripides Cadmo, vt inueni apud Probum Grammaticum: ὑπαρὸς ὑπὲρ ἡμᾶς κενὸς, φωτῶν ἕδος δαιμόνιον. τὸ δ' ἐν μέσῳ ὑγρᾶν τε καὶ χθονὸς, οἱ μὲν ὀνομάζουσι χάος, &c. Aristophanes

ὄρνισι,

διὰ τῆς πολιος τ' ἀλλοτείας, ἢ τ' χάους. Theocrit. πέρυγ.
ἄπανθ' ὅσ' ἕρπῃ δι' αἴθρας, χάους π. Ergo Iuno Couella ἡ ὑεανία.

43. Quod tunc ferias primas quæ futuræ sint eo mense, Rex prædicit.) Meliùs *ferias priuas*. Aut illud *primas* erit, celebriores, maioris notæ ferias.

44. Postridie Calendas, nonas, idus appellati atri.) Afranius Fratriis,

Septembris heri Calendæ: hodie ater dies. Vide Ouid. Plut. Macrob. Gell.

45. Comitiales.) Contrarii nefastis. Itaque lusit Plautus Pœnolo.

Non potuisti adducere homines magis ad hāc rē idoneos:
Nam istorū nullus nefastus est, comitiales sunt meri.

Ibi habitant: ibi eos conspicias, quàm Prætorem, sæpius.

46. C. Mutius ambigebat.) *Ambigebat* dixit ex antiqua iudiciorum modestia, cùm dicerent ἔδοξε δικαίως ἁλῶναι. nunquam δικαίως ἑάλω.

47. Iunius Gracchus.) Alii *Gracchanum* citant.

48. Ἀφροδίτη.) Forsan de hoc loco Varronis sentiebat Macrobius. *Cincio, inquit, etiam Varro consentit, affirmans sub Regibus nec Latinum nomen Veneris, nec Græcum fuisse: & ideo non potuisse mensem à Venere nominari.* Sic & Arnob. lib. 11. nec Veneris, nec Apollinis mētionem factam esse in Numæ indigitamentis testatur. Quare minùs prudenter Ennius Veneris mentionem fecit regiis temporibus. Nam cùm ad tertium vsque Annalem regiorum temporum gesta cōtinuasse multis testimoniis inde productis constet, in primo Annali sic quendam orantem inducit,

Te nunc sancta Venus precor, & Genitrix patri' nostri,
Vt nos

Vt nos de Cælo uiſas cognata parumper,
Téque Quirine pater ueneror, Horámque Quirini,
Téque pater Tiberine, tuo cum flumine ſancto. Tamen illos verſus in duobus autoribus, tribus locis diuulſos leges.

49. **Antiquum oppidum Palatinum.**) Puto legendum, *Luſtratum antiquum oppidum Palati, nunc gregibus humanis cinctum.* Hoc enim dixit ad differentiam veteris oppidi, circa quod initio paſcerentur greges pecorum. Quòd temporibus Varronis, vrbe in tātam magnitudinem ampliata, & Palatio in eam concluſo, totum eſſet cinctum gregibus humanis. Vſurpat autem alicuius veteris verba tanquam alludens.

50. **Quare ſi etymologos principia verborum poſtulet.**) *Poſtuletur* legendum eſt: Et poſtea, *Et reliqua oſtendat, quod non poſtulat*: lege, *quod non poſtulatur*: Eſt autem helleniſmus, vt etiam veteres Latini, Exigi pecuniam, exigi portorium.

51. **Sed cum hos agitamus quid, &c.**) Niſi eſſet κακέφατον libenter legerem, *cùm nos agitamus.* Sed hoc cacephaton ridet in viro conſulari Cicero.

52. **Sic coemptio, ſic compitum nominatur.**) Potiùs, *Sic coitio, ſic comitium.*

53. **Apud fullonem veſtimentum cum cogitur, conciliari dicitur.**) Imò Conciliare à ciliis, & Græcè κιλίκια dicuntur. Ex iis coacta veſtimenta vulgò *Feltra* vocamus: nempe τὰ ἐκ τριχῶν συϞθέϟρα. Vnde Cōciliare Fullonium verbū, τὸ συμπλοῶ, πιέζϟν, ἰποῶ, καὶ συμπατῶσϟ. A quo & Galli quoque *Fouler* dicunt. Hoc intellexit Titinnius Fullonibus:

— *terra hæc noua eſt,*
Quaſi ubi tu ſolitus pedibus argutarier,

G.i.

Dum compescis cretam, & uestimenta eluis. Vnde saltus Fullonius Senecæ Epistola x v. *Cursor & cum aliquo pōdere manus motæ: & saltus uel ille, qui in altum corpus leuat, uel ille, qui in longum mittit, uel ille, ut ita dicam, Saliaris: uel, ut contumeliosiùs dicam, fullonius.*

54. Mamurium Veturium.) Pro vetere memoria Varro & Plutarchus. Alii nomen proprium viri faciūt ex historiæ causa. Sic ergo Romani in sacris quædam nomina dicis caussa solebant proferre in nuptiis Caiam Cæciliā, & Talassionem: in Vestali capienda Amatam: Nonis Caprotinis Caium, Marcum Lucium: in censu vel delectu faciendo Valesium, Saluium, Statorium. Itaque scribit Cicero: *Itémque in lustranda colonia, ab eo, qui eam deduceret: & cùm imperator exercitum, censor populum lustraret, bonis nominibus quī hostias ducerent, eligebantur.* Quod idem in delectu coss. obseruant, ut primus miles fiat bono nomine. Hæc ille. Sic in Saliari carmine bonis ominis caussa Luciam Volumniam, & Mamurium Veturium nominabant. Contrà ab eadem superstitione nullus ludis Apollinaribus Pomponius nominabatur. Sic cauebatur, vt qui hostias duceret, bono esset nomine, vt iam ex Cicerone demōstrauimus. Quare id voluit Plinius lib. xxviii, vbi ait, Cur, inquit, *publicis lustris etiam nomina uictimas ducentium prosperè legimus?*

55. Terentius.) Qui Iuuentium legunt, videntur ignorare duos fuisse Terentios: Pub. Terentium Afrū, cuius extant hodie sex fabulæ: & Terētium Libonem, cuius meminit Donatus ex Suetonio. Et forsan ille est, quem citat Festus in Anagnorizomene.

56. Pueri dicuntur infantes.) Æschylus Choephoris, ὐ γάρ᾽ φωτεῖ πᾶις ἔτ᾽ ὢν ἐν σπαργάνοις.

CONIECTANEA.

57. **Qui futura prædiuinando solent fari, fatidici dicti.**) Fari, τὸ προφητεύειν. Ennius,

Atque Anchises doctu', venus quem polcra Dearum
Fari donauit diuinum pectus habere. Sic Cassandras
Missa sum superstitiosis ariolationibus:
Neque me Apollo fatis fandus dementem inuitam ciet.

Melius enim dixit, quàm Græcus ille poeta, vnde accepit:

Ἄκραντον αὖ μ' ἔθηκε θεσπίζειν θεός,
Καὶ πρὸς παθόντων, κἂν κακοῖσι κειμένων
Σοφὴ κέκλημαι — Citantur autem à Plutarcho in Commentario Politico, ὥσπερ οὖν τῆς Κασάνδρας ἀδοξούσης ἀνόνητος ἦν ἡ μαντικὴ τοῖς πολίταις, ἄκραντον αὖ με, &c.

58. **Iidem vaticinari, quod vesana mente faciunt.**) Fatuos primùm vates vocatos esse, posteà pro væsanis accipi, apud omnes satis constat. Sic vult Plato suam μαντικὴν, quasi μανικὴν dictam. Vide in Phædro.

59. **Effari templa.**) Τεμενίζειν Græci: vt Thucydides. Idem est Sistere fana Festus, & Cor. Tacitus.

60. **Hinc etiam famiger, fabile.**) Potiùs legerim, famigerabile. Et ita videtur legisse Sipontinus.

61. **Loqui à loco.**) Quasi arduum esset diuinare à λόγος esse.

62. **Fallo.**) Græcum σφάλλω, & φάλλω.

63. **Consolandi caussa.**) Alloqui, παραμυθεῖσθαι.

64. **Concinne loqui dictum a concinne.**) A cōcinere scribendum est: Sic συνᾴδω τινὶ, Bené mihi conuenit cum aliquo. A cinno tamen deducit Nonius: meliùs sanè.

65. **Et inter se respondent aliud alii**) In antiquitus excusis legitur, *et inter se cudant aliud alij*. Quare transpositæ sunt vocales, cudant, pro cadunt: Cicero,

G.ii.

Et eius uerbum aliquod aptè œciderit ad id, quod ages. συμπίπτειν. Herodotus Euterpe, ὖ γὸ δὴ συμπσέξν γε φησω τά τε ἐν Αἰγύπῳ ποιεύμβρα τῇ θεῷ, ἓ τὰ ἐν τοῖσι Ἕλλησι. Quare alicuius correctoris est verbum illud, Respondent.

66. AEnea, quis est qui meum nomen nuncupat.) Apud Censorinum:

    Quis meum nominans nomen exciet,

    Quanuis tumultu inuocans incolarum fidem? Videtur ex quodam choro ex Nyctegresia.

67. Meum nomen nuncupat?) Nuncupare in hoc sensu parum vsitatū. Est enim hîc inclamare. Pacuuius Duloreste:

    Exemplo Ægisti fidem nuncupantes conciebant populū.
Nonius Conciere.

68. Dico, quod Græci δικάζω.) Meliùs δίκη.

69. Indicit illum.) Suspicor, Indicit illicium.

70. Indicit funus.) Supra, indictiuū funus. & Festus.

71. Prodixit diem.) Cicero pro domo, Prodicta die.

72. Dictum in mimo.) Cicero, Delectarunt me dicta Mimorum, ac ἐπισημασίαι populi. Sic dictiosus histrio. Et ab eo dicteria, quibus in exordiis fabularum (exordia sunt quæ εἰσθέσεις Græcè) histriones vtebantur ad captandam attentionem populi. Varro ὄνος λύρας.

    Trichorda psaltidi attulit psalteria,
    Quibus sonant in Græcia dicteria,
    Qui fabularum collocant exordia,
    Vt Comici, Cinædici, Sænatici:
    Quibus suam delectet ipse anusiam,
    Et auiditate speribus lactet suis. Hæc nos coiunxim?.

73. In manipulis canstrensibus dicta a ducibus.) Dictum a ducibus. παράγελμα, tessera. Furius, vetus poeta,

CONIECTANEA. 101

Nomine quemque ciet, dictorum tempus adesse.

74. **Dicitur in imo.**) Reposuerunt, *dicis imo*. Hîc ergo *imo*, ἕνεκα, ἢ χάειν. ſicut, dicis ergò.

75. **Si dico quid ſcienti quod det, quod ignorauit trado. Hinc doceo declinatum.**) Ne in hac quoque difficultate deſpondendus animus, tametſi, quantum aleæ ſubeundum mihi ſit, non ignoro: Ita igitur ſcripſerit Varro, *Si dico neſcienti quid, & quod ignorauit trado, hunc doceo*. Id *declinatum, uel quod cùm docemus, dicimus*. Sanè ſi non eadem verba, eundem tamen ſenſum poſtulat mens Varronis, qui ineptiſſimè doceo deducit à dico, cùm certiſſimum ſit eſſe à δοκέω. Vnde δόγματα decreta doctorum.

76. **A doceo diſco.**) Δάω, δάσκω, ϖραγϕγόν. Inde diſco.

77. **Ratio putari dicitur.**) Putare rationem, id, niſi fallor, eſt ἐκκαθάραι λογισμόν Plutarcho in commétario, Quomodo diſtinguas adulatorem ab amico. πόνου τε, καὶ σπουδῆς ἁπάσης ἀπολειπόμϕος ἐν τοῖς ὑπὸ μάλιϛα πράξεσιν ἀπροφάσιςός ὅϛι, & πιϛὸς ἔρωτος ὑπηρέτης, καὶ πρὸς λύσιν πόρνης ἀκριβὴς, & πότου δαπάνης ἐκκαθάραι λογισμὸν ἐκ αἰδηῆς. Etiam ſi aliter hîc Eraſmus vertat: cui ego non aſſentior. Demoſthenes, ὡς ὅταν οἰ όμϕοι πλεῖναι χήματα, λογίζηϛε, κἂν καθαραὶ ὦσιν αἱ ψῆφοι, & μηδὲν πλεῖῆ. συγχωρῇ τε, &c.

78. **Sermo a ſerie.**) εἰρμὸς, addito ſibilo, vt ἔρω, vel ἔρω, ſero. Sic ἔρος (vnde εἴρερος Homero: & ἔειϑος, & Eritudo, ſeruitudo apud Feſtum) & AEolicè ἔρϝος, addito ſibilo, SerFos, vt ſcribebant olim, nunc ſeruos: vt, DaFos, oFom, æFom, &c. Seruum ineptè Iuriſconſulti à ſeruando.

79. **Sic augures dicunt, Si mihi autor eſt ver-**

G.iii.

bi. nam manum asserere dicit.) Sine dubio corruptus locus,& mancus. Nisi sit, quod dicebant in precationibus suis Augures, IOVIS PATER, SI MIHEI ES AVTOR, VRBI, POPOLOQVE RO. QVIRITIVM, HAEC SANE SARTE-QVE ESSE, VTI TV NVNC MIHEI BENE SPONSIS, BENEQVE VOLVERIS.

80. Nam manum asserere dicit.) Hæc pertinēt ad aliam disputationem, cuius initium intercidit, & hîc facta est lacuna in Varrone.

81. Legumina.) De re Rustica lib. 1. Hoc enim quoque legumen, vti cætera, quæ velluntur è terra, nō subsecatur. Quæ quòd ita legantur, legumina dicta. Item, cæteráque quæ alii legumina, alii, vt Gallicani quidam, Legaria appellant: vtraque dicta à legendo: quòd ea nō secantur, sed vellendo legantur. Nicáder,

Ἀποδρόποι δ' ἵνα φῶτες ἄπερ δρεπάνοιο λέγονται
ὄσπρια χέδροπα — Ἀποδρόπις, vt vides, vocauit ab ea ratione.

82. Hinc Poetæ murmurantia litora.) Μορ-μύρουσαι ὄχθαι. Ponam & Anapæsticos elegantissimos Accii poetæ ex Phinidis. Nō enim hoc loco alieni sunt:

Ac ubi curuo litore latrans
Vnda sub undis labunda sonit.
Simul & circum magnisonantibus
Exata saxis sæua sonando
Crepitu clangente cachinnat. Ita enim conglutinandi sunt, qui leguntur diuulsi apud Nonium. Imitatum autem videtur ex Apollonio, qui de eadem re ita canit:

Κοῖλαι δὲ σπήλυγγες ὑπὸ σπιλάδας τρηχείας
Κλυζούσης ἁλὸς ἔνδον ἐβόμβεον· ὑψόθι δ' ὄχθης

Ἀδυκὴ καχάζωντος ἀπέπλυε κύματος ἄχνη. Quemadmodum & de Harpyiis, ab eodem Apollonio, vt citat Nonius:

Aut sæpe ex humili sede sublime aduolát. Apollonius,
-αι δ᾽ αἶψα δινέεσκον ποτέονται. Item,
Nec ulla curas finis interea datur. Apollonius,
ἴχω δ᾽ ὕπνα μῆπιν ἐπίρροθον. Hæc sanè non multùm ad rem: sed nihil ad discendum intempestiuū puto.

83. Increpare.) Ennius lib.1,

Ast hic, quem nunc tu tam toruiter increpusti. Ita puto legendum apud Nonium, Hodie, Ennius Lupiasta. Quem nunc, &c. Nos fecimus, lib.1. ast hic.

84. Itaque hos imitatus Aprissius ait io Bacche.) Quis adeò Latinè ignarus, vt putet hoc nomē Romanum esse, nedum alicuius autoris Romani: Itaque meritò suspectum est. Ne sequentia quidem satis constant. Hephæstion & Stephanus dictione βεχίρ citant. Archilochum ἰοβάκχοις. Sed nos vt coniecturas omnes studiosè colligimus, quæ nobis obiici possunt: ita etiam illas sæpe vt incertas reiicimus. Romana editio habet Aprissius in Bacche. Quæ nos quasi manu ducit ad veram lectionem indagandam. Quæ, nisi animi fallor, hæc est: Itaque hos imitatus aptè Attius ait in Bacchis. Vel, Itaque hos apertè Attius, &c. quod ita compendiosè scriberet aptè pro apertè. Vtcunque priorem vocem legas, non magnopere laboro. De nomine autem Attii non dubito cùm & Cassius alibi pro Attius, & Cassius quoque pro Mattius variatum sit. Vt error sit totus in duplici ss, pro duplici tt. Quòd autem peccatum sit in Bacche, pro in Bacchis: etiam illius fabulæ nomen in manu scriptis Nonii exemplaribus, itémque in veteribus impressis eodem modo deprauatum est.

G.iiii.

Bacchas autem vertit ex Euripide Attius: & exempla, quæ subiiciam, fidem facient. Primum quod est apud Euripidem,

εἶτ᾿ αὐτὸν ὄψῃ κἀπὶ Δελφῖσι πέτραις
πηδῶντα σὺν πεύκαισι δικόρυφον πλάκα.   Id his verbis reddit Latinus poeta,

Lætum in Parnaso *inter pinos tripudiantē, in áraulis*
Ludere, atque tædis fulgere—   Item,

ὡς δεινὰ δρῶσι, θαυμάτων τε κρείσσονα.

Quod neque sat fingi, neque satis dici potest
Pro magnitate—

--δὴ ᾿ξανίσατε
σῶμα, ᾧ θαρσεῖτε σάρκας, ἐξαμείψασαι δρόμον. (vel ζόμον)
Agite modico gradu, nisus iacite leues.

--καὶ καταστίκτοις δοραῖς
ὄφεσι κατεζώσαντο—

Tum pecudū exuuias læuo pictas lateri accommodát.
Vbi tamen non *pictas* verè, sed *uarias* vertendum fuerat: vt sunt Lyncium, Pantherarum, Tygrium.

ᾠδὰ δὲ μαινόμωροι σάτυροι
μαί έρος ἐξανύσαντο θεᾶς.
Siluicolæ muientes loca.

παῖδες ᾠδὰ δὸ χαί, αἵ τῇ ὁμήλικας χρόνῳ
κεκτήμεθ᾿ οὐδεὶς αὐτὰ καταβαλεῖ λόγος,
οὐδ᾿ εἰ δι᾿ ἄκρων τὸ σοφὸν εὕρηται φρενῶν.

Quæ neque uetustas, neque mors, neque grandæuitas.
Deest verbum pro καταβαλεῖ.

λέγουσι δὴ ὥς τις εἰσελήλυθε ξένος,
γόης, ἐπῳδὸς, Λυδίας ἀπὸ χθονὸς
ξανθοῖσι βοστρύχοισιν εὔοσμον κόμην,   &c.

Formæ figura, niditate hospes Phrygius.   apud Nonium male *hospes regius.*

πινθοὺς πρὸς οἴκοις ὅδε διὰ σπουδῆς περᾶ,
Ἐχίονος παῖς, ᾧ κράτος δίδωμι γῆς.
ὡς ἐπίονται; τί ποτ᾽ ἐρεῖ νεώτερον;

—Pantheus

Præsto œrritus nobis se stupens ultro Ostentum obtulit.
At in Festo propemodum deploratus hic locus. *Cerritus*
duplici rr: nam detritum ex *Cereritus.* Vnde Attici
vocabant eiusmodi δημητειακοῖς. Et Δημήτηρ ἡ αὐτὴ τῇ
Ἐριννύϊ. Callimachus, τὴν μὲν ὅγε σπέρμηνεν Ἐριννύϊ Τιλ-
φωσαίῃ, id est Cereri. Porro ad rem. Euripidis verba:

Λαμπρότερος, ἢ πρίν, & διϊπετέστερος. ἀὴρ scilicet.

Splendet sæpe: ast idem nimbis interdum nigret.
Hic sanè excusari nō potest, qui διϊπετέστερον pluuiosum
intellexerit, quòd Homero διϊπετέες ποταμοί. Nubige-
nas vertit Statius: cùm hîc sit διαυγέστερος. Sed profectò
veteres poetæ non solùm errare in vertendis Græcis fa-
bulis, sed & multa licētia vti solebant, multùm de suo
addere: vt hîc in his verbis, quæ citat Varro. Sed prius
videamus quid Euripides:

X O. τίς ὅδε; τίς πόθεν ὁ κέλαδος
ἀνά μ᾽ ἐκάλεσεν Εὐίου;

Δ I. ἰὼ πάλιν αὐδῶ
ὁ Σεμέλας, ὁ Διὸς παῖς.

X O. ἰὼ δέσποτα δέσποτα,
μόλε νῦν ἡμέτερον ἐς θίασον.
ὦ βρόμιε βρόμιε-- Attius:

C H O. *Quis me iubilat?*
B A C C X. *Vicinus tuus antiquus.*
C H O. *O Dionyse pater,*
      Optime uitisator,
        O Semela genitus Euie. Postremos versus
inuenimus apud Macrob. lib. v 1. Quæ cùm ita sint,

& quando,& quomodo in nomine Attii peccatum sit,
ostenderim:tum quomodo Bacchas Euripidis verterit
L. Attius: Deinde quantum iuris sibi permiserint Veteres, cùm Græcorum fabulas verterent: Postremò indicarim vnde verba ea, quæ adducit Varro, accepta
sint: quis est, qui coniecturam nostram reprehendere
possit? Quòd si, vt sæpe accidit, falli potero: non tamen sine magna verisimili caussa falsus fuero.

85. Θριάμβῳ.) Diodorus de Libero patre, θρίαμβον δέ αὐ
τὸν ὀνομασθῆναι φασὶν, ἀπὸ τῆ πρὸ τοῦ τῆς μνημονευομένων κα
ταχαχῆν ἀπὸ τῆς ςρατείας θρίαμβον εἰς τὴν πατρίδα τὴν ἐξ Ἰν
δῶν ποιησάμενον ἐπάνοδον μ τ πολλῶν λαφύρων. Athe. lib. 1. Τι
μᾶται παρὰ Λαμψακηνοῖς ὁ Πείαπος ὁ αὐτὸς ὢν τῳ Διονύσῳ
ἐξ ἐπικήτου οὕτως, ὡς θρίαμβος, καὶ διθύραμβος. Quid verò de
etymo sentiãt Grãmatici, vide in magno Etymologico.

86. **Ideo Lucillius scribit de Cretea. Cum ad
se cubitum venerit sua voluntate, sponte ipsam suapte,&c.**) *Ideo Lucillius scribit de Cretea, cùm
ad se cubitum uenerit, sponte ipsam, &c.* Nam illa verba,
sua uoluntate, sunt interpretamentum illorum, *sua spōte*. Et ab illis, *sua sponte*, incipiunt verba Lucillii.

87. **Sequere, adsequere.**) Ita legendum hoc colloquium amasiæ cùm Polybadisco,

Sequere, sequere Polybadisce: meã spem cupio consequi.
POLYB. *Sequor Hercule quidem: nam lubenter, mea
sperata, consequor.* Sperata dicebatur ἡ μνηστευομένη.
Quanquam pro ea, quæ iam denupta sit, Plautus acceperit in Amphitruone. Afranius Fratriis, citãte Nonio:
— *curre & nuntia*
Venire, & mecum adduce speratam meam.
Videas puellam, aurens, confirment iube. In eadem:
— *speratam non audi tuam.* Ita enim ille locus

deprauatus restituendus est. πολυβαδίσκος autem, vt Lápadiscus, ὑποκοριτικῶς.

88. A quo cum respondet, dicit præs.) Festus, Præs est is, qui populo se obligat, interrogatúsque à magistratu, si præs sit, ille respondet, præs. Apud Varronem igitur legendum præs, vt habent omnes excusi, non dicitur præs. Vidétúrque præs pro præsto dictum, vt in illo versu: τίς ἔσθ' ὁ πωλῶν τἀνδράποδα; ἐγὼ πάρα.

89. Vades ne darent.) Primius vades publicos dedit Cæso Quintius Liuius. Huc pertinent multa ex oratione κτ᾽ Τιμοκράτους.

90. Nec sine canendo tibicines dicti.) Superiore libro: Nec uenalia sine uino expediri, nec curia Calabra sine calatione potest aperiri.

91. Et qui aliquid agit, non esse inficientem.) Et qui aliquid neget, esse inficientem. Nam etiam Nego, quasi non ago videtur velle dictum esse.

92. Qui adlucet, dicitur lucere.) Aristophanes ἀχρνεῦσι,

τίη μαθὼν φαίνεις διὰ θρυαλλίδος; Alludit autem ad id quod supra Dicæopolis dixerat. τίς σ᾽ ὁ φαίνων; quod est συκοφαντῶν. Homerus,

-αἰθομένας δαΐδας μτ᾽ χερσὶν ἔχοντες,

φαίνοντες νυκτὸς κτ᾽ δώματα δαιτυμόνοισι. Athenæus φαίνει ὁδοιπορούσι. Phidippus Comicus: ὁ φανὸς οὐκ ἔφαινεν ἡμῖν. Plautus,

Tuæ tibi puer es lautus: luces æreum   puto Laucus. Primùm enim Daucus: quod detritum ex δᾳδοῦχος. Deinde Laucus, vt Dautia, lautia: Dacrumæ, Lacrumæ. Posset tamen non ineptè legi, Tuæ tibi, puere, lautus luces æreum. Tu ille lautus & magnificus tibi δᾳδουχεῖς, neque puerum habes. vel, tute lotus ex balneo tibi facem geſtas. Simile eſt, quanquam non idem, αὐπλήκυ-ϛος. Et forſan hæc poſterior coniectura vera eſt. Sic Græcis eodem modo, αὐτοκήϐδαλοι, αὐτόδειπνοι, αὐτοϐα-λανθύειν, &c.

93. Abluere: & luce diſſoluuntur tenebræ) Nō video quid negotii ſit hæc diuidere, ab luere: cùm etiam in editione Romana rectè legatur. At Vertranius deſinat ineptire, qui tam paruum mendum non vidit, & ſpuriam lectionem pro vera ſuppoſuit.

94. Lucere item a luce.) *Lucaria item à luce,* quod propter lucem amiſſam is cultus inſtitutus. Maſurius Sabinus Faſtorum libro 11. *Eam noctem deinceps, quæ in ſequentem diem, qui eſt Lucarium.* Sex Pompeius, *Lucaria feſta in luco colebant Romani, qui permagnus inter uiam ſalariam, & Tiberim fuit: pro eo, quòd uicti à Gallis, fugientes in prælio ibi ſe occultarunt.* Feſtus à luco, Varro ab luce amiſſa, id eſt libertate, vt puto. Vt & alii quoque autores loquuntur. Artemidorus quoque lib. 11. ἥλιον, inquit, ἐλδυθερείαν καλοῦσι.

95. Et inuident, & atticum illud, obliuio lauct.) Hic sanè eſt locus vnicus, quem qui emendet, magnam gratiam à ſtudioſis iniuerit. Nam quòd leuiter immutatus eſt in Romana editione, potuit fortaſſe recipi correctoris autoritate, non tamen ita, vt non & noſtra emendatio, quam veram præſtare poſſumus, lōgè præferatur. Audiamus ergo Varronem, *Hinc uiſenda, inquit, uigilauit, uigilium: & inuident, & vitium illi obtulit, uiolauit, quod incidit in uidendum.* Cedo ſis mihi iudicem, ni verò vincā hæc ita eſſe, niue malè alii hæc mutauerant. Obſerre autem vitium, & ſtuprum, tam tritum eſt apud antiquos ſcriptores, vt exempla ſuperflua futura ſint. Facile verò fuit ex *uitium, aticum* face-

CONIECTANEA. 109.

re. At Romana editio *Attiacum*. Non puto ita exempla ex Attio citari apud vllum bonum autorem, vt ex Attio poeta Attiacum deducant. Ego sanè, si nihil aliud potuissem, *Atticum* illud retinuissem. Quod Latinorum Vitiare virginem, imitatum est ex Attico, διαφθείρῳν τὼ παρθένον. Et violare virginem, βιάζεϟ. Nam quæ dicit in Tragœdia, *Me quodam inuitam per uim uiolat. Iupiter bone uiolat?* illa inquam, quæ hoc dicit, acceperat pro cogere, & adigere, quod & Græcè quoque βιάζεϟ. At qui respondet, *Iupiter bone uiolat?* vel sciens vel imprudens aliouorsum interpretatus est, & pro fœdo verbo accepit. Quare quæcunque illa est, in ancipiti verbo κακήφατον commisit.

96. **Quod incidit in videndum.**) Forsan nihil mutandum est. ἐκ τῦ ὁρᾶν γίνεται τὸ ϟαῖ.

97. **Cum muliere esse.**) τὸ συνεῖναι. Plautus Mercatore,

Ea nocte mecum hospitis iussu fuit. Nec dissimile quod dicunt mulieres in Cistell.

Viris cum suis prædicant nos solere.

98. **Dictum Cerno a Creo, id est creando.**) Veteres excusi rectè habent: *Dictum Cerno à Cereo*. Cereo enim Creo: A quo in Saliari carmine Cerus manus, id est creator bonus. Fest. Hinc Ceres dicta est, quòd omnia creat: non à geredo, vt Varro & Cicero. Cerno verò à κρίνω. Vnde Crimen, & Crines, &c.

99. **Quod ait Medea.**) Varro γεροντοδιδασκάλῳ. *Nonne uides apud Ennium esse scriptum:*

Ter malim sub armis uitam cernere, quàm semel modo
  Parere— Verba Euripidis, quæ vertit Ennius, sunt hæc:

  — ὡς ϟὶς ἂν παρ' ἀσπίδα

σῆναι δέ λοιμι μᾶλλον, ἢ τεκεῖν ἅπαξ. Ponam & alia,
quæ comparabis cum verbis Euripidis. Non enim in
eiusmodi exercitationibus male' horas collocari puto.
Ait itaque Ennius apud Probum:

   Iuppiter, túque adeò summe Sol
   Qui res omnes inspicis,
   Quíque tuo lumine
   Mare, terram, ac cælum
   Contueris: hoc facinus dispice,
   Priusquam fit: prohibe scelus. Euripides,

ἰὼ γᾶ τε, καὶ παμφαὴς ἀκτὶς
ἀελίου, κατίδετε, ἴδετε τὰν
οὐλομέναν, πρὶν φοινίαν
τέκνοις προσβαλεῖν χέρα
αὐτοκτόνον-- Deinde,

ἀλλά νιν, ὦ φάος διογενὲς κάτειργε,
κατάπαυσον, ἔξελ' οἴκων φοινίαν. Apud Ciceronem
pro Rabirio Postumo:

   Si te secundo lumine hîc offendero: Ex Medea Ennii: ex illo,

εἰ σ' ἡ 'πιοῦσα λαμπὰς ὄψεται θεοῦ. Item quæ ibidé,
Animum aduorte, & dicto pare. fecit ex illo,
ἀλλ' ἔξιθ' ὡς τάχιστα. Ibidem,
Præter rogitatum ne querare-- Planè ex illo
     --μὴ λόγους λέγε. Reliqua, quæ citantur à
Grammaticis, ab aliis animaduersa sunt: quare ea non
ponam.

100. **Vos epulo postquam spexit.**) In fragmē-
tis Festi ita citatur hic versiculus Ennii:
   Quod ubi rex · · · · dulo spexit de contibu' celsis. In aliis,
   Quod ubi rex paulò spexit de coribus celsis. Puto legendum:

Quos ubi rex pullos spexit de cortibu' alsis.
101. Qui habeant spectione, qui non habeant.)
Cicero Philipp. 11. & Festus.
102. A quo dictum poetæ, audio, aut ausculto.)
A quo dictum poetæ: Audio, haud ausculto. Cæcilius,
Audire, ignoti quod imperant, soleo, non auscultare.
Pacuuius,
— His, qui auium cantum intelligunt,
Magisque ex alieno iecore sapiunt, quàm suo,
Magis audiendum, quàm auscultandum censeo.
103. Quod sit Græcum antiquum, non vt nūc φρέαρ dictum.) Repone, vt supra, Quod sit Græcum antiquum ποτήρ, non, ut nunc, φρέαρ dictum. ποτήρ, aliter πίςρα, & ποτίςρα· vnde sumi pote.
104. Mantelium, quasi manuterium.) Χειρόμακτρον. Etiam apud Athenæum χειρόμακτρον est genus velamenti. Itaque probatur ex Sapphus testimonio. Sic Latinè mantelium, & mantile ad tergendas manus, itémque genus pallii, aut velamenti. Plautus,
Neque fallacis ullum est mantelium meis. Vtrunque Hesychius. χειρόμακτρον, ἢ χειρόμασρον, μανδύλιον.
105. Nunc primum ponam de Censoriis tabulis.) De Censoriis tabulis, déque earum custodia non sunt prætereunda quæ Dionysius scribit, δηλοῦται ϑ καὶ δὲ ἄλλων πολλῶν καὶ τῆς καλουμένων τιμητικῶν ὑπομνημάτων, ἃ διαδέχεται πῆς περὶ πατρὸς, καὶ περὶ πολλοῦ ποιεῖται τοῖς μεθ' ἑαυτὸν ἐσομένοις, ὥσπερ ἱερὰ πατρῷα παραδιδόναι. πολλοὶ δέ εἰσιν ὑπὸ τιμητικῶν οἴκων ἄνδρες ἐπιφανεῖς οἱ διαφυλάττοντες αὐτά.
106. Quod faustum, felixque.) Huius etiam sollennis formulæ meminit & alicubi Liuius: Item Cicero primo de Diuinatione, Neque solùm, inquit, Deo-

rum uoces Pythagorei *obseruauerũt, sed etiam hominum, quæ uocant omina, quæ maiores nostri quia ualere cãsebant, iccirco omnibus rebus agundis,* QVOD BONVM, FAVSTVM, FELIX FORTVNATVMQVE SIT *præfabantur.* Item lib. 11, *Iam illa* FAVETE LINGVIS, *& prærogatiuum omen comitiorum, &c.* Quæ omnia non nisi conceptis verbis præfabantur veteres, & obseruatis auspiciis matutino tempore: quòd nisi post auspicia magistratus non crearetur. Sic in sacris primo mane hæc prima verba erant εὐφημεῖπ, & Fauete linguis. Ouid.

Postera lux oritur, linguis, animísque fauetæ:
Nunc dicenda bono sunt bona uerba die. σιγᾶτε, καὶ εὐφημεῖπ. Quare Euripides in Ione, antequam eius exhortationis, quæ fieri solebat in sacris, meminisset, prius ex more præfatur de matutino tẽpore quædam: quòd tunc maior esset in deorum mentione castimonia. Ait igitur:

ἅρματα μὲν τάδε λαμπρὰ πεθρίππων.
ἅλιος ἤδη λάμπει κτ' γᾶν.
ἄςρα δὲ φεύγη πυεὶ τῷ δ' αἰθέρος
εἰς νύχθ' ἱερὰν. Deinde paulò post,
ἀλλ', ὦ φοίβου σεμνοῦ θέραπις,
τὰς κασαλίας ἀργυροειδεῖς
βαίνετε δίνας· καθαραῖς δὲ δρόσοις
ἀφυδρανάμενοι στείχετε ναοῖς.
στόμα τ' εὔφαμον φρουρεῖ τ' ἀγαθὸν,
φήμας τ' ἀγαθὰς τοῖς ἐθέλουσι
γλώσσας ἰδίας ἀποφαίνειν. Quæ non ita necessariò adduximus vt priora confirmarent: sed vt & illa emẽdatiora, quàm hodie habentur in vulgatis codicibus, legeres, & Attii poetæ verba ex OEnomao, quæ diuulsa leguntur

leguntur apud Nonium, coniungas: quòd sint illis Euripideis similia. Sunt autem hæc:

   Fertæ ante Auroram radiorum ardentum indicem,
   Cum somno in segetem Agrestes cornutos cient,
   Vt rorulentas terras ferro, rosidas
   Proscindant glebas, aruóque ex molli excitent:
   Vos ite actutum, atque opere magno edicite,
   Per urbem, ut omnes, qui arcana, asteúmque accolunt
   Ciues, ominibus faustis augustam adhibeant
   Fauentiam : ore obscœna dicta segregent. Quis enim antiquitatis studiosus, his reliquiis non delectatur? Quanquam hæc sunt, veluti ex magno naufragio paruæ tabellæ.

107. **Voca illicium hoc ad me.**) Ἀρχαϊσμὸς hoc, pro *huc*. Autor Seruius. Item infrà, Hoc *Calpurni uoca inlicium*.

108. **Post autem conuentionem habet.**) *Conuentionem* antiquo more pro concione. Infrà: *Omnes Quirites ite ad conuentionem hoc ad iudices*. Festus, *In conuentione, in concione*. Et infrà, *Impero, quà conuenitur ad Comitia*. Alii *quà conuenit*. Quare imprudenter nimis Vertranius mutauit *in concionem*: & in sua correctione immane quantum iuueniliter exultare videtur. Sed nihil prius debet esse bono emendatori, quàm nihil temerè aggredi.

109. **Omnes Quirites huc illicium visite ad iudices.**) *Iudices*, id est consules. Quia consulere pro iudicare veteres vsurpabant. Iccirco Attius in Bruto:

   —*qui rectè consulat, Consul fuat.* Vide etiam Festum.

110. **Bœotia, quam Comœdiam alii esse dicunt.**) *Quam Ælij esse dicunt*: ex Gellio. Translata autem fuit ex Antiphane, quem citant in Bœotia Gram-

H.i.

matici, Pollux lib. x. Athenæus lib. XIIII.

111. Clamarit esse horam tertiam.) Non negligendum quod scribit Censorinus, In XII tabulis nusquã horarum esse factam mentionem. Plin. lib. VII, *Duodecim tabulis ortus tantùm, & occasus nominatur: post aliquot annos adiectus & meridies accenso* COSS. *id pronuntiante.*

112. Circum aures mitti solitum.) Aut *circum mœros*, vt supra. Aut, *circum aras*: id est *aras pomœrij*.

113. Qui capitis accusauit Trogum.) Et hic error, vt puto, pro, *qui capitis anquisiuit Trogum*. Quid sit anquirere satis notum.

114. Commeatum præto res vocet ad te.) Cùm *eat præco, reum uocet ad te.*

115. Cornicinem ad priuati ianuam.) Huius antiqui moris Plutarchus meminit in Gracchorum vita, ex oratione C. Gracchi Trib. pl. Καί τοι πάτριόν ἐστιν ἡμῖν, εἴ τις ἔχων δίκην θανατικὴν μὴ ὑπακούῃ, τούτου πρὸς ταῖς θύραις ἕωθεν ἐλθόντα σαλπικτὴν ἀνακαλεῖσθαι τῇ σάλπιγγι, κὴ μὴ πρότερον ἐπιφέρειν ψῆφον αὐτῷ τοὺς δικαστάς· οὕτως διαλαβεῖς, κὴ πεφυλαγμένοι περὶ τὰς κρίσεις ἦσαν. Itaque eò spectant illa, quæ sequuntur: *In arce classicus canat tum, circúmq; mœros, & ante priuati huiusce Q. Trogi sceleros i ostium canat.* Cor. Tacitus II. Annali. *In Pub. Martium* COS. *extra portam Esquilinam, cùm classicũ canere iussissent, more prisco animaduertere.*

116. Qui decessoribus.) CESSORIB. veteri consuetudine scribendi, pro *Censoribus*, vt COSS. pro *Consulibus*.

117. Constituit quinquennale cum lustraret.) Melius, *constituit quinquennalem eum lustrare.*

118. Id quod propter centuriata comitia im-

perare solent. Quare nõ est dubium quin hoc inlicium sit, &c.) Quod suprà admonuimus de loco transposito, cùm disputaret Varro de deriuatis ab Humo: idem quoque hîc accidit. Quare ea ponam ordine, vt legenda sunt: *Id quod per centuriata comitia imperare solent. Hoc nunc aliter fit, atque olim: quod Augur Consuli adest tum, cùm exercitus imperatur, ac præit quid eum oporteat dicere. Consul auguri imperare solet, ut inlicium uoœt, non accenso, aut præconi. Id inœptum credo, cùm nõ adesset accensus, & nihil intererat cui imperaret: & dicis caussa fiebant quædam neque item facta, neque item dicta semper. Hoc ipsum inlicium scriptum inueni in M. Iunij commentariis. Quare non est dubium, quin hoc inlicium sit, cum circum mœros itur, ut populus illiciatur ad magistratus conspectum: quod Consul potest uocare in eum locum, unde uox ad concionem uocatis exaudiri possit. Quare una origine Inlicium, & Inlicio, quod in choro Proserpinæ est & pellexit, quod in Hermiona est: cùm ait Pacuuius, -Regni alieni cupiditas Pellexit- Quod tamen ibi idem est: quod inlicitè inlexit: Quia E, & I, cum C, magnam habet communitatem. Sic Elicij Iouis ara in Auentino, ab eliciendo.* Nec me fallit, quid excogitarit Vertranius: quem certè secutus fuissem, nisi quia video ita, vt posui, meliùs excusari posse: Vt mirum sit qua negligentia factum, vt in vna pagina tot tantæque transpositiones occurrerint.

119. **Quod augur Consuli adest.**) Varro de re Rustica lib. 111. *Itaque imus, uenimus in uillam. Ibi Appium Claudium sedentem inuenimus in subselliis, ut Consuli, si quid usus poposcisset, esset præsto.*

120. **Ac præit, quid eum oporteat dicere.**) Præit, ὑποτίθεται. Præire verba.

H.ii.

121.) Quare vna origine inlicio, & inlicius.) Quare una origine inlicium, & inlicio, quod in choro Proserpinæ est. Chorus Proserpinæ, nisi fallor, erat in Laodamia Liuii Andronici: In qua introducitur Laodamia exorans Proserpinam, vt sibi frui liceat complexibus viri mortui. Ego inuenio ex ea fabula *pellicuit*, nō *inlicuit*, nec *inlexit*, vt hîc.

> Aut nunc alia te quæpiam
> Asiatico ornatu affluens,
> Aut Sardiano, ac Ludio
> Fulgens decore, & gloria
> Pellicuit —

122. Errare ἐρύᾳν.) Scribe ἔρρᾳν. Οδυσσ. δ́.
Ἤ μ' οἴῳ ἔρροντι συνήντετο νόσφιν ἑταίρων.
Erranti à sociis mihi quæ procul obuia facta est.

123. Runcinare, a runcina: cuius origo Græca.) Cuius origo Græca ῥυκάνη. In Epigrammatis Græcanicis, —ῥυκάνην ἐνεργέα— Hesychius ῥυκάνη τεκτονικὸν ἐργαλεῖον. Vt à βυκάνη, buccina: a πατάνη, patina: à κάτανος catinus: βάσκανος, fascinus: ϛυτάνη, trutina: μαχανά, machina, sic à ῥυκάνη, runcina. Certè qui ῥύγχος posuerunt, non satis rostri habuerunt ad hanc lectionem è situ eruendam.

CONIECTANEA IN LI-
BRVM SEXTVM M. TE-
rentii Varronis de lingua Latina.

CVM nõ modo Epimenidis opus post annos quinquaginta expeditum.) Lege: *Cùm non modò Epimenidis corpus post annos quinquaginta expergitum*. Expergitus pro experrectus veteres dicebant. Festus. Plutarchus, & alii cum Varrone de numero annorum conueniũt. Laertius verò ponit LVII.

2. Quorum si Pompilii regnum fons.) Ita habent nonnulli: quod non improbo. Imò puto esse verum. Ita loquuntur veteres. Bacchylides: τό, τε πάλαι, τό, τε νῦν ȣ ῥᾷον ὀρρήτων ἐπέων πύλας ἐξɛυρεῖν.

3. Vnus erit, quem tu tolles in cærula cæli Templa.) Ex primo Annali Ennii, vt coniicio. Sũt autem verba Martis ad Iouem de Romulo in numerum Deorum referendo. Quem versum Ouidius quoque vsurpauit, cùm de eadem re Martem loquentem introducit 11. Fastorum:

>Vnus erit, quem tu tolles *in sidera cæli*,
>Tu mihi dixisti: sint rata dicta Iouis.

4. Magna templa cælitum commista stellis splendidis.) Videtur ita distinguendum,

>O magna templa cælitum
>Commista stellis splendidis.

Totum hoc nihil aliud, quàm ϛεροπᾶ Διός.

>ὦ ϛεροπᾶ Διὸς, ὦ σκοπιὰ νύξ.

H.iii.

5. **Templa caeli.**) Τεμένη αἰθέρος. Æschylus —κνέφας δὲ τέκμορ αἰθέρος λάβῃ.

6. **Scrupea saxa Bacchi.**) Dactylici ex Periobœa Pacuuii, qui cum alio membro, quod citat Nonius, ad hunc modum continuandi sunt:

> *Ardua per loca agresti*
> *Nititur, ac trepidante gradu.*
> *Saxáque scrupea Bacchi,*
> *Altáque templa propè aggreditur.*

7. **Acherusia templa.**) Ex Andromacha Ennii, vt coniicimus ex M. Tullio: sed ille citat aliter:

> *Acherusia templa alta Orci pallida,*
> *Leti obnubila, obsita tenebris loca.*

8. **Qua quia initium erat oculi.**) *Quaquà intuemur oculis.* Virgilius:

> *Quantum acie possent oculi seruare sequentum.*

Illa autem templa, quòd quatuor mundi partibus definirentur, ab eo dicuntur Plutarcho πλινθία, propter quadratam descriptionem.

9. **In Hemisphærio, vbi terra Cærulo septum stat.**) Templum Iouis altitonantis interpretatur ex verbis Næuii hemisphærium superius, vbi æther conspicitur. Planè ex vestigiis veterum excusorum legendum, *ubi æthra cærulea septum stat*: viderúrque esse versus Næuii ad hunc modum concinnandus,

> *Hoc ubi æthra cærula septum stat hemisphærium.*

Qui putant hîc Næuiũ citari in Hemispherio, táquam fuerit illud poema Næuii, non mediocriter falluntur.

10. **Concipitur verbis non iisdem vsquequaque.**) In hoc loco tam insigniter deprauato multi desudarunt. Sed, vt verum fatear, omnes mihi videntur lusisse operam. Ego quoque aliquid tentabo. Quòd

si nihil profecero, merito cum illis quoque luserim operam. Ita igitur emendamus: *Concipitur uerbis non iisdem usquequaque: in arœ autem sic:* TESCA DVMECTA SVNTO, QVOAD EGO CASTE LINGVA NVNCVPAVERO. OLLA VETER ARBOR, QVISQVIS EST, QVAM ME SENTIO DIXISSE, TEMPLVM, TECTVMQVE ESTO IN SINISTERVM. OLLA VETER ARBOR, QVISQVIS EST, QVICQVID EST, QVOD ME SENTIO DIXISSE, TEMPLVM, TECTVMQVE ESTO IN DEXTERVM INTRA EA CONCRETIONE, CONSPITIONE, CORTVMIONE, VTI QVE EA RECTISSVME SENSI. Hæc sanè non deteriora sunt aliorum commentis, quibus miserè hunc locū fœdarunt. Rationes autem mox reddendæ sunt.

11. Tescaque me ita sunto.) Error fluxit, quod d mutarunt in q. Nos dumecta. Ita vocabant, quæ nunc dumeta: Autor Festus. Prius enim fuerat dumiceta: post dumecta: vt saliceta, salicta. Costituit autem fines templi sui dumeta, qui & Vespices vocabantur. Templi, inquit, mei fines sunto tesca dumeta, quoad ego eos nuncupauero. Est enim adiectiuum tesca, vt mox aperiemus.

12. Quoad eas te linquam nuncupauero.) Hic audemus præstare, veram esse emendationem nostrā: *quoad ego castè lingua nuncupauero.*

13. Olla ver arbor.) Semper in antiquitus excusis legitur, *uer arbor*, &, *ber arbor.* Nos putauimus aliquādo *uber arbor*, id est ἀμφιλαφής. Iccirco facilius ab augure seruabatur, cùm in tanto spatio sola foliorum vbertate notabatur. Sed non dubito, quin sit legendum *ue-*

H.iiii.

ter *arbor*, ex illis vestigiis veteris editionis *uer*, & *ter*. Legit & doctissimus Adrianus Turnebus, *fera arbor*, vt dicitur, fera vitis.

14. Quisquis est.) Ἀρχαϊσμός, vt, Quis tu es mulier?
15. Interea.) *Intra ea*, scilicet, tesca dumeta: aut spatia effata.
16. Tesca.) Forsan ita non malè expleri possent lacunæ Festi: *Tesca* Varro *ait loca augurio designata, quo sit termino finis in terra augurij.* Oppilius *loca consecrata Diis quæ non aperta sint, sed sancta loca, undique septa, ut perhibent* Pontificij *libri, in quibus scriptum est: Templúmque sedémque, tescúmque locum ritè Diis nuncupatum dedicauerit, ubi eos adhibessit bonos propitiósque.* Hostius belli Histri*a lib.* ..... *—perdiu' gentes*
  Aliger æthereas, atque idem tesca uolabis
 Tēpla antiqua Deūm— Explicauere aspera, difficilia aditu. Attius, *loca aspera, saxa tesca tuor*. Idē Philocteta:
  Quis tu es mortalis qui in deserta Lemnia
  Et tesca te apportas loca?— Ita fortasse hoc modo rudera illa Festi reparare poterimus, quanquam sarta tecta præstare non possumus.

17. Apud Ennium in Medea.) Hic versus cum alio, quem citat Nonius, coniungendus est:
  Asta, atque Athenas antiquum opulentum oppidum
  Contempla, & templum Cereris ad læuam aspice.

18. Et templum Cereris.) Hæc non sunt ex Medea exule, quā vertit Ennius ex Euripidis Græca, quæ hodie extat. Sed puto ex alia, quam ipse scripsit, eáque translata ex alia Euripidis: quæ ne ipsa quidem ad nos peruenire potuit. Nam de Attii Medea, tota ipsius sine dubio erat, non ab Euripide translata: quanuis ex Euripide quædam in suam transtulit. vt cùm scribit:

Principio Extispicum ex prodigiis congruens ars te arguit. Sunt ex illis:

Σῳζόμεται δὲ πολλὰ τοῦ δὲ δείματος.
Σοφὴ πέφυκας, &c. Item quod exprobrat Iason,
Πρῶτον μὲν Ἑλλάδ' ἀντὶ βαρβάρε χθονὸς
Γαῖαν κατοικεῖν, & δίκην ἐπίςασαι,
Νόμοις τε χρῆσθαι, μὴ πρὸς ἰχύος χάριν. Quis neget ab illis accepisse?

Primo ex immani uictum ad mansuetum applicans. Et forsan illud,

Fors dominatur, neque ulli uita propria
In uita est – Etiam elegatius ipso Euripide qui ait,
Θνητῶν γὰρ ἐδ΄ είς ἔςιν εὐδαίμων ἀνήρ. Item cùm Medea iubet arcessi Iasonem, quem dictis mollibus lactare, fallaci simulatione producere conatur, dum illam odii recentis opinionem ex eius animo dilueret, eum totum colorem adumbrarat Attius. Verba Euripidis:

Μολόντι δ' αὐτῷ μαλθακοὺς λέξω λόγους,
Ὡς & δοκεῖ μοι ταῦτα & καλῶς ἔχειν,
Γάμοις τυράννων, οὓς προδοὺς ἡμᾶς ἔχει,
Καὶ σύμφορ' εἶ), καὶ καλῶς εἰργασμένα.

Nisi ut astu ingenij fingam, laudem, dictis lactem mollibus. Hæc satis sint, vt exerceantur magna ingenia in eiusmodi inuestigandis. Nam in illis nemo sapit, nisi qui animum in vtraque lingua subegit. Neque magnopere laboro, quid de illis iudicent magistelli de triuio.

19. **Nam curia Hostilia templum est, & sanctum non est.)** Reiicimus te ad Gellium lib. XIIII. cap. VII.

20. **Attius in Philocteta.)** Scripserunt Philoctetam Æschylus, vt citatur apud Plutarchum, & Aristo-

telem: Item Euripides,& post vtrúque Sophocles: quæ
& ipsa hodie extat. Sed mihi videtur Attius Euripidis
potiùs fabulam trâstulisse. Nam Triclinius ait, in dis-
positione dramatis mirificè conuenire inter Euripidḗ
& Sophoclem: hoc vno excepto, quòd Sophocli Vlysses
submittit Neoptolemum: apud illum verò Vlysses solus antrum, in quo iacebat Philocteta, scrutatur. Cuius
hæc verba sunt sine dubio, vt leguntur apud Noniū:
Contra est eundum cautim, & captandum mihi.
Apud Sophoclem Neoptolemus cum Vlysse.

—ἀκμὴ γὰρ ὂ μακρῶν ἡμῖν λόγων,
Μὴ δὲ μάθῃ μ' ἥκοντα, κἀκχέω τὸ πᾶν

Σόφισμα.— Deinde hæc verba, quæ adducit Varro,
ad vnū tantùm fiunt: quæ sunt Philoctetæ ad Vlyssē,
Quis tu es mortalis, qui in deserta Lemnia,
Et tesca te apportas loca? — Apud Sophoclem fiunt ad
Neoptolemum, & reliquos nautas.

τίνες ποτ' ἐς γῆν τήνδε ναυτίλῳ πλάτῃ
κατέσχετ' οὔτ' εὔορμον, οὔτ' οἰκουμένην; Itē ad vnū Vlyssē:
Quod ted obsecro, ne isthæc aspernabilem
Tetritudo mea me inculta faxit— Sophocli verò, ad
Neoptolemum, & alios:

—μή μ' ὄκνῳ
δείσαντες ἐκπλαγῆτ' ἀπηγριωμένον. Quàm enim penè
ad verbum? Tamen dissentiunt de diutinæ commo-
rationis tempore. Sophocles:

—ἀλλ' ἀπόλλυμαι
ἔτος τόδ' ἤδη δέκατον ἐν λιμῷ τε καὶ
κακοῖσι βόσκων τὴν ἀδηφάγον νόσον. Attius:
Contempla hanc sedem, in qua ego nouem hiemes saxo
stratus pertuli. Et hæc, quæ sequuntur, quàm similia:
Vbi habet, urbe, agrone. Sophocles,

τίν' ἐχἆ τίβον, ἔναυλον, ἢ θυραῖον. Quanquam nō ſunt iſta ad verbū. Item, quod citat Cicero ex eadem fabula,
Heu quis ſalſis fluctibu' mandet
Me ex ſublimis uerticæ ſaxi?
Iam iam abſumor: conficit animam
Vis uulneris, ulceris æſtus. Quàm ſimilis deſperatio eiuſdem Sophocli?
Πρὸς θεῶν, πρόχρον εἴ τέ σοι τέκνον πάρα
Ξίφος χεροῖν, πάταξον εἰς ἄκρον πόδα.
Ἀπάμησον ὡς τάχιςα, μὴ φείσῃ βίε.
Ἴθ' ὦ παῖ— Apud eundem,
Quod eiulatu, queſtu, gemitu, fremitibus
Reſonando mutum flebiles uoces refert. Quis ex illis verſa non diceret?
—ὐδέ με λήθᾳ
βαρεῖα τηλόθεν αὐδὰ
τρυσάνωρ· διάσημα τὰρ θροεῖ. At ſuccurrit verſus, vnde illa verſa ſunt: quem reperimus in Heſychii Lexico. citatur autem ex Philocteta cuiuſdam poetæ, cuius nomen non appoſuit: Eſt autem hic,
μέλη βοᾶν ἄναυδα, ᾗ ῥακτηρία. Item Sophocles inducit Philoctetam pannoſum: Attius verò textis pennarum indutum. Eius enim hæc verba,
—*ingemiſcimus,*
Quòd hæc pennigero non armigero corpore
Exerceamur tela, abiecta gloria. Citat Cicero ad Volumnium. Ita enim diſpoſuerat Attius, quæ Cicero perturbata vſurpat. Probant & illa:
Configo tardus celeres, ſtans uolatiles,
Pro ueſte pinnis membra textis contegens. Primum verſum augurati ſumus ex Cicerone: nam apud illum non ſeruatur lex metrica. Alterum inuenimus in

lectionibus Censorini. Sic enim de Philoctete Q. Smyrnæus lib. IX.   —ἀμφὶ δ' ἄρ αὐτῷ
Οἰωνῶν πτερὰ πολλὰ περὶ λεχέεσσι κέχυντο.
Ἄλλα δέ οἱ συνέραπτο ποτὶ χροΐ χρώματος ἄλκαρ
λυγαλέη— Ex pennis aucupiorum solere contexi munimenta corporis, scimus nos ex nauigationibus Hispanorum: item ex Plutarcho de Fortuna Alexandri: ζῶα θηρεύοντες ἄνθρωποι, inquit, δορὰς ἐλάφων περιπτύξαντες, & πτερωπτῖς ἀμπέχονται χιτωνίσκοις, ἄχραις ἐπιχρώοντες ὀρνίθων. Seneca Epistola XC, *Non corticibus arborum pleræque gentes tegunt corpora? Non auium plumæ in usum uestis conseruntur?* Inde plumarium opus. Atque de his quidem satis.

21. **Lemnia peræ esto litor arat.**) Non parùm præstiterimus, vt puto, si non solùm menda, quibus scatent hi versus, sustulerimus: sed & ipsos quoque versus, cum iis coniunxerimus, quibus olim cōtinuabantur. Sunt autem anapæstici cum coronide, ex Philocteta Attii,

—Qui Lemni aspera
Tesca tuere, & celsa Cabirum
Delubra tenes, mysteridque
Pristina castis concepta sacris. Deinde,
Et Volcania templa sub ipsis
Collibus, in quos delatu' locos
Dicitur alto ab limine Cæli
Ætnea ui spirante uapor
Feruidus, unde ignes mortalibus
Diuisse cluet doctu' Prometheus
Clepsisse dolo, pœnásque Ioui
Fato expendisse supremo. Non dicam, quid de aliorum emendationibus sentiendum est, qui ne A-

napæsticos quidam esse suspicati sunt. Tantum conferc hæc cum Romana editione, vt videas quid potuissent præstare, si diligenter Varronis mentem perpendissent. Saltem hoc vidissent, ineptæ Næuii nomen hîc inductum, cùm illa omnia verba non Næuii sint, sed Attii.

22. **Lemnia præsto litora.**) Ex vestigiis veterum excusorum indubitanter legimus: *Lemni aspera tesca tuere, &c.* Nam in illis ita excusum est, *Lemnia peræ esto litor arat.* Prima syllaba, quæ est in voce Litor, extrita constituit veram lectionem. Accedit & Festi autoritas, in cuius reliquiis hæc leguntur ····*aspera saxa tesca tuor····*

23. **Celsa Cabirum delubra.**) Postea, Et volcacania templa.) Hæc declarantur Strabonis verbis ex lib x. in quo multa de Cabiris, & hæc præcipuè, quæ ad hunc locum faciunt, Ἀκουσίλαος δὲ Ἀργεῖος ἐκ Καβείρης ᾗ Ἡφαίστου Κάμιλον λέγει. τοῦ δὲ τρεῖς Καβείροις, ὧν νύμφας Καβειράδας. Φερεκύδης δὲ ἐξ Ἀπόλλωνος, καὶ Ρυτίας Κύρβαντας ἐννέα. οἰκῆσαι δὲ αὐτοῖς ἐν Σαμοθράκῃ· ἐκ δὲ Καβείρης ᾗ Γρωλέως ᾗ Ἡφαίστου Καβείροις τρεῖς ᾗ νύμφας τρεῖς Καβειράδας. ἑκατέροις δ᾽ ἱερὰ γίνεται, μάλιστα μὲν ἐν Λήμνῳ ᾗ Ἰμβρῳ τοῖς Καβείροις συμβέβηκεν, ἀλλὰ καὶ ἐν Τροίᾳ κατὰ πόλεις. Τὰ δὲ ὀνόματα αὐτῶς ἐστὶ μυστικά. Itaque quod Festus ait ex Cicerone, Tesca esse loca alicui deo dicata, difficilia aditu: hoc etiam ipsum non prætermisit eruditus scriptor. ἔστι δὲ ἀοίκητα, inquit, τὰ χωρία τῆς τῶν δαιμόνων τούτων τιμῆς.

24. **Volcania templa.**) Suprà ex Strabone, de Lēno. Papinius,

— *Ægæo premitur circunflua Nereo*
Lemnos, ubi ignifera fessus respirat ab Ætna
Mulciber —

25. Sub ipsis collibus.) Nam tales Lemni fumantes. Val. Flaccus lib. 11,

Ventum erat ad rupem, cuius pendentia nigris
Fumant saxa iugis, coquitúrque uaporibus aër.

26. Alto ab limine cæli.) Ἀπὸ βηλοῦ θεσπεσίοιο. alii legunt *lumine.*

27. Et Næuius expirante vapore.) Quod scriptum erat *Ætnæua ui*: putarunt esse *Et neui* compendiose, pro *Et Næuius*. At non ita esse idem genus versuum declarat. Quid quod sequentia Tescorum mentionem non faciunt? si ergo ex alio poeta sunt, neque ad mentem Varronis faciunt, quo (malùm) illa adduceret Varro, quæ eius verba potiùs interrumpunt, quàm sententiam adiuuant?

28. Expirante vapore.) Suprà igitur admonuimus ita legendum esse:

Ætnæa ui spirante uapor
Feruidus: unde ignes mortalibus
Diuisse cluet doctu' Prometheus
Clepsisse dolo, pœnásque Ioui

Fato expendisse supremo. Nam Varro in his postremis non seruauit legem metricam, sed modò verba ipsa citet, quomodo illa citet súsque déque habet, vt ne Cicero quidem illos versus satis religiosè adducit: apud quem ita leguntur, *unde ignis lucet mortalibus clam diuisus: cum Prometheus doctus clepsisse dolo, pœnásque Ioui fato expendisse supremo.* Quæ ita, vt ipse adduxit, relinquenda sunt, etiam si reconcinnata pristino ordini restitui possunt. At contrà sunt alia apud Ciceronem quoque poetarum exépla, quæ nemo, ne isti quidem Tulliastri suspicati sunt poetæ alicuius, non Ciceronis esse: vt in Catone maiore;

Quam ut adipiscantur omnes optant, eandem item
Adepti accusant: tanta est inconstantia,
Stultities & peruersitas— Quisquis enim fuit ille
Comicus (vereor ne Cæcilius) vertit ex Antiphane illa:
qui ita de senectute scripserat,

ὃ πάντες ἐπιθυμοῦμδυ, ἂν δ᾽ ἔλθῃ ποτὲ
ἀνιώμεθ᾽· ὅπως ἐσμὲν ἀχάρεισι φύσει. Atqui ille quidem iisdem verbis, sed non eadem structura. At in secunda Tusculana nihil mutauit in tribus versibus cuiusdam veteris poetæ: qui tamen leni tractu, & minimè elaborata oratione sua cum cætera soluta oratione immiscuerunt se: cum tamē nulla mutatione ita digerendi sint:

Nil horum simile apud Lacænas uirgines,
Quis magn' palæstra, Eurota, Sol, poluis, labos,
Militia in studio est, quàm fertilitas barbara. Sapiunt
enim nescio quid Tragicum & Græcanicum: vt si diceres— —ἄσιν ἤσκηται πόνος
πλέον, πάλη τε βαρβάρου χλιδήματος.

29. Mortalibus diuis.) *Diuisse*, aut, si malis, *diuisus*: vt etiam immutatum est apud Ciceronem: nam certè Attius scripsit *diuisse*. Cornificius lib. IIII. *Prometheus, cùm mortalibus ignem diuidere uellet*. Vocat autem Prometheum doctum clepsisse dolo, quasi dicas δολοκλέπην. & illa trita apud nationes Poetarum, κλοποτευτὴν, ἀγκυλομήτην.

30. Tueor te senex? proh Iuppiter.) Ex Medo Pacuuii, ni fallor.
   MEDEA. *Atque eccum ipsum in tempore*
Ostentum senem. Tueor ne te senex? proh Iuppiter.
   SENEX. *Quis tu es mulier, quæ me insueto nuncupasti*
      nomine?

MEDVS. *Sentio pater tæ uocis calus similitudine.*
Sed quid conspicor? num me lactens caluitur æuitas.
Cælitum Camilla expectata aduenis: salue hospita.
Hæc sanè tot locis sparsa congregasse nihil impediuerit. Nam ponamus ita Pacuuium olim non digessisse: tamen interim pro quodam quasi centone nobis sunto. Quia, vt leguntur sparsa apud Grammaticos, sunt illa quasi membra quædam manca & mortua: hîc verò ita coniuncta, si nihil aliud, obtinebunt aliquam tamen speciem & dignitatem.

31. **Quis pater aut cognatu' volet nos contra tueri.**) Ennii, nisi fallor:

Quis pater aut cognatu' uolet nos contra tueri?
Auorsabuntur semper nos, nostráque uolta. Secundus citatur à Nonio. Simile item illud ex Attii Erigona,
Quibus oculis quisque nostrum poterit illorum obtui
Voltus, quos iam ab armis anni porcent? Quod planè redolet Græcorum theatra.

ἒ πῶς προσοπεῖν, ποῖον ὄμμα συμβαλεῖν
ἤδη γ' ἐν ὅπλοις ἔξομεν παρήλικες;

32. **Tu domi videbis.**) Tueri enim duo significat, & videre, & curare. Ita Græcorum ἐπισκοπεῖν. Cicero 11. de Legib. *Interpretes autem Iouis Op. Max. publici Augures signis et auspiciis postea uidento, disciplinam teneto.* Videre auspiciis dixit, vt hîc Videre domi. Callimachus,

Δέσποιναι Λιβύης ἡρωΐδες, αἲ Νασαμώνων
Αὔλια, ἒ δολιχοῖς θῖνας ἐπιβλέπετε,
Μητέρα μοι ζώοσαν ὀφέμετε— ἐπιβλέπετε, curatis. ἐπισκοπεῖτε.

33. **A tuendo templa & tesca,**) Ego, vt à δᾷς δαδὸς, teda: à δαίες, terra: sic à δάσκια, tesca.

34. **Etiam inde idem, Illud enim Extemplo.**)
Lege,

Lege, Etiam indidem illud Ennij :

Extemplo acceptum me necato, & filium. Videntur etiam tum ætate Varronis duplices non multum in vsu fuisse. Itaque quod ille scripserat Eni, pro Ennij : putarunt Enim esse.

35. **Extemplo.**) Verbum est sacrorum, sicut Ilicet iudiciorum. Vt enim hoc, dimisso Senatu: sic & illud, sacrificio patrato, à præcone pronuntiabatur. Quo significabatur, vt exirent ex templo. Quod quia cito fiebat, inde pro cito & properè sumi cœptum est.

36. **Contra septum.**) Perperam pro conseptum. Vtitur eo idem in libris de re Rustica. Festus ait Ennium dixisse consiptum pro consepto.

37. **Peruade polum.**) —Peruade polum
Splendida Mundi sidera bigis
Continuis sex apti signis. Ita facilè emendantur illi perturbati & corrupti versus. Ordo est : Peruade polum bigis, appositiuè, Splendida sidera mundi apti sex signis, vt, Axem humero torquet stellis fulgentibus aptum. Mundum ergo aptum sex signis intelligit hoc superius hemisphærium : nam sex altera signa sunt in inferiore.

38. **Continuis se cæpit spoliis.**) Continuis sex apti signis, vt suprà docuimus. Et sboliis deprauatum ex voce signis. Signis legendum esse ipse Varro manifestè docet, qui eius vocis interpretamentum subdit.

39. **Sidera, quia insidunt.**) Insidunt, ἐσήεικται. Aratus. Vnde ἄσεπες.

40. **Quare, vt signum candens in pectore.**) A qua re signum candens in pectore. Virgilius:
—& nomina gentis inurnat. Instrumentum quo perurunt dicitur Character rei rusticæ autoribus. Verbum autem signare: Nonius,

Signare oportet frontem calda forcipe. Veteres vocabant Dignorare. Festus, Dignorant, signa innponunt, ut fieri solet in pecoribus. Sic & equi quadam nota insigniebantur. Anacreon,

Ἐν ἰχίοις μὴ ἵππει

Πυρὸς χάραγμ' ἔχοισι. Inde apud Aristophanē σαμφόραι, apud Lucianum κενταυρίδαι, ἢ καππαφόροι, qui & κοππατίαι Hesychio. Item apud Strabonem λυκοφόροι in Apulia. Instrumentum quo inurebantur πρυσίππιον. Qui hîc emendarunt *in* Hectore, non mihi satisfaciunt.

41. Quod est, Terrarum anfracta reuisam.) Coronis Anapæsticorum ex Eurysace Attii:

Nunc per terras uagus, extorris,
Exturbatus regno atque mari
Super Oceani stagna alta patris
Terrarum anfracta reuisam. Ita coniunximus ex Nonio.

42. Triuia.) Τελοδῖνις, & εἰνοδία.

43. Quod in triuio ponitur fere in oppidis Græcis.) Cum corona quernea scilicet, & draconum voluminibus. Sophocles ῥιζοτόμοις, vt extat apud veterem interp. Apollonii:

ἥλιε δέσποτα, & πῦρ ἱερὸν
τῆς εἰνοδίας Ἑκάτης φέγγος,
τὸ δι' Ὀλύμπου πωλεῖν προσφέρει,
καὶ γῆς ναίεσ' ἱερὰς τριόδους,
στεφανωσαμένη δρυσί, ἢ πλείςαις
ὠμῶν σπείραισι δρακόντων. Quercina enim corona Deorum inferorum. Sic Parcæ coronantur Catullo:

His corpus tremulum complectens undique quercus
Candida purpureis ramis incinxerat ora. Ea enim est germana lectio, quæ etiam extat in vetustioribus

CONIECTANEA.

excusis. Nam purpureis ramis dixit, τοῖς ἀγλαοῖς. Ita poetæ Latini ἀγλαὸν reddũt. Sic ἀγλαὸν ὄζον in hymnis Homeri. Albinouanus ad Liuiam niuem purpuream dixit:

—*purpurea sub niue terra latet.*   Horatius,
—*purpureis ales oloribus.* ἀγλαοῖς, ἀγλαομόρφοις. Et Anacreon, vt videtur Æliano, ab eadem mente vocauit Venerem πορφυρᾶν.

44. **Vt in Plauto.**) Forsan *in Paulo*. Ea est tragœdia prætextata Pacuuii. Ex ea hæc coniunximus:

Pater supreme nostri progeniji patris
Nunc ted obtestor celere sancto subueni
Censori—

45. **Titanis.**) Æschylus Eumenidibus:
τιτανὶς ἄλλη παῖς χθονὸς καθέζετο
φοίβη.— Et τιτανὶς ἑκάτη. Apollonius lib. IIII.

46. **Latona parit**) *Pariit.* Et verba vsurpat tantum non versus. Ita digerendi sunt,

Deli gemellos creta Titano Deos.
Latona pariit casto complexu Iouis. Græcus epicus dixisset:

Ἐν δήλῳ λιτῷ διδυμάονε γείνατο παῖδε,
Τιτανὶς χαρίεσσα, διὶ φιλότητι μιγεῖσα.

47. **O sancte Apollo.**) Pleniùs apud Ciceronem,
O sancte Apollo, qui umbilici certũ terrarum obsides:
Vnde superstitiosa primũ euasit uox fera. Ita ad verbũ
ὦ φοῖβ' ἄπολλον, γῆς μεσόμφαλα κρατῶν,
ὅθεν τὸ πρῶτον θέσφατ' ἐχρήθη βροτοῖς. Superstitiosum autem τὸ ἔνθεον & θέσφατον. Plautus Curculione:

Superstitiosus hic quidem est: uera prædicat. Item in Rudente,

Quid si ista aut superstitiosa, aut ariola est?

I.ii.

Et Caſſandra,
Miſſa ſum ſuperſtitioſis ariolationibus.

48. **Ichthon Pythagora.**) ἰχθὼν πυθαγόρα Plutarchus vita Numæ: Νυμᾶς δὲ λέγεται κỳ τὸ τῆς Ἑστίας ἱερὸν ἐγκύκλιον περιβαλέθαι τῷ ἀσβέστῳ πυεὶ φρεὰν ὑπομιμνήσκοντος, ἢ τὸ ϟῆμα τῆς γῆς ὡς ἑστίας οὔσης, ἀλλὰ τοῦ σύμπαντος κόσμου. οὗ μέσον οἱ πυθαγορειοὶ τὸ πῦρ ἰδρῦθαι νομίζουσι. καὶ τὸ ἑστίαν καλοῦσι κỳ μονάδα. τὴν δὲ γῆν οὔτε ἀκίνητον, οὔτε ἐν μέσῳ τῆς περιφορᾶς οὖσαν, ἀλλὰ κύκλῳ περὶ τὸ πῦρ αἰωρεμένην, οὔτε τ̃ τιμιωτάτων, ὔτε τῆς πρώτων τοῦ κόσμου μοιρῶν ὑπάρχειν. ταῦτα δὲ καὶ πλάτωνά φασι πρεσβύτην γενόμενον διανοεῖθαι περὶ τῆς γῆς ὡς ἐν ἑτέρᾳ χώρᾳ καθεστώσης. Ex his odorari potes, quæ Pythagoras περὶ χθονὸς ἐδοξμάϊζεν in illa ſua deſcriptione, quæ hîc in Varrone vocatur ἡ χθὼν πυθαγόρα.

49. **Per id quo diſcernitur homo mas an fœmina ſit.**) διὰ τῶς αἰδοίων. Catullus:

Grandia te medij tenta uorare uiri.   Martialis:
Et ſeptem medias uorat puellas.

50. **Sed quod vocant Delphis in æde, foramen eſt allatum.**) Deeſt hîc Græca vox, μεσομφαλίαν. Ita legendum: *Sed quod uocant Delphis μεσομφαλίαν in æde, foramen eſt, &c.*

51. **Foramen allatum eſt quoddam**) Ita habēt veteres omnes excuſi, non *adlatum*. Quod tamen perſuadere conatur Vertranius, vt ex hoc aſtruat correctionem ſuam. Sed profectò illa vetus lectio quàm minimo negotio diuinari potuit. Qui verſati ſunt in veterum ſcriptorum codicum lectione, non ignorant in illis ſcriptum eſſe, pallum pro palum: paullum pro paulum: & allam pro alam. Sic hîc allatum pro alatū. Alatum ergo foramen, πτερυγωμένον, à faſciis in modum alarum vtrinque penſilibus. Strabo lib. 1 x, ὀνομάθη δὲ

καὶ τῆς οἰκυμένης, καὶ ἐκάλες ὀμφαλὸν, προσπλάσαντες καὶ μῦθον, ὃν φησι Πίνδαρος, ὅτι συμπέσ‹ξεν ἐνταῦθα οἱ ἀετοὶ οἱ ἀφεθέντες ὑπὸ τῶ Διὸς, ὁ μὲν ἀπὸ τῆς δύσεως, ὁ δὲ ἀπὸ τῆς ἀνατολῆς. οἱ δὲ κόρακας φασί. δείκνυται καὶ ὀμφαλός τις ἐν ᾧ ναῷ ταγνιωμένος, καὶ ἐπ' αὐτῷ αἱ δύο εἰκόνες τοῦ μύθυ. Locus Pindari, quem innuit Strabo, est in tertio Pythiorum.

52. Vt tesauri specie.) Nihil suspicatur de mendo huius loci Vertranius: quasi in tam angustum foramē tot immanes gentium thesauri includi possent. Id tamen sentit ipse: Nos contrà. Quippe leui mutatione hanc veram putamus lectionem: *Foramen alatum est quoddam tensarij specie.* Est, inquit, foramen simile tensario foramini, quod Græci vocant ὀμφαλόν. Homerus — ζυγὸν ὀμφαλόεντα. Enarrant Grammatici, ὀμφαλόεντα, ὀμφαλοῖς ἔχοντα. ὀμφαλοῖς δὲ λέγοισι τὰς ἐν τῷ ζυγῷ τρώγλας, ἐφ' ὧν αἱ ἡνίαι δέδεν). Est ergo illud foramen tæniis vtrinque vinctum, quemadmodum & tensarum vmbilici, in quos inseruntur funes illi, quibus vtrinque ad latus vinciūtur equi funales. Error autem hinc manauit, quòd tensaurū pro tesauro scriberent, vt hodie visitur in marmoribus antiquis. Hic verò cùm *tensari* scriptum esset, putarunt esse *tensauri* pro *tesauri*. Similis error in exemplo quodam Attii à Nonio adducto. —*frena tesauri equorum accommodant.* Legendum enim *tensarij.* Tensarii, vt aurigarii, essedarii. Quanquam simplicius fuerit, si dicamus foramen quoddam allatum esse Delphis, vt ibi esset quasi thesaurus quidam, quod Græci vocarunt ὀμφαλόν, à similitudine humani vmbilici.

53. Quod Græci ὀμφαλὸν vmbilicum dixerunt.) Tollenda vox *vmbilicum*, quæ tantùm erat interpretamentū Græcè à quodā studioso in ora libri annotatū.

I.iii.

54. **Calydonia altrix terra exuberantium virum.**) Quod succinctius Græcis βωπάνειρα, καὶ κυροτρέφος.

55. **Areopagitæ cui dedere quam pudam.**) In veteri lectione, *cui dedere quam peram*. Ex quibus vestigiis multùm adiuti sumus ad veritatem ex tam deplorato loco eruendam. Illis enim diligenter pensitatis, succurrit statim esse locum ex Eumenidibus Ennii, quas ipse vertit ex Æschylo. Neque verò mihi dubium est, quin hæc sit vera scriptura:

Areopagiticam ea de re uocant petrā. Æschylus verò,

— ἔν)εν ἔς' ἐπώνυμος

πέϝρα, πάγος τ' ἄρ)ιος — sed nihil facimus, nisi ostendamus Eumenidas Æschyli versas esse ab Ennio. Quod faciemus, si ea, quæ in Nonio adducitur ex Eumenidibus Ennii, cum Æschylo conferamus. Primū illud,

— *tacere opino esse optumum,*

Vt pro uiribus sapere, atque fabulari tute nouerint: planè est ex illo,

σιγᾶν ἀρήγε͡, ἢ μαθεῖν θεσμοὺς ἐμοὺς,
πόλιν τε πᾶσαν εἰς τὸν αἰανῆ χρόνον,
καὶ τόνδ', ὅπως ἂν εὖ καταγνωσθῆ δίκη.   Item,

Id ego æquum aptius fecisse me expedibo, atque eloquar. Æschylus,

σύ τ' εἰ δικαίως, εἴτε μή, κρῖνον δίκην.
πρᾶξιν γδ, ἐν σοὶ πανταχῆ τάδ' αἰνέσω.   Item,

Nisi patrem materno sanguine exanclando ulciscerē: planè ex illo:

ἄλγη περφώνων αὐτίκεν βα καρδία,
εἰ μή τε τῶν δ' ἔρξαιμι τοὺς ἐπαιτίους. Quod autem est ex eodem,

Dico ego uicisse Orestem, uos ab hoc facessite.

latius apud Æschylum:

νικᾷ δ' Ὀρέστης, κἂν ἰσόψηφος κριθῇ.

ἐκβάλλεθ' ὡς τάχιϛα πυχίων πάλοις. Illam vero Æschyli fabulam totam nos vertimus, veteri stylo Pacuuiano. In quo maximè sunt reprehendendi isti, qui in veteribus poetis vertendis, eos tam dissimiles sui reddunt, vt pudeat me legere Homerum Sillii Italici, Sophoclem Senecæ verbis loquentem. Sed de his aliâs.

56. **Musæ quæ pedibus magnum pulsatis olympum.**) Citat Seruius ex Ennio. Pedibus pulsatis olympum dixit, vt Virgilius,

Sub pedibúsq; uidet nubes, & sidera Daphnis. Aratus,
– θεῶν ὑπὸ ποσὶ φορεῖται. Catullus ex Callimacho,
Sed quanquam me nocte premunt uestigia Diuum.
Ergo hîc olympus pro cælo. Veteres Physici, atque etiã Theologi, vnicuique Musæ sedem suam in cælo assignarunt. De quo vide Macrobium in somn. Scip. lib. II. cap. III. Ex quo intelligis, quare euocet Musam è cælo Horatius, cùm canit:

Descende cælo, & dic age tibia
Regina longum Calliope melos,
Seu uoce tu mauis acuta,
Seu fidibus, citharáue Phœbi. vt desinat ineptire ille literator, qui nomine Helenii Acronis nescio quas nugas in eum locum effutiuit. Nam planè Horatius prima inuocatione sequitur veteres Theologos: in cæteris autem verbis imitatus est Alcmana ita canentem:

Μῶσ' ἄγε Καλλιόπα θύγατερ Διός,
Ἄρχ' ἐρατῶν ἐπέων· ὅτι δ' ἵμερον
Ὕμνῳ καὶ χαρίεντα τίθει χορόν. citat Hephæstion.

57. **Quasi Hellespontum & claustra.**) Cur verò hîc non viderunt quædam desiderari? Nam hîc

mutila sunt verba,& nomen autoris præ se non ferũt. Quanquam & sine autore potuit adducere Varro, vt sæpe facit. Forsan ita restitui potest: Ad Hellesponti clau-stra.claustra, quod Xerxes &c. ex Medea:

ἐφ' ἁλμυρὰν πόντυ

κληῖδ' ἀπέραντον. κληῖδα hîc diserte vocat clau-stra. Vt etiam Æschylus in Persis dixerit, κλῆσαι βόασπορον, quod Herodotus ζεῦξαι. Ita enim scribit,

καὶ πὸδ' ἐξέπραξεν, ὥστε βόσπορον κλῆσαι μέγα; Tametsi de verbis Ennii non satis mihi constat: tamen puto verba, quæ hîc desiderantur, ex illis Euripidis translata esse.

58. *Alicui in AEgæo freto.*) Legendum puto, *Allicui in Ægæo freto*. Est antiquè dictum pro *Allexi*, vt *Pellicuit*, pro *pellexit*. De Nauplio intelligendum. Euripides Elena de Nauplio: —πέρας Καφηρείας ἐμβαλὼν Αἰγαῖπ. Adiuuat & Seruius, qui in eum locum Virgilii,

Vel Priamo miseranda manus: scit tristæ Mineruæ
Sidus, & Euboicæ cautes, ultorque Caphareus. ait Virgilium à Pacuuio de eadem re loquente accepisse: qui dixisset,

Si Priamus adesset, & ipse eius commisceresceret. Cui simile illud Sophocl.

ὡς ὃ παρ' ἐχθροῖς ἄξιος θρήνων τυχᾶν. Restat, vt ex qua fabula acceptum sit, videamus. Ego puto ex Duloreste Pacuuii cum eo versu, quem supra adduximus ex Seruio. Apud Priscianum ex Duloreste citantur hæc:
—*pater*
In Caphareis saxis pleros A*chæos perdidit.* Quod videtur dictum ex persona Orestæ, qui caussam, quòd ab omnibus vrbe exigeretur, refert ad μῖσος patris, propter

quem tot Græcorum proceres perdidisset Nauplius. Id videtur accepisse ex Euripide in Oreste:

Ὀρέ. ἐκβάλλομαι γὰρ δωμάτων. ὅπη μόλω;
Μενέλ. τίνες δὲ πολιτῶν ἐξαμιλλῶνταί σε γῆς;
Ὀρέ. οἴαξ, τὸ Τροίας μῖσος ἀναφέρων πατρί.
Μενέλ. σωνῆκα, Παλαμήδοις σε τιμωρεῖ φόνῳ. Sed & quædam ex Oreste Euripidis in suam Duloresten transtulisse videtur Pacuuius: vt illa,

Sed incertat me dictio, quin rem expedi. Nam simile Euripidis,

Τίς; οὐ γὰρ οἶδα μᾶλλον, ἢν σὺ μὴ λέγῃς. Item Euripides,
―ὀργεῖαί τε νιν
Ὑμνοῦσιν ὑμεναίοισιν· αὐλεῖται δὲ πᾶν
μέλαθρον― Pacuuius Duloreste apud Nonium:
―Hymenæum fremunt
Æquales: aula resonit crepitu musico. Aulam hîc τὸ μέλαθρον vel vestibulum vertit. Plato explicat versum Pacuuii, in Symposio, ὡς ἐξαίφνης τὴν αὔλιον θύραν κροτοῦμένην πολὺν ψόφον παραχεῖν, ὡς κωμαστῶν, καὶ αὐληΐδος φωνὴν ἀκούειν.

59. Pacuuius. æges ferme aderant.) Expungenda est prima vox Æges. Est autem versus sine dubio ex eadem fabula Duloreste.

60. **Conferre aut ratem æratam.**) Scio conferre ratem Latinè dici. Plautus:

Bene *nauis agitatur: pulchrè hæc confertur ratis.* Significat συμβάλλειν, aut, παραβάλλειν. vt Cóferre gradum. Tamen ita potiùs videtur legendum:

―*conferta rate, inærataque perite*
Qui dium mare eunt sudantes, atque sedentes. Conferta rate. idem:

Cæruleum spumat sale conferta rate pulsum. Inærata. Val. Flaccus,

Primus inæratis posuissem puppibus arma. χαλκέμ-βολος Græcis. Et dium mare. Vt εἰς ἅλα δῖαν.inærata peritè, vt ᾧ ᾿δραρῦαν.

61. **Ratis dicta, nauis longa propter remos, quod hi cum per aquam sublatis, &c.**) Vbi, obsecro vos, illud etymó, quod Varro velle videtur constituere in voce Ratis? Vsqueadeóne oblitus sui, vt præter morē suum cōtentus fuerit ratē, quid esset, non vnde esset, docere? Atqui metuendum non erat, ne Varroni deessēt etymologiæ, non mediusfidius magis, quàm lu scinix cantio, vt ait ille. Itaq; huic voci reddetur veriloquium suū, si ita legas : *Ratis dicta nauis longa, propter remos : quod hi cùm per aquam sublati dextra & sinistra duas partes facere videntur, rarescunt : & hoc ratis. Stlatum, illud, ubi plures mali, aut asseres, ac restes : ab lato.* Ergo ratis ab rarescendo, quód rarescāt eius remi, cùm dextra & sinistra tolluntur. Stlatum quoque idem erat : sed ille constituit quandam differentiam.

62. **Sub dextra & sinistra.**) Meliùs legeris sine præpositione.

63. **Aut asseres. Agrestis ab agro.**) *Agrestis* malè, pro, *ac restes*. Quod verò corrupissēt illud in *Agrestis*: necesse fuit, vt qui agrestis etymon vellet deducere, illud faceret ex agro. Quare meritò inducendum est, & reponendum, *ablato*.

64. **Infulas dictas apparet.**) Deest hîc exemplum autoris veteris, in quo illa mentio infularum facta erat. Quare hîc notandum, quædam deesse. Porrò infularum nomen Latinum est. Insilare veteres dicebant amicire & velare, vt puto: cùm contra exuere dicerent, exsilare. Inde ergo infulæ. Tæniarum verò appellatio

CONIECTANEA. 139

Græca est. Clemens Alexandrinus, καθαρσίων μεταλαμ-
βάνε θεοπρεπῶν, ἢ δάφνης πετάλων, ἢ πανιῶν πνων ἐείῳ ᾧ
πρφύερα πεποικιλμῴων. Et quod ait, velari solita sepul-
chra, eum morem intellexit Cæcilius Comicus Andro
gyno: Sepulchrum plenum tæniarum ita, uti assolet.
Tamen eas tænias sepulchrales melius Græci vocant
κηείας, quasi κλεείας; à mortuis.

65. Sed velatas frondentes comas.) Melius ue-
latus frondentes comas. Forsan ex Alcestide,
  — κἀπικρώμαζον κάρα
στεφάνοις πυκασθείς. Verba Herculis. Vertit enim Euripidis Alcestin Næuius. Illa satis probant: manciolis tæ-
niæ illis. Euripides.
  ἐπὶ τῆςδε παῖδας χηρὸς ἐξ ἐμῆς δέχου. Item,
Hoc fieri impendio sit. i. fieri incipit. Ex illo:
οὔ, τ' εἴρξῃς, τὰ δ' ἐπίμα. At illa planius ex chori
persona:
  Corpore, pectoreque undique obeso,
  Mente exsensa, tardigenulo
  Senio oppressum — Supple vidi, aut habui.
ἐμοί τις ἦν ἐν γένει, ᾧ κόρος ἀξιόθρηνος
ᾤχετ' ἐν δόμοισι μονόπαις. ἀλλ' ἔμπας
ἔφερε κακὸν ἅλις, ἄτεκνος ὤν,
πολιὸς ἐπὶ χαίταις, ἤδη προπετής,
βιότητε πρόσω.

66. Cornua taurum.) Non est ex superiore Næuii
exemplo, sed est aliud testimoniū poetæ nescio cuius.
ex Coronide anapæstica. Ita videtur distinguēdum,
  — cornuat aurum,
  Vmbram iacit: iure paret. Cornua à cornibus. Cornua
à curuore &c. Cornuat: elegans verbum, pro flectit, &
incuruat arcum, donec cornua arcus inter se coëant, vt

Maro - *donec curuata coirent   Inter se capita* - Et aurū pro aurato arcu. Sic Ennius Alcmæone:

Intendit crinitus Apollo

Arcum auratum luna innixus. Luna innixus dixit, quod Ouidius Lunare arcum. Sic —*pleno se proluit auro*, aurea patera. Sic Pindarus δαμασίφρονα χρυσὸν vocat, quem paulò superius χαλινὸν χρυσάμπυκα. Vmbrá iacit. Sic loquitur Plinius lib. 11. id est, iam vmbram iacit imminentis teli, aut sagittæ, vt paulò pòst, icere paret. Poterat tamen legi, Vibrans iacit : aut, Vibrat : iacit. Nihil tamen muto. Et, *icere paret*, *non apparet*, vt fiat Coronis anapæstica. Paret etiam in formulis Iuriscoss. legitur. Ad quod allusit Petronius Arbiter:

Iurisconsultus paret, Non paret habeto. Et icere paret, vt Homerus βαλέοντι ἐοικώς.

67. **Quod plerique curuamus. At quas memorant nosse nos esse &c.**) Apponam hîc lectionem, quam puto esse veram, ne quid nos fallat Italorū commentitia : *Cornua à curuore dicta, quòd pleraque curua.* *Musas quas memorant Casmœnas esse— Casmœnarum priscum uocabulum &c.* Est ergo testimonium alicuius poetæ: & non dubito esse Ennii. Quare qui melius coniectauerit, palmam ferat, & aheneus stet.

68. **Orculo, dolosi, ero.**) Vetᵘˢ scriptura: Co*sauli*. forsā Cœsuli pro *Cæruli* : vel, Co*saullæ*, pro Coroll*æ*: vt Aula, olla. Tamen dubito. Nā quis hodie Saliaria carmina interpretari se postulet : quæ olim magnis quoque viris laborē facessebant? Quid enim de illis ait Cicero? quid item Varro, qui testatur Ælium in iis pauca esse assecutum? Quare ego postulem post tot magnos viros, vt perdam semper, assiduè ludere aleam? vt inquit ille.

69. **Omnia vero at patula coemisse, iani, cu-**

siames duo nuseruses, dumque ianusque ue-
net. post melios, melior.) Hæc sat erant, quæ vel
eruditissimos viros deterrerent à tanto negotio aggre-
diendo : nedum ego tam molestam prouinciam de-
trectarem. Quod videri possit aut temerarii in tantis
erroribus, aut arrogantis, post tantos viros, manū huic
autori admouere. Tamen quis negarit nos in multis
non infeliciter operam posuisse? Quod quia feliciter
cessurum speramus: non est, quod post tanta propè
dixerim ἀδραγαθήματα, in hoc vno παροκινδυνουμαλε
animum despōdeamus. Non enim affirmare possum,
quid verè hic excogitatū à nobis sit, quid non verè. Hoc
relinquimus illis, qui quod non ineptè hic dictum
obseruauerint, industriam saltem, si qua ea est, laudare
poterunt: nec, cùm perperam aliquid animaduersum
erit, voluntatem improbabunt. Ponamus igitur ita
Varronem scripsisse: donec maiora ingenia aliquid
verisimilius comminiscuntur: *vt in carmine Saliari
sunt hæc: Cosaullæ, dolosi, eso. Ennio verò ac Pacuuio, mi-
sesia, incusia, mesidie, onese, rudesúmque, Venese, quod ue-
nere post, melios, melior, &c.* Itali multa hinc, quòd ea
emendare non potuerunt, sustulerunt: quàm temera-
rio consilio, vides.

70. Diuum exta cante.) Obscurus locus: tamen
Diuum deum, puto intelligi Ianum, vt coniicimus ex
Macrobio: qui eum in Saliari carmine ita vocari scribit. Puto etiam eum per Cerum manū, id est procrea-
torem bonum intelligi: Supplicè autem pro suppliciter. De eiusmodi aduerbiis vide Nonium.

71. Veteres Casmenas cascas res volo profari
& primum.) Ita dispone,

veteres, ô Camenæ, cascas res uolo profarier

Et *Priamum*— O Camenæ volo profarier veteres & Cascas res, nimirū Priamum. Nam non de Casmenarum appellatione amplius agit, sed de Casco.

71. **Quam primum Casci populi genuere Latini**) Hunc versum Ennii intelligit Cicero prima Tusculana. Cascos autem Latinos interpretor eos, qui ante Romam conditam in colonias deducti sunt à Latino Siluio Albanorum Rege. Quæ à Romanis postea priscæ dictæ sunt. Autores Liuius, & Festus. In Dionysio legitur, λατῖνοι οἱ καλύιδμοι πρῖσκοι.

73. **Cascum cascam duxisse &c.**)
Cascum cascam duxisse non mirabile'st:
Quoniam canoras sanciebat nuptias. Pertinet huc Titulus Satyræ Varronianæ, ὅπερ ἡ κοπὰς τὸ πῶμα. περὶ καθηκόντων, ἢ περὶ γεγαμηκότων. Quam ego vtraque scripturam offendi in codice Nonii manu scripto, antequam vidissem annotationes Iunii Adriani, viri eruti, qui περὶ γεγαμηκότων se offendisse in veteri codice testatur.

74. **Papinii epigrammation**) Pomponii apud Priscianum. Sic autem eius epigramma legendū est:
Ridiculum est, cùm te Cascam tua dicat anicca
Filia Petroni sesqui senex puerum.
Dic tu pusam illam: sic fiet mutuo muli.

Nam verè pusus tu, tua anicca senex. Secundū autem versum acceptū referimus nunquam satis laudato viro Adriano Turnebo, vnico Galliæ nostræ, atque adeò totius Europæ ornamento. Senex autem fœminino, vt Tibullus, si benè memini,

Hanc rident meritò tot mala ferre senem.

75. **Cassinum.**) Primam corripuit Silius lib. XII.
—*Nymphisque habitata Casini Rura euastantur.* Et ita le-

gitur in Plinianis exemplaribus.

76. **Puppum senem.**) *Pappum senem* legimus. Alibi rationes reddimus.

77. **Quod Osci casnar appellant.**) Ita lege apud Nonium: *Casnares seniles. Varro sexagesimo: uix ecfatus erat, cùm more maiorum, ultro Casnares arripiunt: de ponte in Tiberim deturbant. Senibus crassis heu muli non uidemus quid faciant. Nam quis patrem nunc decem annos natus non modò aufert seu tollit, nisi ueneno?* Allusum autem ad vetus prouerbium, Sexagenarios de ponte, quare & depontani senes dicebantur. Ab eo inscripta est satyra Sexagesimus. Hoc etiam fieri solitum in Ceorum insula testis Menander:

Καλὸν τὸ Κείων νόμιμόν ὅτι Φανία,

Ὁ μὴ δυνάμενος ζῆν καλῶς, ὐ ζῆ κακῶς. Strabo explicans hos versus, προσέπαιξε γδ, ὡς ἔοικεν, ὁ νόμος, τοις ὑπὲρ ἑξήκοντα ἔτη γεγονότας κωνιάζεσθαι, &c. Meminit & Stephanus dictione ἰυλίς. Ælianus quoque de varia historia lib. III. Ad quod videtur Cæcilius Hymnide allusisse:

Sine suam senectutem ducat: utique ad senium sorbitio. vt Persius, *sorbitio tollit quem dira cicuta*. In Varronis verbis hæc præstitimus. Testimonia tria, quæ diuersis locis diuulsa sunt apud Nonium, coniunximus. Deinde vbi in Nonio scriptum erat, *Carnales sedules*, scribimus *Casnares, seniles*. Postremò, vbi vulgati codices habebant, *homuli*: manu scripta lectio habet *heu muli*. Erat autem conuitiū in stupidos. Catullus, *Mule nihil sentis*.

78. **Canis caninam non est.**) Iuuenalis—*parcit*

Cognatis maculis similis fera—Æschylus Supplicibus,

ὄρνιθος ὄρνις πῶς ἂν ἁγνεύοι φαγών; Prouerbium. Allusit eò Martialis,

Pellem rodere qui uelit caninam.

79. Caninam.) Si pro pelle, bené. Nam ita κυνέας Græci. Si pro carne, meliùs dixisset Catulinam. Plinius lib. xxix, Catulinam adiicialibus quidem epulis celebrem fuisse Plauti fabulæ sunt indicio. Intelligit autem Plinius Saturionē fabulam, in qua Plautus eius rei mentionem fecerat. Festus, Catulinam carnem esitauisse, hoc est comedisse Romanos, Plautus in Saturione refert. Quanquam ego sanè esitauisse non puto, sed tantùm Canario sacrificio canes mactari solitas ad Caniculæ sidus placandum. Græcè dicitur πελοκυλακισμός. Item in Lupercalibus, vt refert Plutarchus. Video & dubitari quæ esset adiicialis cœna in verbis Plinii. Ea erat, quoties aut inaugurandi alicuius gratia, aut propter aliud quid, puta publicam lætitiam, indicebatur epulum. Idque dicebatur epulum, aut cœnam adiicere. Cor. Tacitus Annali 11. *Rescuporis sanciendo, ut dictitabant, fœderi, conuiuium adiicit, tractáque in multam noctem lætitia per epulas ac uinolentiam, &c.*

80. Tantidem quasi fœta canes sine dentibus latrat.) Ita lege,

Tantidem quasi fœta canes sit, dentibu' latrat. Sophocles Electra, πιαῦθ' ὑλακτεῖ. Plautus Captiuis:

Ne canem quidem iritatam uoluit quisquam imitarier, Saltem ut si non arriderent, dentes ut restringerent.
Festus, Hirrire, ringere: quod genus uocis est canis rabiosæ. Lucillius de litera R,

Irritata canes quod, homo quam, planiu' dicit. Iccirco Persius Caninum vocat.

—*sonat hic de nare canina Littera.* Tamen Hirriunt & ringunt, cùm iam restringunt dentes: Mutiunt vero, cùm incipiũt irritari: Ab eo quod M vel μῦ videntur edere. Itaque Plautus dixit, *Plautus cum latranti eranti nomine.* Est enim M. Plautus.

81. Nequam, magnus homo.) Μέγας apud Aristophanem est stolidus & ineptus. Quidam etiam ita interpretantur in prouerbio ὀδεὶς, ὥπρος, μέγας, ἰχθύς. Videtur tamen autor illius acroteleutii hoc sensisse, Omnis piscis, quantum vis magnus, nullus est, si putidus. Iccirco idem est apud Plautum, *Nequam est piscis, nisi recens.* Stratonicus vero primus hoc protulit in Simylam quendam magnum & procerum, sed ineptum & stolidum, per parodiam, vt puto, ex quodam poeta: non autem quòd ita poeta ille sensisset.

82. Laniorum immani' canes vt.) Homerus eodem modo —ὄρνιθος ὥς.

83. Quod latratu signa dant, vt signa canant.) Non putarunt huc locum mendosum esse, qui tamen ita legedus est: *quod latratu signa dant, ut, Signa canūt*-citat enim illud Commatium ex Ennio, vt puto. Sic supra, *Canis, quod, ut tuba & cornu, signum cùm dant, canere dicuntur, &c.*

84. Cæsa accidisset.) Aliis accidisset. πεσεῖν. μηδ' ἐν ναπαισι πηλίε πεσεῖν ποτε τμηθείσα πεύκη. Prior lectio magis placet. Ita loquitur ipse Varro Parmenone: *Cæditur lucus: alia frons decidit Pallados, platanos ramis: alia trabs pronis in humum accidens proxumæ frāgit ramos cadens. Alius tenerā abietem runis solo percellit: alius caballum arboris ramo in humili alligatum relinquit, ferens ferreā humero bipennem securim.* Quæ verba quinque exemplis productis à Nonio dispersa in hūc modum coniunximus: nonnulla etiam ex manu scripta lectione restituimus.

85. In Medo. Ennius.) Perperàm huc irrepsit nomen Ennii. Sic apud Diomedem ille versus, *Quis tu es*

K.i.

mulier,&c. falso citatur ex Medo Ennii pro Pacuuii.

86. Qui cum merum fert.) Ex Festo repone, *Qui cuierum fert.* Etiam annotauit Vertranius.

87. In quo quod sit in ministerio plerique extrinsecus nectunt.) *In quo quod sit in ministerio plerique extrinsecus nesciunt.* Hæc est vera lectio. Festus ait vtensilia nouæ sponsæ in eo reponi solita. At apud Græcos, ex quibus hic mos deductus, puer ille ingenuus, quem ἀμφιθαλῆ vocabant, ἐν λίκνῳ, qui hîc dicitur Cumera, panes gestabat, cum hac incentione ἔφυγον κακὸν, εὗρον ἄμεινον.

88. Casmilos nominatur in Samothracæ mysteriis.) Μυοῦνται δὲ, ἐν τῇ Σαμοθράκῃ (ait interpres Apollonii) τοῖς Καβείροις, ὧν Μνασέας φησὶ καὶ τὰ ὀνόματα. τέσσαρες δέ εἰσι τ' ἀριθμὸν, Ἀξίερος, Ἀξιόκερσα, Ἀξιόκερσος. Ἀξίερος μὲν οὖν ἐστιν ἡ Δημήτηρ, Ἀξιόκερσα δὲ ἡ Περσεφόνη, Ἀξιόκερσος δὲ ὁ Ἅδης. ὁ δὲ προστεθέμενος τέταρτος Κάσμιλος, Ἑρμῆς ἐστὶν, ὡς ἱστορᾷ Διονυσόδωρος. Mnaseas iste, quem hic Grāmaticus citat, fuit genere Phœnix, & Phœnicum gesta omnia in literas retulit, vt nouimus ex Iosepho. Etiam ipsius nomē Manastes Phœnicium est. Quo magis moueor, vt καβείροις θεοῖς dicam alios nō esse, quàm Diuos potes. Nā Phœnicia & Syriaca lingua Cabir potem, & potentem significat. Porrò de Camillo puero ingenuo vide Plutarchum in Numa, Dionysium lib. 11. qui ait, quem Romani Camillum vocabant à Turrenis Cadolum dictum. Camillus ergo est ille, quem Græci παῖδα ἀμφιθαλῆ vocabant, quem patrimum, matrimúmque, & puberem interpretantur: Item ostēdit vetus carmen,

HIBERNO POLVERE, VERNO LV-
TO GRANDIA FARRA CAMILLE
METES. Quod Cato expressit his verbis, *Agro sicco*

per sementim, agro laeto per uer. Plutarchus in Quæstionibus Naturalibus simile refert prouerbium, Διὰ τί λέγεται, ὅπου ἐν πηλῷ φυτεύετε, τὴν δὲ κριθὴν ἐν κόνι; Nempe hæc quæstio pendebat ex superiori, διὰ τί πυροφόρος ἡ πίων ἓ βαθεῖα χώρα, κριθοφόρος δὲ μᾶλλον ἡ λεπτόγεως ;

89. **Subulo finitimas propter astabat aquas**) Puto esse ex Sotadico carmine Ennii. Sotadicum facies si *aquas* ponas in penultimo loco. Quomodo legitur in Festo, est planè Trochaicus septenarius Catalecticus : *Subulo quondam marinas propter astabat plagas.*

90. **Subulo.**) Forsan apud Macrobium legendum, *uiaē Planipedis, & Subulonis impudica & prætextata uerba iacientis.* Quòd ad tibiam eiusmodi versus impudici funderentur. Tamen nolim mutari lectionem vulgatam, quæ habet *Sabulonis* : videturque esse instrumentum citharedicum. Memini enim me legisse apud Apuleium, Sabulū esse genus organi musici, siue illud sit psalteriū, siue cithara, siue quid simile, quòd fidibus tenderetur, & plectro pinseretur. Ad illud igitur illa impudica & prætextata verba cani solita innuit Macrobius, & nos suprà ostendimus ex Varrone ὄτος λύρας.

Trichorda Psaltidi attulit psalteria,
Quibus sonant in Græcia dicteria,
Qui fabularum collocant exordia,
Vt Comici, Cinædici, Scænatici, &c.

91. **Astabat.**) Nihil muto. Tamen poterat legi, *assabat.* Assare tibicines dicuntur, cùm canunt tibia, nulla aliorum voce admista : sicut contrà, canere assa voce dicuntur, qui nullis admistis musicis instrumentis, sola voce canunt. Ab eo Græcis φιλοκιθαρισταὶ dicuntur, vt Athenæo lib. X I I. cùm tantum κιθαρίζωσιν. Itaque ea di

K.ii.

cebantur ἄφωνα κρύματα Pausaniæ, quæ erant sine voce. ὀγδόη δὲ πυθιάδι, inquit, προσενομοθέτησαν κιθαρισὰς τοῖς ἐπὶ τῶν κρυμάτων τ̃ ἀφώνων, id est, assorum. Non enim solùm vox dicitur assa, quæ sine tibiis, sed etiam tibiæ assæ, quæ sine voce. Est ergo assum, solũ, merũ. Vnde assare quoque veteres poetæ dicebantur, cùm in vnum solum hominem poema condebant. Et illa poemata dicta assamēta: vt est maxima pars Syluarum Statii: & olim Saliorum fuit. Erant enim assamenta Ianualia, Iunonia, Mineruia, priua poemata & Carmina, in singulos eos Deos cōscripta. Quod verò ait Nonius, Assa quoque apud veteres significasse nutricē, idq; difficilis esse intellectus, neque ad eam rem vllum veterum producit testem: id nos inuenimus alibi apud eundem Grammaticum in exemplo Varronis ab eo adducto, cùm huius verbi Betere notionem explicat, *Assa non multò post, quòd ea parere non poterat mulier, eũ betere foras iussit.* Hodie enim perperàm legitur, *Assa nos multos*, etiam in manu scripto, quod vidi. Vbi tamen Assa non est nutrix, sed adsestrix mulier, vt vocatur ab Afranio, quæ assidet fœtæ. ἀναγέτειαν vocabant Tarentini. Hesych. ἀναγέτεια, ἡ ταῖς τικτούσαις ὑπηρετοῦσα γυνή, ἣν Ἀττικοὶ μαῖαν καλοῦσι. Itaque suprà apud eundem malè legitur, ἀναγέτρὶς μάζα, παραιτῆνοι. lege, ἀναγετεὶς, μάζα. Obstetricem vocarunt aliter Latini, quòd obstare pro adsistere vsurpabant: vt Ennio occensi pro adcensi, & obmoueto, pro admoueto, &c.

92. **Versus, quos olim Fauni.**) Ennius,
    —scripsere alij rem
       Versibu', quos olim Fauni, Vatésque canebant:
       Cùm neque Musarũ scopulos quisquã superarat,
       Nec dicti studiosus erat— Hoc Ennius iacta-

bundus tacitè iacit in Næuium poetam, qui Saturnio carmine secũdum bellum Punicum scripserat. Quod genus carminis ait olim Vates, & Faunos canere solitos, quòd & vetustissimum id fuerit apud Latinos, sicuti Saturnus vetustissimᵘ Deus. Vnde verisimile Faunos Latinorum, qui erant vt Magi Persarum, & Bardi Gallorũ, hoc genere carminis fari oracula sua solitos.

93. A versibus viendis.) Mendum est. Suspicor *uagiendis*.

94. Corpore Tartarino prognata Paluda Virago.) Purus putus Hellenismus,

ταρτάρου ἐκγεγαῦα μελάμπεπλος αὐπαύγεα. Vbi nullo negotio verbum verbo redditur. Plenius citatur apud Probum:

Corpore Tartarino prognata Paluda Virago:

Cui par imber, et ignis spiritus, et graui' Terra.
Ignis spiritus, πυρὸς μόρος. Et grauis Terra, ευφελὴ χθών. Est autem, nisi fallor, illa, quam alloquitur Iuno apud Maronem:

Hunc mihi dat proprium Virgo sata nocte laborem.

95. In his vnum Tartarum appellat.) ὁ δὲ ἄλλος, δὲ ἐκεῖνος, δὲ ἄλλοι πολλοὶ τῶν ποιητῶν Τάρταρον κεκλήκασι.

96. Epeum fumificum coquum.) Cocum fuisse etiam testatur epigramma, quod legitur apud Athenæum: quod quia ante nos indicauit eruditissimus P. Victorius, non apponam. Tantum afferam ex Theocrito versus, quos ipse Victorius non produxit, in quibus & lixa quoque inducitur Epeus: Leguntur autem ἐν πελεκυδίῳ Theocriti,

Οὐκ ἐνάριθμιος γεγαὼς ἐνὶ προμάχοισιν Ἀχαιῶν,

Ἀλλ' ἀπὸ κρανᾶν καθαρὸν νᾶμα κόμιζε δυσκλεής. Loquitur de Epeo.

K.iii.

97. Orator sine pace redit, Regique refert rem.) Iste Orator, qui redit ἄπρακτος, est proculdubio Cineas Legatus Pyrrhi Regis: quem Senatus pace infecta ad Pyrrhum remisit. Plutarchus in Pyrrho: καὶ τὸν Κινέαν ἀποπέμπουσιν, ἀποκειναίμροι, Πύρρον ἐξελθόντα τῆς Ἰταλίας οὕτως, εἰ δέοιτο, περὶ φιλίας ἢ συμμαχίας διαλέγεσθ. quod ex autoritate Appii Claudii Cæci fecisse Senatū paulò antè scribit. Qua de re extant luculenti versus Ennii:

Quo uobis mentes rectæ quæ stare solebant

Antehac, dementi sese flexere ruina? Sunt enim ex oratione Claudii Cæci, quam Ennius versibus, & Plutarchus Græcè reddidit, ita vt eadem verba expresserit, cùm ait: ποῦ γὰρ ὑμῶν ὁ πρὸς ἅπαντας ἀνθρώπους θρυλλούμενος ἀεὶ λόγος; Et quæ sequuntur.

98. Qui verba haberet orationum.) Lego, rationum. Et, Aduersus eum quod legebatur:) Lego, quò legabatur. Apage correctiones Vertranii, qui belligerabatur legit. Quasi legati non possint mitti, nisi ad eos, quibuscū bellum esset. Quod omnino falsum est.

99. Cum res maiore ratione legebantur.) Cùm à Rep. maiore ratione legebantur.

100. Oratores doctiloqui.) ἐπιτὰ Homero.

101. Ollus letho datus est.) Festus citat, OLLVS QVIRIS LETHO DATVS EST. M. Cicero II. de Legib. *Manium iura sancta sunto. Hos letho datos Diuos habento.* Verisimilior est Prisciani opinio, Varronis acutior. Ille à Leo, Leui, Letum ducit. Varronis verò mens eò spectat, quòd Veteres abstinebant mortis mētione, ne cogerentur δυσφημῆν. Itaque abitionem pro morte dicebant, vt Græci οἴχεσθαι. Et eodem modo lethum, quasi λήθην. Et cùm aliquem vita cessisse indica-

rent, non id proprio nomine dicebāt, sed tantùm hoc, VIXIT. Plutarchus Cicerone, φθεγξάμδρος δὲ μέγα, Ἔζησαν, εἶπεν. ἔτω δὲ οἱ Ρωμαῖοι οἱ δυσφημεῖν μὴ βελόμδροι τὸ τεθνάναι λέγοισι. Quæ ratio similis, vt cùm dicebant πλείονας ἀντὶ τ πεθνηκότων. Aristoph. ἐκκλησιαζύσαις,

ἡ γραῦς ἀνεστηκυῖα παρὰ τῆς πλειόνων. Glossema νεκρῶν. vbi tamen transpositum est Glossema in textum. Ostēdit item sepulcreti appellatio, τὸ πολυανδριον. Item mortuos meliori sсæua & omine dicebant μακαρίτας. Horat. *omnes composui felices*, id est μακαρίτας. Plinius lib. XXVIII. *Cur ad mentionem defunctorum testamur memoriam eorum à nobis non sollicitari?* Quæ superstitio & vulgò apud nos inualuit, & Iudæorum etiam veterum commentariis frequentissima est.

102. **Mensas constituit, idem ancilia.**) Qui legunt *menses*, spectant ad menses additos à Numa Pompilio, & meliori ordine digestos. Qui verò *mēsas*, quòd essent mensæ Curiales, ad quas vnaquæque Curia sua sacra faceret, quæ videntur constitutæ à Numa, quanquam Dionysius vult à Romulo. Eæ Anclabræ ab anculando, id est ministrando, & Assidelæ dicebantur. De quibus forsan Næuius lib. III. belli Pœnici,

At postea quam auim de templo Anchisa spexit,
Sacra ordine in mensa Penatium Deorum
Ponuntur: uictimam auream polcram immolabat.

Citat Probus. Ita autem scripserat Ennius:

Mensas constituit, idémque ancilia primus,
Libáque, fictores, Argæos, & tutulatos.

103. **Saturnio in carmine.**) Ita legendum, *Quod ea arma ut Thracum incisa, ut Saturnio in carmine*. Quòd nimirum in Saturnio carmine armorum anciliorum mentio fuerit. Alioqui ineptum erat Heroicum se-

K.iiii.

quentem vocare Saturnium.

104. E scirpeis virgultis.) Vetus erat scriptura *e scirpeis*, pro *scirpis*. Ignari homines putarunt aliquid deesse, quasi scirpeis esset adiectiuum. Quare inducenda ea vox.

105. In sacris capitibus.) Quasi alia capita haberent, non vnum tantùm. Legendum *in sacris apicibus*. Idem error lib. IIII. vt indicauimus suo loco. Quis nescit pilea sacerdotum apices vocari? Dionysius lib. 11. ἐν τοῖς καλυμδροις ἄπηκας ἐπικείμδροι ταῖς κεφαλαῖς πίλοις ὑψηλοῖς εἰς σχῆμα συναγομδροις κωνοείδες, ὃς ἔκλυες καλοῦσι κυρβασίας. Est autem à parte totum. Nam apex propriè erat insigne, id est fastigiu, quale hodie in pileis honorariis Doctorum, quos vocant. Nam totus pileus vel potiùs velamenta flammeum dicebatur. Vnde Flamines dicti. Idem Dionysius, ὃς ἀπὸ τῆς φορήσεως, πίλων τε, ἐ στεμμάτων, ἃ κỳ νῦν ἔτι φοροῦσι, φλάμεα καλοῦπες, ὕτω προσαγορεύεσι. Porrò desinebat in conum, vnde Apex dictus. Summum autem fastigium vocabant Tutulū. Addebatur virgula ex felici arbore, quæ in Flaminibus dicebatur Stroppus, in Flaminicis Inarculum. Totus Apex filo laneo velabatur: dicebatur Apiculum. Ab hoc putat quasi filamines dictos Varro. Infra mentum pertinebant amenta, quæ pileum retinebant: eæ dicūtur offendices, quòd se mutuò offenderent, & conuenirent. Solius tamen Flaminis Dialis pileum dicebatur Albogalerus: Fiebat enim ex hostia alba, Ioui cæsa, quæ dicebatur Idulis: de qua Ouidius,

Idibus alba Ioui grandior agna cadit.

106. Ab eo, quod matresfamilias crines conuolutos ad verticem capitis, quos habent vti velatos, dicunt tutulos.) Meliùs, *elatos*. Tutulus in

fœminis qui hîc vocatur, dicebatur κόρυμβος Atheniē-
sibus, à Cypriis κορδύλη, à Persis νιδάειον. Lucanus de
hoc sentit,
> Turritáque gerens frontē matrona corona. Iuuenalis,
> —tot adhuc compagibus altum
> Ædificat caput—   Papinius,
> —celsos procul aspicæ frontis honores,
> Suggestúmque comæ—

107. **Tutulati.**) Placiades id intelligit in Virgilio:
> Et caput ante aras Phrygio uelatus amictu. Potest &
videri in Statio,
> Lanea cui Phrygij coma flaminis.

108. **Et quod est, tunc cæpit memorari. Simul
cata dicta accipienda acuta.**) *Et quod est*
> —Tunc cæpit memorare simul cata dicta. *accipienda
acuta*. Nam quî constare potest vulgata lectio editio-
ni Romanæ & Vertranio?

109. **Tunno capto corium.**) Tantæ sunt horum
versuum maculæ, vt & illos prætereunti magna venia,
& conanti emendare par gloria deberi possit. Id quod
multum me consolatur: Nam si aliquid præstitero,
cur non acceptum merito esse debet? sin, quod magis
puto, errauero: quid mirum ad tantum scopulum of-
fendere? Tamen conandū est quoquo modo has Cya-
neas enare, quod satis commodè fiet, si ita legamus,
> Tunnos captato, cordulum exclude: minores
> Occidunt, Lupe, saperdæ tæ: hæc iura, Silurum
> Sumere tæ, atque amiam—
Ineptum est, putare
hîc Lupum esse nomen piscis, cùm Varro dicat nomina piscium horum Græca esse. Sed est Lupus ille, qui
famoso carmine à Lucillio notatus est. De quo & alii
quoque versus Lucillii extant:

—*Tubulus si Lucius, inquam:*
Si Lupus, aut Carbo Neptuni filius— Horatius?
Famosísque Lupo cooperto uersibus— Persius,
—*secuit Lucillius urbem*
Te Lupe, te Muti &c. Item Lucillius ipse, per dialogismum:
—*quid, hæc cum fecerit?*
Cum cæteris reus una tradetur Lupo.
Non aderit. Ἀρχαῖς *hominem et* στοιχείοις *simul*
Eum priuabit. Igni *et aqua interdixerit,*
Duo habet στοιχεῖα*. Id maluerit: priuabit tamen.* Hortatur ergo hunc Lupum εἰρωνικῶς, vt relictis minoribus pisciculis illis, vt sunt cordyllæ, & saperdæ, tunnos, Siluros, & amias immanes pisces consectetur. Manifestò irridet illius rapacitatem.

110. Tunno capto.) *Capto* perperam, pro *captato*. Idem mendum in Varronis exemplo ἐπὶ φακῆ μύρον.
Nec multinummus piscis ex salo captus
Elops, neque ostrea illa magna captata
Quiuit palatum suscitare. Nam hodie malè apud Nonium *capta*. Etiam nos in eodem exéplo *multinummus* restituimus, vt in libris de re Rustica, *multinummi muli*.

111. Piscium nomina, eorumque e Græcia origo.) Librarius ignarus Græcarum literarum, vt apparet, multum deprauauit hos versus Lucillii. Quod & idem commissum est in versibus Ennii, ἰχθυφαγκεῖς, qui leguntur apud Apuleium: vbi maxima ex parte piscium nomina Græca corrupta sunt. Quos tamen emendandos relinquo eruditis viris. Id quod fieri poterit ex Poetarum macellis: ita voco qui citantur apud Athenæum piscinarii & culinarii poetæ. Non tamen

prætermittam versus, qui adducuntur à Festo, vbi &
piscium nomina Græca mirum in modum deprauata
& luxata sunt: Qui ita restituendi sunt,
 Muriatica autem uideo in uasis stanneis,
 Bonam naritam, & camarum, & tagenia,
 Echinos fartos, conchas piscinarias. Muriatica vocat
τὰ ταριχηρὰ, quæ in muria Thasia seruabantur. Ea ita
describuntur in Pœnolo:
 Quasi salsa muriatica esse autumantur,
 Sine omni lepore, & sine suauitate,
 Nisi multa aqua & diu macerantur,
 Cient, salsa sunt, tangere ut non uelis. Narita dicitur
ostrei genus, quæ νηρῖται à Græcis. Camarum scriptum
est vno, *m*, veteri consuetudine: etiã apud Hesychium
κάμαρον. Tagenia, sunt pisces, qui & ταγλωτται, qui & ipsi
ἐν ἄλμῃ ἐμβαφθέντες ἐπιτυθρακίζοντι. Vide Athenæum. E-
chinos fartos vocat, qui farciebantur, hoc est saginaban-
tur in viuariis, sicut conchas piscinarias, quæ in pisci-
nis. Atque adeo Muriaticorum nomine Plautus pisces
omnes eos, qui ab eo enumerati sunt. Et ne dubites de
hac correctione, audi quæ Plinius lib. xxxi. cap. viii.
de ea re sic scribit: *Sic halex, inquit, peruenit ad ostreas,*
echinos, urticas, caminaros, mullorum iecinora: innumerísq-
que generibus ad saporem gulæ cæpit sal tabescere. Satin' a-
pertè eosdem pisces inter muriatica (id enim est halex, τὸ τάριχος) recensuit, quos Plautus? Quare tam boni versus in situ & squalore relinquendi non erant.
Nunc ad rem.

112. **Quæque cæruleo freto orta nare cæpta.**
Caua cortina dicta &c.) Hîc placet Italis deesse
quædam. Sed eos decepit perturbatus sensus, quem si
aperuero, ostendam hîc nihil deesse. Cùm ita legendũ

fit: *Quæque freto caua cæruleo cortina reaptat.* Cortina
dicta, quod *&c.* Intelligit ergo Ennius, quæcunque
continentur ὑπὸ τῇ οὐρανοῦ σκέπῃ, vt loquuntur Poetæ.
Vereor autem, ne cum aliis, quos suprà posuimus, cõ-
iungendi sint:

> *Corpore Tartarino prognata Paluda Virago,*
> *Cui par imber, & imbris spiritus, & graui Terra:*
> *Quæque freto Caua cæruleo cortina reaptat.*

113. Freto cæruleo.) Ita ἀδελφερατικῶς vocat cælum
propter agitationem. Idem apud Nonium:

> *Crassa polus oritur, omnem peruolgat cæli fretum.*

114. Cortina.) Τεῖπις & λέβης. Ea est propriè, in qua
lana suffecta succos ebibit. Ab eo vsus est metaphora
Cor. Tacitus in Dialogo, cùm ait in Cortina esse. Id
contrarium est ei, quod Græci δευσώπιον vocant. Quæ
enim in cortina sunt, nondum penitus imbiberunt
fucum. At hercule, inquit, *peruulgatus iam omnibus, cùm
uix in cortina quisquam assistat, qui elementis studiorum
etsi non instructus, at certè imbutus sit, &c.* Non multum abest, quod dixit Lucianus Ψαῦσαι λέβητος. Lucianus Bis accusato: εἰσὶ δέ οἱ ἃ μόνον ψαύσαντες ἐκ ποθε τῇ λέβητος ἄκρῳ τῷ δακτύλῳ, ᾗ ἐπιχρισάμβροι τῆς ἀσβόλυ, ἱκανῶς
οἴονται ἃ ὕτοι μεταβεβάφθαι.

115. Cortina a corde.) Ego puto à rotunditate,
quod, vt cortes, ita hæc rotúda esset. Cato in Originib.
Mapalia uocantur, ubi habitant. Ea quasi cortes rotundæ
sunt. Sic ὁλοοίβοχοι λέβητες ab eadem ratione dicti, si benè memini.

116. Quininde inuictis sumpserunt perduelli-
bus.) Locus mendosus. Puto legendum:

> *Vindictam uicti sumpserunt perduellibus.*

117. A quo etiam Turpilius scribit vesperú.)

Indubitanter lego, A *quo etiam Turpilius scribit Vesperá.*
Itaque dicitur alœrutrum. Vesper, id est, quem dicunt Græci ἕσπερον. Non possum non multum conqueri de cor-
rectorum audacia, qui hunc autorem iam per tot sæ-
cula ægrum, multis porrò vulneribus confecerunt.
Quod tamen dictum velim sine vlla animi asperitate
& maleuolentia. Nam quid eos mouit huc vocabulo-
rum monstra inferere, quæ ipsi nesciebant? Vbi enim
δίεσπερον suum inuenerunt? Cur si nesciebant quid
esset, tamen quasi aliquid esset, huc intruserunt? Sed de
his satis, ne περὶ σκιᾶς ὄνυ.

118. *A quo Turpilius scribit vesperum.*) Vespe-
ram, vt iam admonuimus. Plautus,

   Si media nox est, siue prima uespera. Nonius, Ves-
pera fœminino genere: Turpilius Dotata.

   *Manus meas uespera oriente clanculum   Ferri ad
speciem declino.* ita lego in Nonio.

119. *Patrem suum optumum appellat supremum.*) Ita explebitur Saturnius versus,

   Iouem patrem suum optumum appellat supremum.

120. *Solis occasu.*) Sol occasus. SOL OCCA-
SVS SVPREMA TEMPESTAS ESTO.

121. *Ab eo veteres poetæ nonnunquam milites vocant latrones.*) Ennius Annali primo:

   Hæc ecfatus ubi, latrones dicta facessunt. Item alibi,
   —*fortunas ecquas cœpere latrones*

   Inter se memorem— Quæ tamen verba apud Nonium luxata & deprauata reperies. Vt λάτρον latronū,
sic stips, stipatorum eis nomen fecit.

122. *Diabathra in pedibus habebat.*) Ita coniunge:

   —*risi egomet cæsabundum ire ebrium:*

Diabathra in pedibus habebat, atque amictus erat epicroco. Mirum ni ex Lycurgo Næuii.

113. Lanam carere.) Vetus verbum pro ξαίνᾳν. Vnde & Carduus, & Carminare. Quare perperam hodie in Menæchmis legitur *carpere*, cùm & Nonius quoque *carere* retineat. Carere verò sine dubio ϖῥοὶ τὸ κείρειν, ἔκαρον: non vt Varro.

224. Osca lana.) Eadem & solox lana, οἰσύπος, ὡ οἰσωπίτη. Lucillius:

Pascali pecore, ac montano, hirto, atque soloæ. Pascale pecus τὸ εἰκᾳῖον, ᾗ νομαδικόν, vt pascales Gallinæ. alii legunt passales, id est, εἰκᾳῖες. passim τὸ ἀκῆ, Montanum id est sentum & squallidum, qualia in montibus pecora. A quo ὀρφνὸν ἱμάτιον ex lana squallida, & non carminata. Pollux, τὸ δὲ ἄκναμπτον ἱμάτιον οἱ μέσοι Κωμικοὶ, ὥσπερ ἐν ὄρει ἐργασμένον, ἤτοι ἐκ ἐγναμψμέν ον καλῦσιν. Hirtum itidem vocat squallidum. Columella, *Dissimilem rationem postulat hirtum, atque Tarentinum.* Vir eruditus Beroaldus putat idem esse Tarentinum & hirtum, magno sanè errore. Quis nescit ita loqui Latinos, *Dissimilem naturā pecus habet atque homo.* Plautus, *Illi sunt alio ingenio atque tu.* Ergo pecus montanum, pascale, hirtum, atq; solox opponitur μαλακῖς ϖροβάτοις, qualia erant in agro Tarentino, quæ, vt mollioris velleris essent, pellibus tegebantur. Ab eo dixit Horatius *pellitas oues Gallesi.* Polybius in excerptis lib. IX. ἔχαν πρόβατα μαλακὰ σῶν εἰκοσμυδρῶν περὶ τλὼ πόλιν τρέφεσθαι. Interpres ineptè vertit debiles. Ælianus in Epistolis: τλὼ οἶν τλὼ τὰ μαλακὰ ἔελα ἣν ἐπαγνῶ πρὸς σὲ, παρ' ἐμγῦ πρόσπε. In Laertio dicuntur πρόβατα δέρμασιν ἐσκεπασμένα. Columella vetat oues pelliciri festis diebus. Hæ pecudes, quia tenerrimis pascuis alerentur, dicebantur apud Rhodios διακαλαμόσαρκες, ἤγουν τὴν καλάμην τῶν σπερμάτων ἐπιβοσκόμδναι. Luxuriem segetum summa depascit in herba.

115. A Gerra.) Γέρρα Crates. Etiam fascinos & pudenda interpretatur Nonius. Hesychius, γέρρα, τας σκευας ὃ τὰ ἀιδρῶα, ᾗ γυναικεῖα αἰδοῖα.

126. Adscriptiui.) Varro de Vita pop. Ro. lib. III. Iidem adscriptiui, cùm erant attributi Decurionibus & Centurionibus, qui eorum haberent numerum, accensi uocabantur. Eosdem etiam quidam vocabant ferentarios, qui depugnabant pugnis, & lapidibus, iis armis, quæ ferrentur, non quæ tenerentur. id est, τηλεβόλοις βέλεσι, ᾗ ὓ φεδίοις,ᾗ σαδιαίοις, ἀχμαίχοις.

127. Arma, quæ ferrentur, vt iaculum.) Τὰ τηλεβόλα, vt iam diximus.

128. Vbi rorarii estis?) -sequimini
Me hac sultis legiones omnes Lauernæ. Vbi rorarii
Estis? En sunt. Vbi sunt accensi? Ecce- prius membrum inuenies apud Festum.

129. Potest ab arbitrio.) Varro vult accensos dictos ab arbitrio: quòd Censere olim significaret arbitrari. Sic de Vita po. Ro. Itaque quod hos arbitros instituerunt populi, Censores appellarunt. Idem enim valet censere & arbitrari. At Rerum humanarum lib. xx. Consules ac Prætores qui sequuntur in castra, accensi dicti, quòd ad necessarias res actiantur, uelut accensiti. Vbi vides inconstantiam Varronis. Quare ita obscurum hunc locum, vnde satis dignè non se extricauit Vertranius, legito: Potest id ab arbitrio eius (nam inde arbitrium) cuius minister. Accensus, inquit, potest dictus esse ab arbitrio eius, cuius minister. Nam arbitrium inde est, nimirum à censeo: quòd verbum illud Censeo, & Arbi-

tror idem poterat ac valebat,vt idem scripserat Rerum humanarum lib. xx. Neque Itali, neque Vertranius audiendi sunt, qui aliter legunt.

130. **Pacuuius: Deum triportenta.**) Post hæc verba hiatus est. Neque mendum est, sed lacuna.

131. **In Corollaria.**) Corollaria, στεφανόπωλις. Est autē fabula Næuii, vt citatur à Sosipatro. Versum autem illum, quem intelligit Varro, est hic:

Diuidiæ mihi fuerunt te abfuisse desiduo. Extat apud Placiadem interpretem priscarum vocum. Tamen apud illum citatur ex Varronis corollaria, vt verear, ne hîc ille versus desideretur: De quo tamen eruditus lector iudicauerit.

132. **Diuidia.**) Attius Phœnissis:
Vicissitatémque imperitandi tradidit,
Ne eorum diuidiæ discordes dissipent
Disturbent tantas, & tam opimas ciuium
Diuitias— Hæc nos non solùm correximus, sed etiam diuulsa conglutinauimus. Tamen tantùm Euripides dixerat,

ξυμβάντ' ἔταξαν, τὸν νεώτερον πάρος
φεύγχι ἑκόντα— Quid vetat & alia conferre? Intelliges quantum variauit ab eo, quem vertendum susceperat. Euripides enim:

σκυλεύματ' εἴσω τειχέων ἐκπέμπομεν,
ἄλλοι δὲ τοις θανόντας Ἀντιγόνης μέτα
νεκροῖς φέροισιν ἐνθάδ' οἰκτῖσαι φίλοις. Quàm enim recedit ab illis vestigiis?

Vbi nunc nostra mœnia, & omnis saucios
Conuisit, ut curentur diligentiùs. Illa verò non tam licenter:

—πολύδακρυς τ' ἀφικόμαν

Χρόνιος

Χρόνιος ἰδὼν μέλαθρα καὶ βωμοὺς θεῶν
Γυμνάσιά θ' οἷσιν ἐνετράφην, Δίρκας θ' ὕδωρ. Nã quædam ex illis hodie extant,
Delubra cælitũ, mari' sanctitudines. Et illa satis bene:
— ὅτε γὰρ χέρας πατρὶ
οὔτ' ἔξοδον διδόντες, ἄνδρα δυστυχῆ
ἐξηχρίωσαν — Sic enim vertit:
Incusant ultrò, à fortuna, opibúsque omnibus
Desertum, abiectum, afflictum ex animo expectorãt.
Vbi expectorare ex animo, ἐξαχριοῦν, efferare. mirum genus loquendi. Sic apud Ciceronem vetus Tragicus
Tum pauor mihi sapientiam omnem ex animo expectorat. hoc est,
ἐξίσταμαι τε τῶ ἄφρονῶ φόβῳ. Gallicè, *mettre hors du bon sens.* Porrò in his vertendis satis animum intẽdit, quæ sequuntur. Euripides:
σαφῶς γὰρ εἶπε Τειρεσίας ὃ μή ποτε
σοῦ τὴν δὲ γῆν οἰκοῦντος, εὖ πράξειν πόλιν.
ἀλλ' ἐκκομίζου — Ex Attio separata hæc cõiunximus:
Iussit proficisci exilium quouis gentium,
Ne scelere tuo Thebani uastescant agri.
Egredere, exi, effer te ex urbe, elimina. Quæ data opera hic scripsimus, vt esset, quo interim Lectores animum ex tam minutis animaduersionibus possint reficere, dum difficultati huius laboris consulimus, & illam interdum condimus mitioris & iucundioris lectionis voluptate. Non deerunt tamen, quorum palato hæc non faciant: nec mirum, πολλοὶ ἐν Ἀρκαδίῃ βαλανηφάγοι.

133. In Phagone.) Eius fabulæ nemo veterum, quòd sciam, meminit. Esset Latinè Comedo, vel Lurco, vel Gumia, vel Manduco, vel Rapo. Varro, cùm hic

L.i.

Rapo umbram quoque spei deuorasset. Rapo, id est proprie ἀδηφάγος. Apud Vlpianum: Trebatius ait nō esse morbosum, os alicui olere, vt hircosum, strabonem: hoc enim ex inluuie oris accidere. Ego ἀναμφισβήτως lego, ut *lurcosum, raponem*. Hoc enim ex *ingluuie oris accidere*. Ingluuiē vocat τὴν ἀδηφαγίαν, ex qua oris graueolentia cōflatur, vt in Leone notat Aristoteles. Etiam hircosus defendi potest. Est is, cui os ex foeda & detestabili libidine olet. Eiusmodi enim vocabātur Hirci. Catull⁹:

— *& putare cæteros hircos.* Et in dicto Attellanæ,

Hircus uetulus naturam capreis ligurit. quo foeditas oris hirsuto & olido seni Tiberio exprobrata est. Item dicebātur spurci, & spurco ore Græcè ἀσελγεῖς. Et spurcæ tempestates, Græcis dicuntur ἀσελγεῖς, ἤγουν σφοδραί. Athenæus, λέπεσθαι, ἐπ' ἀσελγοῖς καὶ φορτικῆς δι' ἀφροδισίων ἠδονῆς. vocat ἀσελγῆ ἠδονὴν eorum qui id faciebant. Nā ἀσελγεῖς illi, qui hoc patiebantur, dicebantur λέπειν. Latinè Glubere. Catull.

Glubit magnanimos Remi nepotes. Budæus aliter interpretatur, sed (pace tanti viri dixerim) perperàm. Hæc latius à nobis dicta sunto, vt totum Vlpiani locū illustraremus: quia maximus vir non satis dignè inde se explicare potuit.

134. In parasito pigro.) Ea fuit Plauti fabula: &, ni fallor, Græcè λίπαργος inscripta fuit. Priscianus citat ex Plauti Lipargo hæc:

Nil moror mihi fucum, in alueo apibus qui peredit cibum. Quæ manifestò dicta sunt in parasitum pigrū. Hesiodus:

τῷ δὲ θεοὶ νεμεσῶσι, δὲ αἰέρες, ὅσκεν ἀργὸς
ζώῃ, κηφήνεσσι κοθούροις ἴκελος ὁρμήν.
οἵ τε μελισσάων κάματον τρύχουσιν ἀεργοὶ ἔδοντες &c.

135. Trameã.) A trameãdo, quòd scilicet transuersi scandant vias rectas. Ab eo Plautus Mostellaria videtur dixisse, *Ambo postes ab infimo trames secat.* Quòd qui cæsi sunt intempestiui postes, diffindi solent, & hiare. Sed mihi diligentius cõsideranti videtur legendum *tarmes*. Is est Vitruuio, qui θρὶψ Græcè vocatur, vt intelligat vermiculatos, & θριπηδέςοις. Iam secare,& cædere aptum verbum huic rei. Lucillius:
Lanæ opus omne perit, squallor, tineæ omnia cædunt.
Nam Græcè κόπηεν, vt κόπιεϑαι ὑπὸ σέων. Aristophanes Lysistrata. Et Theophrast. ἱςορ. lib. IIII. κ᾽ἂν ἐς ἱμάτια τεϑῇ τὸ μῆλον, ἄκοπα διατηρῇ. Itaque puto *Tarmes* non *Trames* legendum in Plauto.

136. In fugitiuis.) Putant esse Comœdiam Plauti: sed falluntur. Est enim Turpilii, quæ alio nomine inscripta erat Leucadia. Translata est ex Alexide, qui subinde citatur ἐν λευκαδίᾳ ἢ δραπέταις.

137. Agrege specta.) Lego: *Age age specta: uide uibices quantas. Iã inspexi: quid est?* Est quadratus Iābicus.

138. Vibices.) ἴουκας Græci vocãt σιγμᾶς. Hesychius. Inde vibices.

139. Excitatum verberibus corpus.) Hinc Plautus vibices vocat prægnantes plagas.

140. In Cistellaria.) Infinitis propè locis Plautum in Cistellaria citant Grammatici: cùm tamen quæ ipsi adducunt testimonia, desiderentur in ea, quæ hodie extat eius nominis fabula. Vnde quidã pro Clitellaria Sisennaria, aut nescio quid nugarum, substituendum putarunt. Sed non ita faciundum erat. Paruum mendum est, quod huius fabulæ titulum occupauit. Nam *Clitellaria* pro *Cistellaria* legendum. Facilis verò fuit lapsus, vt in Cistellariam notissimam fabulam degene-

L.ii.

raret. Eſt autem eadem atque ea, quam Græco titulo inſcripſerat Aſtrabam. ἀστράβη enim clitella. Sic inuenies eundem Plautum citatum in Lipargo, & Paraſito pigro: Terentium in Heautontimorumeno, & ſeipſum excruciante, vt apud Ciceronē: Cæcilium Nauclero vel portitore: oboloſtate, vel fœneratore: Harpazomene, vel rapta: Hypobolimæo, vel ſubdititio: Laberiū Cropio vel Sarcularia: Beloniſtria, vel Frugione: Scylace, vel Catularia: Pōponium Hetæriſca, vel proſtibulo: Varronem κριομαχία, vel Caprino prælio. Quæ cùm ita ſint, iam ſatis iſta coniectura noſtra, ſi ad reliqua pergamus.

141. Nō quaſi, vt hæc ſunt hic limaces liuidæ.)
Meliùs, ſumtuis limaces liuidæ.

142. Limaces.) A limace, vt apparet, quæ folia plantarum, & olera corrodit. Eiuſmodi ſunt meretrices, quæ miſeros amantes καταφαγοῦσι. A quo illa apud Menandrum meretrix dicitur Αἴξ. —ἐπικαλεῖτο δὲ

Αἴξ, ὅτι μέγαν κατέφαγε τὸν ἐραστὴν ποτε Θαλλόν. Vel potiùs à limādo. Nam Græci quoque τὸ ῥινοῦν in eadem ſignificatione vſurpāt. Ælianus, ᾗ ὁ μὲν τῷ Μενάνδρῳ Θήρων (nomen eſt paraſiti) μέγα φρονεῖ, ὅτι ῥινῶν ἀνθρώποις, φάτνην αὐτοῖς ἐκ ἥνους εἶχεν. Vbi etiam eleganter περὶ τῆς φάτνης. A quo dixit Plautus de Paraſito, recepit ſe in præſepim ſuam. Itaque limaces meretrices, à limando.

143. Diobolares.) Sunt ita digerendi verſus hi:
Non quaſi ut hæc ſumtuis limaces liuidæ,
Diobolares, ſchœnicolæ, miraculæ,
Cum extritis talis, cum crotilis cruſcilis,
Capillo ſaſſo, atque exciſſatis auribus. Quòd ſecundus verſus ſit ex Clitellaria, nō Neruolaria, vt falſò putant quidam, vel hoc vno cognoſcimus: In Fragmen-

tis Festi mutilatis, vbi disseritur, quæ sint scœnicolæ meretrices, versus hi duo continui citabantur, *Diobolares, scœnicolæ, miraculæ, Cum ex tritis talis, &c.* Priscianus verò citat ex Cistellaria illum, *Cum ex tritis talis, &c.* Sunt ergo illi duo ex eadē fabula Clitellaria. Quartum verò ex Cistellaria adductum inueni: sed perperā vbique pro Clitellaria. Quem cum cæteris coniūgendum esse, nemini dubium esse debet. Quæ quamuis satis erant ad fidem faciendam sententiæ nostræ: tamen maior huic cumulus accesserit, si ea, quæ citantur ex Astraba, cum illis, quæ ex Cistellaria falsò pro Clitellaria adducuntur, coniungamus. Cuiusmodi sunt hæc:

—quasi tolleno, uel
Pilum Græcum reciprocas plana uia.
Quæ nisi sic biteris, nimium is uegrandi gradu.
Pol ad cubituram, mater, mage sum exercita.
Reliquum, ad cursuram sum tardiuscula. Quæ non dicam quàm conueniunt, sed quàm elegantia sunt. Sed enarrandi sunt, quos suprà coniunxi.

144. Diobolares.) Puto fuisse in Græco:

διώβολοι, κỳ μορμόνες, χοινοτειβες. Diobolares. Plautus Pœnolo:

Seruolorum sordidulorum scorta diobolaria. Ad verbum esset,

Δȣλαρίων οἰκοτείβων κασαλβάδες διώβολοι. Pacuuius apud Placiadem,

—non ego ita fui,
Vti nunc sunt meretrices diobolares, suam
Quæ nummi caussa parui pendunt gratiam. Dicebantur & βλιτάδες in contemptum. Βλιτάδες, inquiunt Grammatici, αἱ δύπλῆς γυναῖκες, id est, Nugatoriæ mulieres, vt vocat Festus. Plinius: *Blitum iners uidetur, ac*

L.iii.

sine sapore, aut acrimonia ulla. Vnde conuicium fœminis apud Menandrum faciunt mariti. Plautus, *Lutea, blitera meretrix.* Apud Catullum:

Non assis facis oblitum lupanar. Lege,

Non assis facis: ò blitum, lupanar. id est, ò blitum, ò lupanar, non curas. Lupanar enim etiam vocauit, vt Lucillius: —*carcer vix carcere dignus.* Et Terentius, scelus pro scelesto, Martialis, vitium pro vitioso. Virgilius —*Et crimine ab uno Disce omnes.* Crimine ab vno, id est, ab vno reo. Aristophanes, ἐν κύκλῳ τὰ νοσήματα σκοπῶν, id est, τοῖς νοσήλοις. Apud Vitruuium Catasti pueri, à Catasta. Itaque lupanar eleganter pro meretrice. At alii aliter.

145. **Schœniculæ.**) schœnicolæ, legendum. Extat & in Plauti Pœnolo. Sed ibi falso legitur *cœnicolæ.*

146. **Miraculæ.**) Φόβητρα planè exprimi puto, & μυρμόνας. Nisi intercederet Varronis autoritas, legerē, *muricolæ,* pro Myricolæ, μυροτείβαι, vel μυροτείβες. Possent & Miraculæ esse à miraculis. *Miracula, quæ nunc digna admiratione dicimus, antiqui in rebus turpibus utebantur.* Autor Festus. Inde Catullus monstra pro eodem dixit, Sed *tu cum copone omnia monstra facis.*

147. **Cum extritis talis.**) In aliis legitur *extortis.* Inter laudes mulierū καλλιπλόκαμος, & καλλίσφυρος. Sicut contra inter vitia, Compernis, & valga, & vatia. Lucillius libro XVII.

Num censes καλλιπλόκαμον, καλλίσφυρον ullam
Non licitum esse uterum, æquè etiam inguina tangere mammis?
Compernem, aut uaram fuisse Amphitruonis ἄκοιτιν
Alcmenam, atque alias, Helenam *ipsam deniq; nolo*
Dicere. Tuæ uide, atque dissyllabon elige quoduis.

Τίω δ῀ πίqεαν aliquam rem insignem habuisse,
Verrucam, nævum pictum, dentem eminulum unum. Qui erant extritis talis λαιαποδίαι ab Atheniensibus dicebantur. Quanquam nonnulli dicunt λαιαποδίας eos esse, qui δρεπανώδης habebant πόδας. Vt ii sint, quos Falcones à veteribus vocatos esse testatur Festus.

148. **Cum crotilis crusculis.**) Festus legit *crocotilis*. At altera lectio melior. siquidem Crotilum vocabant exile, & tenue. Videtur κροτίλος fuisse, vt κροτίλος. Inde compositum Succrotilus. Titinnius,

Feminea fabella, succrotila uocula. Ecce autem inconstãtia lectionis. In aliis enim legitur *todellis cruscalis*, etiam in Festo ipso. Todi, inquit, *genus auium paruarum.* Et putat ab illis cruscula exilia, & tenuia, todella dici. Sanè non caret ratione: Nam simili translatione Eubulus Comicus dixit σκέλη κοψίχου, ab ea minuta auicula scilicet. Ita enim ait:

Ἡ Θεατὼ δ᾽ ὐχὶ σφριν᾽ὄςὶν ὐποπεπλασμίνη;

Βλέμμα, ἢ φωνὴ γυναικὸς, τὰ σκέλη δὲ κοψίχου; Nunc redeo ad Varronem.

149. **Ab schœno nugario vnguento.**) Nugario potuit dicere, quod toti χλιδῶνες muliebres, quæ vulgò Iocalia vocamus, veteribus dicebantur Nugæ muliebres. Plautus Aulularia:

vbi nugiuendis res soluta est omnibus. Pollux lib. v. καὶ ἄλλοις δέ τινας κόσμοις ὀνομάζουσιν οἱ κωμῳδιδάσκαλοι, λῆρον, ὄχθοιβον, σκέλιθρον. Etiam λῆροι, inquit Hesychius, τὰ περὶ τοῖς γυναικείοις χιτῶσι κεχρυσωμένα. Et in VI. Epigrammatum:

— ἐκ λήρων οἱ χρύσοι κάλαμοι. Petrus Victorius reposuit *nugatorio* ex veteris scripturæ autoritate. Id erit futili, ἢ καταφρονήτω. vt nugatorias mulieres vocat Festus

L.iiii.

ταῖς εὐτελέσι, ἢ εὐκαταφρονήτοις.

150. Ibidem Scrantiæ.) Lege Idē *Neruolaria*: Scráctiæ: Veteres excusi habebant, Idem *in eruolaria*. Ex eo igitur restituenda vera lectio: Hoc ita esse testatur & Pius Annotationum suarum cap. CCIIII. Similia cō uicia in meretrices, vt in superioribus, quod fecit vt superiores versus ex Neruolaria esse putarint propter affinitatem sententiæ. Itaque hinc eraserunt nomen Neruolariæ, quòd putarent id ponendum esse, vbi citatur Cistellaria.

151. Scranctiæ.) In nonnullis Scractiæ. Scracere videtur olim dictum τὸ χρέμπτεθαι. Quod verbum & hodie quoque vulgò in Gallia vsurpamus. In Nonio & Festo manifestò legitur Scraptæ. Titinius Prilla:

Rectius mecastor Piculetæ Postumæ
Lectum hodie stratum uidi, scraptæ mulieris. Quare *scraptæ*, pro meretricibus, quasi despiciendæ.

152. Scrupedæ.) Quæ ægrè incedunt: ab eo, quòd qui per scrupos & lapillos incedunt, difficilè ingrediuntur. Quæ ita ægrè consisterent, veteres etiam Petreias vocabāt. Ego puto melius esse, vt dicamus Plautum, cùm hæc ex Græco transferret, Græca quædam vocabula reseruasse. Itaque *scrupedas*, quasi *crupedas* dictas, vt tritauus stritauus &c. κρούπεδα enim, quæ & κρούπεζα, Græcè dicuntur sculponeæ. A quo homines duris pedibus & ligneis vocabantur κρούπεδοι & κρούπεζοι: quia κρούπεδα, inquit Hesychius, σανδάλια, καὶ ὑποδήματα ξύλινα μεθ᾽ ὧν τὰς ἐλαίας πατοῦσι. Deinde τὰς κρηπῖδας interpretans, θέλῃ οὖν, inquit, δηλοῦν τοὺς τραχεῖς πόδας ἔχοντας.

153. Ab excreando scranciæ: sic adsignificat.) Lego, Ab excreando: *scrancia siccam significat*. Ariditatē

in corporibus mulierum notat etiam Plautus in Curculione,

Tibi qui screanti, siccæ, semisomnæ adfert potionem.
Et in Priapeiis,
Quæ succo caret, ut putrísque pumex.
Nemo uiderit hac ut excreantem,
Quam pro sanguine pulucrem, scobémque
In uenis medici putant habere. Hîc ergo siccæ mulieres, quæ tussiendo & excreando exhaustæ sunt. Vnde ille in Milite Plauti vult scortum siccum succidum: siccum non tamen succo carens, & exhaustum. Ideo succidum, vt Terentius succi plenum. Itaque siccam, minimè sputatricem. Vnde apud Iuuenalē repudiatæ mulieri inter alias caussas repudii hæc præcipua velut sontica assignatur, quòd nimium emungeretur:

Iam grauis es nobis, nimiúmque emungeris— Quas caussas repudiata quædam apud Afranium à se reiicit, cùm ait:

Vigilans, ac solers, sicca, sana, sobria,
Virosa non sum: & si sum, non desunt mihi
Qui ultrò dent: ætas integra est, formæ satis. Sunt enim ex Repudiata Afranii. Etsi scio in Afranii verbis siccam esse posse pro sobria dictum, vt apud Plautum in Asinaria, & Ciceronem in Academicis sicci homines pro sobriis: sicut cōtra madidus, & madulia, pro ebrio. Ita etiam ξηρὸν Græcè. Pindarus apud Plutarchum περὶ σαρκοφαγίας. γυῶναί τε ἔπειτα αὐγᾶ ξηρᾶ ψυχὰ σοφωτάτα. Et Athenæus lib. 11. ξηρὰν τροφὴν vocat abstemiam. ἐκ τροφῆς ξηρᾶς ἔτ' ἂν σκώμματα γένοιτο, ἔτ' αὐτοσχέδια ποιήματα.

154. *Stritabillæ.*) In nonnullis *strictipellæ*. Ex erũt, quæ stringunt cutem, & rugas in facie extendunt. Itaque ad id fiebat πεπαίωθρον, vt vocat Dioscorides: quod

Latinè tentipellium. Titinnius:

—tentipellium
Inducis:rugæ in ore extenduntur tuæ. In aliis legitur *Strictiuellæ*, vt apud Nonium. Erunt quæ psilothro, pumice, & volsellis crebrò vtuntur ad cilia castiganda, & cæteros pilos euellēdos. Vel quæ calamistrorum nimio vsu pellem adurunt. Propterea dicebantur Incoctæ mulieres. A qua ratione, qui vibrabant capillos, homines molles, & effœminatos vocat Strabo καπυρισὰς lib. x i i i i. Tertullianus verò in lib. de Pallio, *vstriculos*.

155. **Aurelius scribit auscaripedam.**) Transpositio facta est, pro *scauripedam*. Scauri erant homines prauis fulti malè talis, vt verbis Horatii vtar. Ergo Scauripedæ eædem erunt, quæ suprà, extritis talis, id est nō καλλίσφυροι, neque δύπεζοι.

156. **A vermiculo piloso.**) Iuuentii sententia postulat, vt legatur *Ascaripeda*. ἀσκαείδες enim sunt illi vermes, quos intelligit. Sed, quod cū bona Varronianorum omniū venia dixerim, lūbrici nusquam in frondibus inueniuntur, sed ἴυλοι potiùs: ἀσκαείδας perperàm Gaza Tipullas vertit. Siquidem Tipullæ, non sunt vermes, sed potiùs aliud insecti genus, quod semper in riuis & fontibus visitur summa celeritate superficiē aquæ percurrens. Quas vulgus Aquitanum, & accolæ Garumnæ Capras vocant. Itaque dicta sunt ἀπὸ τὰ πίφη. πίφεα enim τὰ ἕλη vbi eæ versari solent. Varro—*leuis*

Tipulla lymfōn frigidos transit lacus. Ita enim legendum in Nonio.

157. **Ex eo ab Attio positum.**) Totus hic locus perturbatus est. Ita, meo iudicio, legendus est: Ex eo ab Attio positum pro curiosa: itaque est in Menalippo: Reiicias ab tē religionē, scrupeæ imponas. Scrupea, ἡ δύλαβής.

CONIECTANEA. 171

158. In Menalippa.) Legendum omnino, *in* Me-*lanippo*. Nam ex Melanippo Attii saepe producit testimonia Nonius. Ennius verò scripsit Melanippā, quam vertit ex Sophocle.

159. Reiicis abs te religionem.) Melius, Reiicias. Reiicit à se religionem, qui omen ad alium transfert. Sicut contrà obiicere religionem, ἐπιθιάσαι: nimirum ex obseruatione ominis δχσιδαιμονίαν incutere. Plautus Mercatore: *Religionem illic obiecit: recipiam me huc*. Sic Horatius religionem obiicit Galateae profecturae, ab omine: scilicet ab exemplo Europae. Suetonius dixit afferre religionem. *Fuere, inquit, qui proficiscenti Othoni moras, religionémque nondum conditorum anciliorū afferrent*.

160. Scritare.) In veteribus excusis Stritare. Erit à terendo tritare, & stritare, vt stritauus, id est διατρείζειν, ὲ βαμβακίζειν. A quo nonnulli Hispani dicunt hodie Bambanear. Latini veteres dicebant talipedare. Et Attas, qui ita aegrè incederent. Vel potiùs Structare. Id erit deriuatum à Struo. vt in XII. Tabulis *Pedem struere*, est vix pedem pedi praeferre, ait Verrius: hoc est vix γόνυ γονὸς ἀμείβειν, diceret poeta quidam.

161. Axitiosae.) Αξιοσαι.

162. In Sitelitergo.) Tu meo periculo repone, *in Scythe liturgo*. Haec fabula translata est ex Antiphane, quem citat Athenaeus ἐν σκύθῃ. λῃτυργοὶ verò, ὲ δημόσιοι ὑπηρέται vocabantur Scythae. τοξόται, inquiunt Grammatici, οἱ δημόσιοι ὑπηρέται, φύλακες τῶ ἄστεος, τὸν ἀριθμὸν χίλιοι. οἱ τινες πρότερον μὲν ὤκουν τῇ ἀγρᾷν μέσον σκηνοποιησά-μενοι. ὕστερον δὲ μετέβησαν εἰς Ἄρειον πάγον. ἐκαλοῦντο δὲ ὅτοι καὶ σκύθαι, κ̀ ἀπευσίνιοι ἀπὸ ἀπευσίνα πρὸς τῶ πύλᾳ πολιτυομένων συντάξαντες τὰ περὶ αὐτοῖς. Apparet apud Graecos, Scythas

eundem ordinem tenuisse, quem apud nos Germani in stipandis Regum & Principum corporibus. λᾳτȣργος quoq; σκύθης introducitur ab Aristophane ἐν ἐκκλησια-ζȣσαις. Quare vera est coniectura nostra. Et falsus est memoriæ Festus, qui ex Scythe liturgo (sed & ibi quoque deprauata est lectio) citat ea, quæ extant in Milite Plauti. Sanè Scythæ λᾳτȣργοι nihil aliud erant, quàm Stipatores,& qui vocabantur olim Latrones.

163. **Mulieres vxorculauit, ego noui scio axiosam. Sic)** Vxorculare poterat dictum videri, sicut mulierare. Varro γνῶθι σαυτὸν, Et Rex, *et musellus ille pauper amat. Hic ephebatū mulierauit. Hic apud mœchada adolescentem cubiculum pudoris polluit.* Tamen video hanc esse veram lectionem.

Mulier es, uxor. Cuia, uir? Ego noui, scio: axiosa es. Hoc enim conuitio irati dimittebant à se mulieres, sicut & hodie quoque solemus facere in communi sermone. Terentius:

Oh pergin' mulier esse? Plautus Casina:

Insipiens semper tu huic uerbo utitato abs tuo uiro.

C L. *Cui uerbo?* M V. *i foras: mulier es—* In Pœnolo:

Tacitius tibi resistam, quàm quod dictum est malæ mulieri. Rixanti enim & garrienti dicunt, *Mulier es.* Itaque garrientem mulierem malam vocat: quia videtur fuisse prouerbium, *Mulier, cùm tacet, bona est.* Idem in Rudente:

Eò tacent, quia tacita bona est mulier semper, quàm loquens. Ex illo:

— γυναιξὶ κόσμον ἡ σιγὴ φέρει.

164. **Carbilius.)** Scribendum Aur. Opilius. Nam C, hîc adhæsit ex fine præcedentis Sic.

165. **Axiosæ.)** Festus legit Axies *mulieres*.

166. In Gestione.) Poterat legi *in Restione*. Is est Mimus Laberii. Sed Varro æqualem suum non citasset, vt puto. Poterat & *Æschrione*. Ea est fabula Cæcilii. Magis placeret *Quæstione*. Eam scripsit Nouius Attellanarum scriptor. Sed hodie desideratur illud testimoniũ in vulgatis Nonii codicibus libro De contrariis generibus nominum. Id autem adducit, vt probet *sauies*, olim pro *sauiere* dictum fuisse. Quare ita repones ex scripto codice. *Suauies, pro suauiere*. Pomponius Munda:

Ego illam non amplectar? ego non sauiam? Nonius *Quæstione*:

Mammas teneas, pedes extollas, congenues, sauies. Ego quoque id enarrabo: *Congenues* dixit, genua iungas. Quod obscœnum est. Item illa obscœna, *Pedes tollere, & mammas tenere*. Sed posterius minus animaduersum. Plautus Pseudolo   —*ubi mamma manicula*

Opprimitur alia: aut, si lubuit, corpora

Conduplicant—   & alibi:

Papillarum horridularum compressiunculæ. Aristophanes Pace,

τί δῆθ' ὅταν ξυνῶν τῆς τί ἥων ἔχωμαι; Eurip. Cyclope:

ἵν' ὅτι τῷ τί πουρθὸν ἐξανιστάναι,

μασοδ' τε δραγμός, ὁ παρεσκευασμένος

ψαῦσαι χεροῖν λειμῶνος— At ineptus poeta omni abiecta verecundia & maiestate heroici carminis, illam fœditatẽ etiam ipsis verbis expressit, lib. IIII. Argonaut.

Ἀκροχάλιξ οἴνῳ, ἢ νέκταρι, καλὰ μεμαρπὼς

Στήθεα παρθενικῆς μινωίδος— Hæc sanè explicanda fuerant, quia hactenus in situ latuerãt. Non tamen propterea legerim *in Quæstione:* sed *in Gastrione*, vel, si mauis, *Gastrone*. In veteribus enim diserte excusum est *Gestrione*. Ea fabula versa est ex Antiphane, qui citatur ἐν γάςρωνι ab Athenæo lib. x.

167. Cerastribola vt de lumbo obscœnabis.)
Caro strebola, uitellina est : cœnabis. Ita enim legendum mihi videtur. Carnis strebulæ meminit Festus : item & Arnobius : Nonne, inquit, *placet carnem strebulam nonnare, quæ taurorum è coxendicibus demitur?* Videtur κωλῆ dicta à Græcis. ἡ ρῶ ἀγκύλη ὀσώδης. A qua curuatura & versura dicta Strebula. ςρεβλός enim Curuus &. prauus. Vnde Stribligo deprauata oratio, ὁ σολοικισμός. Videtur esse, & quod scribit Hesychius : κούπαρον, inquit, τῶν ὀπισθιδίων τὸ βοὸς ἣ αρξ ὑπὸ τὰ ἄρθρα.

168. Grallatores.) Nonius: *Grallatores sunt Calobathrarij* (melius καλοβάται) *Grallæ enim sunt fustes, qui innituntur.* Varro, *Mutuum nulli scabunt*, περὶ χρεισμοῦ : *Grallatores qui gradiuntur, perticæ sunt ligneæ. Ab hominis quoque ui istæ agitantur. Sic illi animi nostri sunt. Colla, crura, ac pedes nostri etiam* κινητά, *sed ab animo mouentur.* γύπωνες, vt puto, à Græcis vocabantur. Pollux, οἱ ᾗ γύπωνες ξυλίνων κώλων ἐπιβαίνοντες, ὠρχοῦντο διαφανεῖ ταραντίδι ἀμπεχόμβροι.

169. In libro, qui scribitur Nomina Barbarica.) *In libro, qui inscribitur* νόμιμα βαρβαρικά. Sic citatur ἐν τυρρhωικοῖς νομίμοις ab Athenæo. Sed quare in Barbaricis institutis, & legibus Præficarum meminerat Aristoteles? Quia Phryges propriè dicuntur Barbari: eorum autem inuentum Præficæ, & Nænia. Papinius in Epicedio patris,

vt *Pharios aliæ ficta pietate dolores,*

Myzdoniósque colunt, et non sua funera plorant.

Vnde Nænia Phrygium vocabulum, Latinè Lessus. Pollux, τὸ δὲ νηνίατον, ἐστὶ μὲν Φρύγιον, Ἱππῶναξ δὲ αὐτῶ μνημονεύς. Vnde νηνιείζεσθαι, τὸ θρηνεῖν. Ea canebatur ad ti-

CONIECTANEA.

bias, quæ θρηνητικοὶ αὐλοὶ dicebātur. Id quoque Phrygiū inuētum, vt etiam Catullus vocarit barbaram tibiam. Varro de vita po. Ro. lib. IIII. Ibi *à muliere, quæ optuma uoce esset, Pergamea, laudari: deinde Neniam cantari solitam ad tibias & fides eorū, qui ludis Troicis cursitassent.* Hæc mulier olim vocitata fuit Præfica vsque ad II Pœnicum bellum. In quibus verbis, quæ & corrupta antea, à nobis emendata sunt, & lacera, conglutinata, apertè indicat Varro hunc morem præficarum manasse ex Phrygia in Italiam per comites Æneæ. Statius Thebaidos lib. VI. in exequiis Archemori pueri,

Cùm signum luctus cornu graue mugit adunco
Tibia, cui teneros suetum producere manes
Lege Phrygum mæsta. Pelopem monstrasse ferebant
Exequiale sacrum, carménque minoribus umbris
Vtile, quo geminis Niobe consumpta pharetris
Squallida bissenas Sipyllen deduxerat urnas. Vbi & de tibiæ forma indicatur, & primùm Neniam cantari solitam in funere infantium. A quo, vt puto, quoddam genus legis puerilis dictū est Νηνίατος. Hesychius, νηνίατος, παιδαριώδης νόμος. Horatius,

Roscia dic, sodes, melior lex, an puerorum
Nenia, quæ regnum rectè facientibus offert? Inde Neniæ dici cœptæ pro friuolis, & nugis. Nugæ etiā erant propriè quæ canebantur in mortuorum laudem. Plau. Asinaria:

Hæc sunt non Nugæ: non enim mortualia. Etiam origo id declarat. Nam Nugæ Hebraicum & Syriacum vocabulum. Id sonat mœrorè, sicut Nenia planctum eadem lingua. Neque enim Phrygium est, quod putāt Grammatici. In Plauto Nugæ & mortualia vocantur carmina præficarum. Gellius: *Vos Philosophi mera estis,* ut M. Cato ait, *mortualia Glossaria: nam qui collegistis & lectitastis res tetras, & inanes, & friuolas, tanquam mulierum uoces præficarum.* Ergo Neniæ Phrygum inuentũ, vt volunt Grãmatici. A quibus Cares quoque id didicerunt. λέγεται δὲ, inquit Pollux, ϰ̀ φρύγας δῦρεῖν αὐλὸν θρηνητικὸν, ᾧ κεχρῆϑαι τοὶς Κᾶρας παρ᾽ ἐκείνων λαβόντας. Θρηνῶδες γὸ το αὔλημα Καρικὸν. Illud vero *μέλος Καρικὸν*, quod canebant ad tibiam, constabat ex Trochæo & Iambo. Itaque quæ apud eam gentem id canebant mulieres, vocabantur Καρίναι, à natione. Hesych. Καρίναι, Θρινῳδοὶ μυσικαὶ, αἱ τοὶς νεκροὶς τῷ Θρήνῳ παραπέμπυσαι πρὸς ταφὰς ϰ̀ τὰ κήδη παρελαμβάνοντο δὲ αἱ ἀπὸ Καρίας γυαῖκες. Quo titulo Menander & Cæcilius Comœdiã inscripserunt.

17. Decem coclites.) *–decem coclites, ques montibu' summis*

Ripeis sedere– Ques, pro qui, ἀρχαϊσμός. ita lego. Coclites, quos hîc vocat Ennius, sunt Arimaspi, præcipuè cùm de Ripeis montibus agat: in quibus eos cõstituunt Herodotus, & alii veteres scriptores. Id nos admonuit vir incomparabilis, quem non nisi honorificè appellare debemus, Adrianus Turnebus.

171. Ab oculo cocles.) Non dubium est, quin à κύκλωψ. Sic duplices Græcorum literas desinentes Latini mutãt in S. κύκλωψ, Cocles. ἀλώπηξ. Æolicè Fαλώπαξ, Valopes: quæ deinde volpes, nõ volipes, vt Varro.

172. Apud Cassium.) Eodem errore, quo suprà: Nam legendum *apud Attium*.

173. Quum nox videtur.) In veteribus excusis *Quid nox*. Ergo ita & corrigendum & distinguẽdum,
Quid nocti' uidetur? In altisono
Cæli clupeo temo superat
Stellas, cogens sublime etiam

Atque

CONIECTANEA. 177

Atque etiam noctis itiner. Coronis Anapæstica ex Iphigenia Ennii, quæ est ex Euripidis Græca. Ita enim Euripides,

τίς ποτ' ἄρ ἀςὴρ ὅδε πορθμεύς;
γέρ· σείελος ἐγγὺς τῆς ἑπταπόρε
πληάδος ἄρσων ἔτι μεσηρης. In quibus vides quid sibi permiserit Latinus Poeta, qui non interpres, sed ne imitator quidem esse voluit. Varronem fugit ratio, qui initio quarti libri ait hæc prolata ab Agamemnone: cùm sint ex persona senis cum Agamenone verba facientis. Sunt item & alia, quæ ostēdunt Iphigeniam Ennii versam fuisse ex Euripide, vt illa apud Festum,

Proæde: gradum proferre pedum
Niære: cessas! Euripides:
ἀλλ' ἴθ' δ' ἕωσων σὸν πόδα, γήρα
μηδὲν ὑπείκων. Quos verò Trochaicos adducit Gellius ex eadem Iphigenia Ennii, non sunt ex Græco, sed est ἐπεισόδιον ab Ennio insertum fabulæ. Ita enim mos est veterum Tragicorum, & Comicorum, pleraq; de suo addere præter fabulæ argumentum.

174. **Vt Homerus, vocant** ἄμαξαν.) Ἄρκτον θ' ἣν καὶ ἄμαξαν ἐπίκλησιν καλέεσι.

175. **Triones.**) Næuius. —*Trionum hic moderator rusticus.* Puto Striones prius dictos à stria, quam proscindendo sulcos, faciunt. Sic & ipse Varro in striam iubet sulcos imprimi. Sic Plinius vetat in arando sæpius striare, id est, sæpius iterare striā. Ab eo ergo Striones: Vt in Tritauus & similibus S, quæ erat aduentitia, periit, sic in Strione quæ natiua erat.

176. **Valentes glebarii.**) Ita vocabant eos rustici. Græci καμίνες, ἤγοεν διπλέυροις βόας, ἰσχυροὺς, καὶ διυγίες. Hesychius.

M.i.

277. Inde bene appotus.)
Inde bene appotus primulo crepusculo
Domum ire cæpi tramite dextera uia.

278. Tam crepusculo, &c.) Fortasse, *Tam crepusculo fere, ut amens, lampadas accendit.*

279. In Condalio.) Ea fuit translata ex Menädro. Is enim laudatur ab Athenæo ἐν δακτυλίῳ.

280. Reciproca tendens.) Erit trimeter Iãbicus cū principio ἀκροσιχίδος. Sed melius puto ita cōcinnari,
Tendens neruo tela reciproca
Cōcita equino. Simile apud Sophoclē in Trachiniis,
—ὁ δὲ βακχίας ἄπο
ἦλθε παλίντονα Θήβας
τόξα, ὦ λόγχας, ῥόπαλόν τε πνάσσων. Reciproca, ὦ παλίντονα. Non tamen affirmem esse ex illis Sophoclis versa. Quanquam Trachiniæ versæ sunt ab Attio. Ex quibus Cicero 11. Tusculana Herculis iam propemodū depositi exclamationes illas ad verbum ex Sophocle versas adducit. Neque tamen nomen Attii posuit, vt in alteris versibus, quos mox ascribit, non laudat autorem Attium in Prometheo, qui illos versus scripsit, sed Æschylum, ex quo illi translati sunt: cùm tamen esse ex Prometheo Attii aliquot Nonii & Prisciani indiciis cognoscamus: qui illa, quæ extant apud Ciceronem, nominatim ex Prometheo Attii citant. Vtrasque ergo versiones vnius Attii esse hinc manifestò apparet. Et stilus ipse multò plenior, quàm Ciceronis in transferendis poematis Græcis, & aliud seculū redolet, & mehercule longè felicius ingenium poeticum. Quod iccirco admonui, ne fallantur omnes cum erudito viro, qui in Sophoclem cōmentaria edidit, putátque eos versus Ciceronis esse: Nam profectò fallitur. Sed magis accu-

sandi illi, qui cùm mordicus teneant, atque adeo pertinaciter sibi persuaserint illos esse à Cicerone conuersos, in alium errorem incidunt: qui tam magnificos versus improbare audeant, tanquam à Cicerone poetices ignaro, vt ipsi volūt, cōscriptos. Qui cùm hoc profitentur, proculdubio declarant, quanti futuri essent in hoc genere scribendi, qui, quales sint in existimando, facilè apparet.

181. Neruo equino.) Tamen Homerus ἀπὸ νόυρῆφι βοείας. Hesych. ἱππικὴ ζώνη, ἡ νόυρεὰ τοῦ πέξυ, διὰ τὸ ἐξ ἱππείων γίνεθαι τριχῶν, οἱ δὲ θώμιςα νόυρῶν ἱππικίω καλοῦσιν. Etiam Virgilius dixit *neruum equinum*.

182. Quasi cancer solet.) Ex Pseudolo. Idem est, quod alibi idem, imitari Nepam. Intelligit καρκίνον λοξοβάταν.

183. Quod αὐδεὶ μάχεται.) Crebri sunt in hac licentia, ac nimis inuenusti Græci Poetæ: sed maximè Euripides: vt de Polynice, quòd sit νικέων ἐπώνυμος: de Pentheo, μὴ πένθος εἰσίοι δόμοις. Æschylus de Prometheo, quòd eum oporteat προμηθέως ex malis euolui: de Artapherne nimis putidè, quòd φρένας ἔχοι δρπίας. Nam quis sanus Persico nomini etymō Græcum attribuat? Sic Euripides de Thyeste —ἐπώνυμα δ᾽ εἶπα Θυέςυ, vt citant Grammatici. & de Apolline,

ὦ χρυσοφεγγὲς ἥλι' ὥς μ' ἀπώλεσας.
ὅθεν σ᾽ Ἀπόλλων᾽ ἐμφανῶς κλῄζω βροτός. Citat Macrobius. Sophocles etiā aliquādo, vt de Aiace. Sed parcius, vt decet sanum, & sobrium poetam, & qui sanè principem locū in theatro Græco obtinet. In Græcis hoc tolerandum erat. At quis ferat in Ennio: item in Plauto,

Quid refert mihi Chrysalo esse nomen, nisi factis probo? Tolerabile quod dixit Ausonius de Protesilao,

M ii.

victima quod Troiæ prima futurus erat. At nō ferendū ꝙ Protesilaum videtur sentire dictū, ꝗ πρῶπος ἰλάσαιπ τὸν θεόν. Cùm sit πρῶπος λαοῦ: & πρωπεσίλαος similis compositio cum Pleonasmo, vt ἑλκεσίπεπλος, ἀλκεσίμαρχος.
184. **Inuersum.**) Melius alii,*in uersu*. μεθερμηνεύσας.
185. **Iamq; Auroram rutilare procul cerno.**) Simile in Iphigenia in Aulide,

ἴτη. λευκαίνει τόδε φῶς ἤδη

λάμπτις ἠώς— Quod hîc λευκαίνει, non idem est Rutilare, sed tamen pro eadem re vsurpatum. Albicare dixit Mattius in Mimiambis,

Iam iam albicassit Phœbus & recentatur,
Commune lumen omnibus, uoluptásque.

186. **Rutilæ.**) Russus & Rutilus idem erat: aut certè parum intererat. Cato Originum lib. VII. *Mulieres opertas auro, purpuráque: arsineum, rete, diadema, coronas aureas, russea facie, galbeas lineas, pelles, redimicula.* ita enim ille locus legendus est. Quas Varro vocat *Rutilas*, Cato *russas* dixit. Alibi tamen rutilas vocat, *Mulieres nostræ*, inquit, *cinere capillum ungitabant, ut rutilus esset crinis*. Serenus,

Ad rutilam speciem nigros flauescere crines
Vngēto cineris prædixit Tullius autor. Apud Maronē,
Immundum effœtos cinerem iactare per agros. Ibi Seruius, *Dicit*, inquit, *ad discretionem illius, quo utuntur puellæ.* Id genus cineris fiebat ex fæcibus vini in cinerem redactis. I'dque vocabant Fæculam. Ea dicitur Dioscoridi τρὺξ κεκαυμένη. λεπερὶς ὄνυχας ἐκβάλλει σὺν ῥυπίνῃ, & τείχας ξανθίζει μετὰ χνίνῳ ἐλαίῳ νύκτα ὅλην συγχρισθεῖσα. Conciliabatur ille color & ψαψῷ. Quæ vt puto, idem faciebat, quod Russum, seu Ruscum genus virgulti. Ab eo dixit Russea facie Cato. Vocabatur & σκυθι-

κὸν id genus virgulti, & θάψον nonnulli τὸ σκυθικὸν interpretantur. Cratinus Hipponicum quendam vocauit σκυθικὸν, quòd πυῤῥὸς eſſet, id eſt rutilus. Apparet Rutilum πυῤῥὸν εἶναι, Ruſſeum ξανθόν. Apud Catullum ex Apuleio legi debet: *Dentem atque ruſſam defricare gingiuam*: Ruſſam gingiuam, id eſt, dentes dicit habere Egnatium: quia eum colorem contraxerat ex lotii defricatione. Lotii verò color ruſſus eſt, maximè ὥρυ πεπαλαιωμύρυ, vt vocat Strabo. Itaq; quò plus ruſſam gingiuam haberet, eò plus vrinæ ebibiſſe videretur.

187. **Ne quid ſcorteum adſit, ne quid morticinum.**) Ouidius,

 Scortea non illi fas eſt inferre ſacello,

 Ne violent puros exanimata Deos. Videtur & apud Græcos in ſacris hæc lex fuiſſe, ὀκ ἐςαι κενέβριον ὅταν θύοσι. Citat interpres ὀρνίθων Ariſtophanis.

188. **Morticinum.**) Morticina κενέβεια dicebantur, vt ſuperiori exemplo demonſtratum eſt. Etiam Morticinus erat conuicium in tetros & exangui facie homines. Plaut. Perſa,

 Non hercle, ſi os perciderim tibi, metuam morticine.
Græci vocant δημηρίοις ἓ δημηβιακοῖς. Plutarchus interpretatur νεκρώδης. Ab eo Cadauerofa facies Teretio. Latini etiam vocant Cereritos, poſteà Cerritos, interpretantes illud, δημπελακοῖς.

189. **Multis nomen, &c.**) —*Multis nomen*

 Voſtrum, numénque ciendo. Coronis Anapæſtica.

190. **Homerus, & aliquoties Liuius.**) ἦ, καὶ κυανέῃσιν ἐπ' ὀφρύσι νεῦσε Κρονίων.

191. **Flexanimat aquam.**) Et mancus, & corruptus locus. Ita explendus eſt,

 Flexanima, tanquam lymphata, & Bacchi ſacris

M.iii.

Commota— Ex Pacuuii Teucro, vt citat Cicero.
192. Halcyonis ritu.)

Flexanima,tanquam lymphata, & Bacchi sacris
Commota,in tumulis Teucrum commemorans meum,
Alcyonis ritu litus peruolgans feror.

193. Peruolgans.) Peruolgant sidera cælum. Lucret.
Fallitur Iunius Adrianus, qui peruolans legit. Quæ lectio Vertranio quoque temerè recepta est.

194. Furor.) Feror. Apollonius lib. 1111.

—τηλόθι δ᾽ οἴη
λυγροῖσιν κτ' πόντον ἄμ᾽ ἀλκυόνεσσι φορβῦμαι.

195. Ritus.) Ritus institutum, vt interpretatur Varro. Castum vocabant etiam veteres, vt apud Nonium. Varro Rerum humanarum lib.1. Nostro ritu sunt faciunda ciuilius, quàm Græco castu. In casto Cereris esse dicebantur, qui Cereri operabantur. Festus, Minuitur populo luctus, cùm in casto Cereris constitit. Historicus quidá in Collectaneis Sudæ : ταῖς δὲ μὴ ῥωακαῖς παρὰ Ῥωμαίοις, ἢ καὶ πρότερον παρὰ Φρυξὶ σπουδαοθείσαις καςίας ἑκάςου μλιωὸς ἤγευε. Varro, & Religiones & Castus id possunt, ut ex periculo eripiant nos. Hîc Castus ταῖς ἁγνείας. Ergo in Casto Cereris esse τὸ ἁγνεύειν διμυπτει. aliter, Puriter facere Cereri. Nouius Atteilanarius,

— Sequere me, puriter facias, uolo : Igni, aqua uolo hûc acipere— Hoc annotaui, quia ritus & castus idem, ritè & castè τὸ ἁγνῶς.

196. Recte perfectis sacris volt accipi.) Ex Attii Trachiniis videtur acceptum. Nam planè est ex illo,

αὐτὸν δ᾽ ἐκεῖνον, εὖτ᾽ ἂν αἰνὰ θύματα
ῥέξῃ καρῥώῳ Ζἱωὶ τῆς ἁλώσεως,
φροντὶς νιν ὡς ἥκοντα—

197. Apud Attilium.) Apud Macrobium perperā

citatur Attilius pro Mattius in Mimiambis. Iste verò est, qui integras fabulas ex poetis Græcis vertit. Eum Cicero durum vocat. Miror tamen cur ille sit à Volcatio non solùm in numerum Comicorum relatus, sed & Terentio prælatus.

198. *Cape, cæde, lude, conde.*) Plautus Curculione, *Cætera rape, trahe, fuge, latæ.* In Pseudolo,
Rape, clepe, tene, harpaga, bibe, es, fuge. Diphilus apud Clementem & Iustinum,

ἅρπαζ' ἀπελθὼν, κλέπτ' ἀποστέρει, κύκα
μηδὲν πλανηθῇς —

199. *Nulla res neque cicurare.*) Ita distingue:
  — *nulla res neque*
  Cicurare, neque mederier potis est, neque
  Reficere. Curare pro Cicurare dixit Nigidius in historia animalium: *Omne pecus indomitū, habet quiddam in se ferum: sed tamen ea natura est, ut curari, & domari possit.* Sciebat enim Hipponem, à quo hoc accepit, dixisse θεραπευτὸν. Theophrastus lib. I I I. ἱσορ. καί τοι φησὶν Ἵππων ἅπαν ᾗ ἄγριον, καὶ ἥμερον εἶ καὶ θεραπευόμενον μὲν, ἥμερον· μὴ θεραπευόμενον δὲ, ἄγριον. Vt pulchrè huc respexerit Horatius,

Nemo adeò ferus est, ut non mitescere possit,
Si modo culturæ patientem accommodet aurem.

Tragicus quidam apud Plutarchum,

καὶ γὰρ κάπρον φεῖ ξαύχεν' οὐ μόνον χωῆ,
παῖς δ' ἂν νεογνὸς χ̣ει προσκυνήθων νέα
κλίναι, παλαιοῦ παντὸς δυσμεέστερον. Attius:

  — *neque vi tanta quisquam est, neque tam ferox,*
Abundans fortunis: neque ullum est ingeniū tantū, neq;
Cor tā ferum, quod non labatur lingua, mitescat malo.
Neque fera hominū pectora fragescunt, donec vim per-
M.iiii.

senserint Imperij –

Si non ita olim continuata erant apud Attium, tamen in illis valde sententia cohæret.

200. Ciccum.) In Hesychio, κικκὸς, διαχόρησις enarratur.

201. **Densum siccum non inter duo.**) Interdico, vt in Captiuis, *Dum pereas nihil interdico dicam uiuere,*οὐδὲν διάφορον ποιοῦμαι, ἀδιάφορα. Tamen apud Plautum hodie in Rudente *interduim* legitur, & leuiter lectio immutata est. Sic enim habet, *Eluas tu an exungere cicum non interduim.* Tamen vt citat Varro, *densum ciccum,* est simile illi Theocriti, θρὶξ ἀνὰ μέσον. Idem alibi dixit, *Pluma non interest.*

202. Hehe.) In veteribus excusis *hebæ*, vt sit αἰβοῖ.

203. Pompilium.) Huius meminerat in Menippæa ὄνος λύρας. — *Musarum Pompilius clueor.*

204. Apud Lucr.) Apud Lucillium : *Atque aliquos ibus ad rebus clepsere foróque.*

205. Apud Mattium.) Est Mattius ille, qui & Mimiambos exemplo Herodoti λογομίμους scripsit, & Iliada Homeri transtulit, vt Liuius Andronicus, qui ducentis aliquot annis anteà Odysseam Homeri Latinè verterat. Fuit & doctissimus, & C. Cæsaris amicissimus. Huius nomen variè deprauatum est apud veteres Grammaticos. Apud Macrobium Atilius. Apud Nonium *Crassus lib.* XVI. *Iliados, socij nunc sitæ uiri.* legendum, *Cn. Mattius,*

Nunc socij nunc sitæ uiri – Homerus,

αἰέρες ἐστέ, φίλοι – Etiã nomine Cassii perperàm citatur, vt apud Priscianũ, *Ninnius Cassius Iliados lib.* XXIII.

Nam non omnium oculos ego deinde sopore. Restitue *Cneius Mattius Iliados lib.* XXIIII. ex illo,

CONIECTANEA. 185

Ου τάρ πω μύσαν όσσε υπό βλεφάροισιν εμοίσι. Apud Diomedem alio modo corruptum est, Cn. Atticus x x Iliados. Ille hiat herbam moribundus ore. Puto corrigendũ:
  Ille hiatat animam moribundior—
αυτάρ ὁ θυμὸν άϊσθε, καὶ ἤρυγε. Apud Gellium lib. v 1. cap. v 1. male Trimatius, pro Cn. Mattius. *Dum det unanti præpes Victoria palmam.* ιλιάδ. ή.
  —ρ σύ κε δαίμων
Άμμε διακρίνη, δώη δ᾽ ἑτέροισι γε νίκην. In eodē Gellio diserte Mattius legitur. sed pro x 1 1 1 Iliados, scribendũ x x 1 1 1 Iliados.
  An maneat specij simulacrũ, in morte, silentũ. ιλιάδ. ψ.
Ω πόποι, ή ῥά τις ἔστι καὶ εἰν ἀΐδαο δόμοισι
Ψυχὴ καὶ εἴδωλον—Apud eũdē recte Mattius Iliad. xx 1.
  Altera pars acij uitasset fluminis undam. ιλιάδ. φ.
Ἦ ἄρ οἱ ἄλλοι ἀτυζόμενοι φοβέοντο. Male apud Priscianum Mallius.
  —celerissimus aduolat Hector.
  —ὁ δ᾽ ἄρ᾽ ἔσσυτο φαίδιμος Έκτωρ. ιλιάδ. μ.

206. **Corpora Graiorum mœrebar mandier igni.**) Scribendum *mœrebant*, vt apparet ex Homero,
Ὡς δ᾽ αὔτως ἑτέρωθεν ἐϋκνήμιδες Αχαιοὶ
Νεκροὺς πυρκαϊῆς ἐπενήνεον ἀχνύμενοι κῆρ. ιλιάδ. ή.

207. **Manducum.**) Ego tamen pro manducone, non pro obsonio inuenio in Attelana Pomponii,
  Magnus manducus camelus cantherius. Apud Plautum Manducus est μορμολυκεῖον quod in ludis circunferebatur inter cæteras ridicularias, & formidolosas personas, magnis malis, latéque dehiscens, & clare crepitans dentibus, in Attelanis præsertim. Iuuenalis,
  —*tandémque rediit ad pulpita notum*

Exodium, cùm personæ pallentis hiatum
In gremio matris formidat rusticus infans. Intelligit
manducum: quem magnis dentibus effingebant, vt
dixi. Dentes enim magnos, & voracitatem attribue-
bant nocturnis illis terriculamentis. Quo nomine factum, vt Lamiam puerorum infantium deglutricem
fingerent. Inde Pomponius Attellanarius poeta, inscripsit exodium quoddam Pythonem Gorgonium:
qui nihil aliud erat, vt puto, quàm ille Manducus, de
quo dixi. Nam Pythonem pro terriculamento, & Gorgonium pro Manduco, quia γοργόνες cum magnis dētibus pingebantur. Itaque apud Nonium ita leges:
Gumiæ, gulosi. Lucillius libro XXX,
Illo quid fiat Lamia, & Pytho oxyodontes,
Quò ueniunt illæ gumiæ, uetulæ, improbæ, ineptæ. Nã
apud Nonium hodie *Geniæ* pro *Gumiæ* perperàm legitur, & versus Lucillii deprauatissimi sunt. Oxyodon-
tas ergo vocauit, propter eas caussas, quas superius as-
signauimus. Gumias verò: ita vocabantur antiquitus
gulosi. Idem —*compellans gumias ex ordine nostros.*
Apud Festum legendum est, *Deguniare*, non *degunere*,
id est deuorare, degustare. Apud eundem diserte scriptum est Gumia: *Ingluuies*, inquit, *à gula dicta.* Hinc *&*
ingluuiosus, & gluto, gulo, gumia, guttur, &c. Id manifestò est à Græco γόμος, quod significat πλήρωμα τῆς
νεώς, ἕρμα. Saburram Latini vocant. Itaque qui nimis
se ingurgitarent cibo ita dicti ab eo, vt apud Plautum
saturæ mulieres dicuntur Saburratæ. Ergo Manducus
persona Attellana, & Lamia, & Pythones ὀξυόδοντες pin
gebantur. Et Manducos quoque vocabant gulones,
quos & gumias vocatos esse ostendimus. Et mattici
etiam dicebantur à magnis malis, non quasi malatici,

vt vult Festus, sed quia μανίας veteres Græci τὰς σαγόνας vocabant. Vnde etiam γάθωτες, in Comœdia gulosi. Sed modus esto. Quare ad reliqua.

208. Obscœni interpres, funestique ominis autor.) Ab illo:

δηχαλέην, πολέμοιο τέρας μετὰ χερσὶν ἔχουσαν.

209. Pappum Mæsium.) Mæsius maiorem significat Osca lingua, distortione oris, vt mos eius gentis erat. Quare Maius mensis apud eos Mæsius dicebatur. Pappus Mæsius, id est senex. Supra vbi dicit in Attellanis senem puppum dici, admonuimus legendum esse *Pappum*, cum ex huius loci coniectura, tum ex Attellanarum testimonio. Pomponius enim, qui in ea scena versatus est, scripsit fabulam titulo, Sponsam Pappi, & Agricolam, & Hermiam pappi. Quare fuerunt nomina quædam propria sordidarum personarum Poetis, vt Comicis Mæson, de quo Festus & Athenæus. Satyricis Autolycus, Burria, teste Diomede. Attellanis Manducus, Pappus, Macus, Bucco, Sagaris. Etiam senes Comici propriis nominibus ita distinguebantur ab Histrionibus, vt quidam diceretur πάππος πρῶτος, alius πάππος δεύτερος, &c. Pomponius Pictoribus:

Pappus hac in ædi habitat senica, non sesquisenica.

210. A quo rustici pappū Mæsium, non Mesium.) Inuersa sunt hæc pro, A quo rustici pappum Mesium, non Mæsium. Vult enim probare quæ diphthongo scriberentur à nonnullis simpliciter enuntiari. Et alibi dixerat hædum in vrbe, rure autem hedum dici. Itaque Festus ait proprie rusticorū fuisse, vt diphthongos non pronūtiarent, & quod recte Aurum diceretur, ipsos Orum dicere.

211. Cæcilius ne rusticus fiat.) Scribendum

—*Cæcilius Prætor ne rusticus fiat.* Diomedes docens, quomodo in litera fiat barbarismus ita scribit: Vt, inquit, *si quis detracta a litera* Pretor *dicat.* Lucillius, *Prætor ne rusticus fiat.*

212. O**bscænum, quod nisi in scæna palam dici non debet.**) Apud Sophoclem in Aiace:

—μὴ δ' ἐπισκύνοις γόοις   Δάκρυε— Interpretantur nonnulli Grammatici ἀπρεπεῖς, οἵοις ὀπὶ τῆς σκιωῆ. Quare ita vera esset Varronis sententia.

213. **Quod puerilis turpicula res in collo quædam suspenditur.**) Fascinus, vel Fascinum dicitur veretrum. Horatius, *minùs ue languet fascinum.* Videtur ita dictum, quòd depelleret fascinationes, vt ex hoc loco cognoscimus. Itaque pro amuleto è collo pueris suspendebatur. Hinc præfiscini ἀβασκαίντως. Plaut. Asinaria: —*sequere hac ergo*

Profiscin? hoc nunc dixerim, nemo etiā me accusauit Merito meo. Lege. Præfiscini hoc nunc dixerim.

Titinius, Setina,

Paula mea, amabo, pol tu ad laudem addito præfiscini, Ne puella fascinetur— Hunc locum Titinii habuit in animo Serenus, cùm scribebat de Fascino.

214. **Scæuæ caussa.**) Vel, *bonæ scæuæ caussa*, vt legitur in editione Romana. Ita etiam Festus: *Scænam uolgus quidem & in bona, & in mala reuocat, cum aiunt bonam, & malam scænam.*

215. **A quo dicuntur Comitia, aliudue quid fit, aut sinistra, quæ est.**) *A quo dicuntur Comitia, aliudue, quod sit aus sinistra, scæua.* Minùs prudenter hìc quædam mutata sunt in Romana editione.

216. **Aui sinistra.**) Ita dicebatur aues prosperæ. Cōtra, impedientes aues aut dicebantur Arculæ ab arcen-

CONIECTANEA.

do: Aut Cliuiæ: quia difficilia vocabant Cliuia, ad verbum προσαύτη: Aut remores aues, à remorãdo: Aut Inebræ & Enebræ. Eo nomine omne obstaculum intelligebatur. Aut alteræ aues: cùm alteræ superuenirent, quæ felici auspicio vitium facerent. Aut Voisgræ, quæ se vellẽdo malum auspicium faciebant. Eas intellexit Statius: —*simul ora recuruo*
   Vngue secant rabidæ, planctúmque imitantibus alis
   Exagitant Zephyros, & plumea pectora cædunt.
Æschylus Persis:
   μεθύςερον δὲ κίρκον εἰσορῶ δρόμῳ
   πτεροῖς ἐφορμαίνοντα, κ̓ χηλαῖς κάρα
   τίλλοντα—

217. **Qui adest, assiduus.**) In eadem sententia Q. Cicero in libello de Petitione consulatus: *Iam assiduitatis nullum est præceptum: uerbúmque ipsum docet, quæ res sit. Prodest quidem uehementer nunquam deesse, &c.* At Plautus etiam iocando extulit verum etymon, in Truculento:
   Postidea ego tota tecum, mea Voluptas, usque ero
   Assiduo. D I. *Imo hercle uerò accubuo mauelim.*

218. **Decretum est stare.**) Hîc vnũ testimonium Ennii diuulsum est: & ex vno facta duo. Neque id solùm erroris admissum: Corrupta enim sunt quædam propter diuulsionẽ, ac distractionem duorum membrorum. Quare ita luxata in suum locum restituenda sunt, deinde emendanda: *Decretum est stare corpora telis, quibus concidet fossim obrutus.* Quæ verba non multùm absunt à Senariorum ordine, & lege. Quanquam eò magis inclinat animus, vt ista putem concinnanda esse,   —*corpora telis*
   Decretum stare est, quibu' concidet obrutu' fossim.

219. **Stare corpora telis.**) Eleganter, vt idē dixit, *Stat poluere Cælum*. Quocirca nihil mutandum.

220. **Hoc verbum Ennii dictum a fodiendo.**) Nimirum *fossim*. Ita enim legendum pro *faxim*. Sed qui lectionem mutarant, decepti sunt consuetudine Varronis. Ille enim & nomina, & participia, & aduerbia, & alias pleraſq; omnes partes orationis vocat verba.

221. **Apud Ennium.**) Hîc ea, quæ sequuntur, perperam diuulſa eſſe, & connectenda cum superioribus demonstrauimus. Quare testimonium aliud Ennii de verbo Muſſandi deeſt: aut illud ex v I. Annali:

Intus in occulto mussabant – aut aliud,

Nanque decet mussare bonos – Vtrunque refertur à Sex. Pompeio in Fragmentis.

222. **Quod minimum est neque, vt aiunt, mu facere audent.**) Alluſit Lucillius,

Nec laudare hominē quenquam, neq; mu facere unquam.

Chariſius citat. Mu canum eſt, vnde dicuntur Mutire: ſicut χυ̃, porcorum: vnde Grunnire.

223. **Di monerint meliora.**) Ex Pacuuii Chryſe. Nonius.

224. **Pipulo te differam.**) Πεεικωκύςν dixit Ariſtophanes Equitibus: fictum & ipſum à cātu Gallorum, vt & illud à pipatu pullorum.

ἀπυδάειοτε μόθωνα, πελεκφκηνοα. Pipare Oſci dicebant, pro eo quod eſt eiulabundè conqueri. Ab eo cocus iſte in Aulularia pipulo differre dixit. Pro quo erat in XII Tabulis Obuagulari. CVI TESTIMONIVM DEFVERIT, IS TERTIIS DIEBVS OB PORTVM OBVAGVLATVM ITO.

225. **Animus cum pectore latrat.**) Scribēdum: *–animúſque in pectore latrat*. Quod imitatum

ex Homero, libro xx Odysseæ:

Πολλὰ δὲ μερμήριξε κτ' φρένας, ἢ κτ' θυμὸν,
Ἡὲ μεταΐξας θάνατον τεύξειεν ἑκάστῃ,
Ἡὲ τ' ἐῷ μνηστῆρσιν ὑπ' φιαλοῖσι μιγῆναι.
Ὕστατα καὶ πύματα, κραδίη δέ οἱ ἔνδον ὑλάκτει.
Ὡς δὲ κύων ἀμαλῇσι περὶ σκυλάκεσσι βεβῶσα
Ἀνδρ' ἀγνοιήσασ' ὑλάει, μέμονέν τε μάχεσθαι.

Quæ docent, ita coniungendos duos locos Ennii:

— animúsque in pectore latrat.

Sicuti siquando uinclo uenatica aeno
Apta solet cani' fortè feram si ex nare sagaci
Sensit, uocæ sua nictátque, ululátque ibi acutè. Apud Festum annotatur Latrare positum esse ab Ennio pro poscere. Sed non puto hunc locum intellexisse, aut perperam eum sensisse. quanquam pro Poscere Lucretius vsurpauit.

226. **Gannuit odiosus omni totæ familiæ.**) Meliùs oggannuit. Ganniunt canes gestientes ob herorum aduentum, vt apud Lucretium:

— gannitu uocis adulant. Et Homero γάνυσθαι semper est gestu quodam oris exprimere gaudiū ob amici, aut alius cari aduentum.

Οὐ δὲ γὰρ ἢ θερμάχοιο δάμαρ Ἀλεγκυνοείδαο·
Ἀνδρὶ φίλῳ ἐλθόντι γανύσεται, ὁππότε κέν δὴ
Ἐκ Τροίης σὺν νηυσὶ νεώμεθα κοῦροι Ἀχαιῶν. ιλιάδ.ξ. Item:
— τῇ δ' οὐκ γυνὴ καὶ νήπια τέκνα
Οἴκαδε νοστήσαντι παρίσαται, οὐδὲ γανῶνται. ὀδυσ. μ'.

Hoc voluit Pindarus Pythiis, οὐ δέ μολόντων πὰρ μαλέρος ἀμφὶ γέλως γλυκὺς ὦρσεν χάριν. id est, οὐδέ οἱ μολόντι ἐγανύσατο μήτηρ.

227. **Tantam rem dibalare vt pro nihilo habuerit.**) Dibalare pro deblacterare non ineptè dictū

videri poffet. Ego puto dibalare rem, καταφαγεῖν τὴν ȣ̓-
σίαν. Sic Nicoftratus apud Athenæum ἀπεληκυίαν. Hoc
fictum à Galloru pipatu, vt fupra admonuimus, illud
à balatu pecorum.

ȣ̓σίδιον γάρ μοι καταλιπόντος τȣ̃ πατρὸς

ȣ̃τω συνεσφογγύλικα, κἀξεκώκυσα. Sic ἀποκωκύσαι ψυχὴν
Æfchylus dixit, ἀντὶ τȣ̃ ἐκπνεῦσαι. Ergo videtur excla-
matio in eum, qui bona fua lancinauerat: qualis Alexi-
dis Comici apud Athenæum, —καταφαγεῖν

Αὑτȣ̃ ποσȣ̃ τ' ἀργύριον; Tantam pecuniam dibalaf-
fe, abliguriiffe?

228. Hæc, inquam, rudet.) Plepius apud Noniũ
ex Lucillii libro v 1,

Hæc, inquam, rudet è roftris, atque himnilitabit,
Concurfans uelut angarius, claréque quiritans. Hodie
in recentioribus Nonii codicibus legitur *arenarius*. At
in fuperioris memoriæ excufis *ancarius*. Quod etiam
retinet calamo exaratus codex. Nos *angarius* fecimus.

229. Volutare vlulantis.) Puto *uolutares ululantes*.
Volutares fues, qui & Colluuiares, quòd in colluuie nu
trirentur. χαμευνάδας ait vocari Appion Grammaticus
apud Hefychium. Dictum ergo in homines fpurcos &
quafi cœno & colluuie demerfos, de quibus Varro
Prometheo lib. 1. *In tenebris ac fuilla uiuunt: nifi non*
forum, hara, atque homines qui nunc plerique fues funt
exiftimandi.

230. Tibicina maximo labore mugit.) Acrote-
leuticum ex Sotadico carmine.

231. Maximo labore.) Plinius de ramis loquens,
Tunc extenti buccarum finus perlucent, oculi flagrant la-
bore perculfi.

232. Clamor ad cælum voluendus per æthera
vagit.)

vagit.) Poterat sic,

Clamor it ad cælum uoluendu': per æthera uagit. Sed vera lectio, ni fallor,

Clamor it ad cælum, uolitátque per æthera uagor.

Idem Ennius:

Qui clamas oppugnantes uagore uolanti. Vbi vagor volans, vt hîc volitat vagor.

233. Esueta frendice frunde frutini suauiter.) Hæc est lectio veterum excusorum. Extabunt quidam, vt puto, qui quòd tam deploratis vulneribus manus admoueam mirabuntur. Sed & non deerunt etiam, qui in minimis me commemorari, grauiora præterire conquerentur, vel potiùs calūniabuntur. Quare vtrisque satisfacere possumus, si nec ea prætermittamus, & aliquid verisimile afferamus. Videtur igitur mihi hæc lectio ex his vestigiis erui posse: *Eiusdem ab Irundine— nefrende fritinni Suauiter—* Nunc reddundæ sunt caussæ.

234. Abirundine) Ita eruendum ex illo corrupto *frendiæ*. Non dubium est ita legendum maximè propter verbum fritinnire, quod est hirundinum, τὸ ψιθυρίζειν, vt infrà aperietur. Hic locus postulat, vt enarremus locū Aristotelis in Poeticis à nullo hactenus explicatum. Verba illius magni magistri sunt hæc, ἐξῆν αὖ ἔνια ᾗ ἐνεγκεῖν, ᾗ ἐν τῷ Σοφοκλέους. Τηρεῖ ἡ κερκίδος φωνή. In Tereo non dubium est, quin ageretur μεταμόρφωσις Procnes in hirundinem. Quare ad imitandam vocem hirundinis, dum ea μεταμόρφωσις ageretur, adhibuerūt τὴν κερκίδα, radium textorium, quæ ob id dicta est ὡσραῒ τὸ κρέκειν. Iccirco in Epigrammatis Græcis scribitur:

Κερκίδας ὀρθρολάλοισι χελιδόσιν ἐικελοφώνους. Apparet ætate Sophoclis hydraulica organa non fuisse. Nam postea vsi sunt antiqui hydraulicis ad imitandam minurritionem auicularum, quæ Vitruuius vocat Engibata, & Merulas. Sanè videtur Attius vertiſſe Tereum Sophoclis. Ex ea fabula Attii Nonius recitat verſiculú, qui ad hanc rem facere videtur:

O *ſuauem linguæ ſonitum, ò ſuauitas conſpiritum Animæ.* vbi *cōſpiritum* manifeſto ex συναυλία verſum. Eſt autem admirantis vocem hirundinis, aut luſciniæ, quæ in eo Dramate introducebatur.

235. **Nefrende.**) Nefrendis, & nefrendus puer, vel ſenex, ὁ νωδὸς, qui dentibus frendere non poteſt, id eſt frangere. Frendere duo ſignificat, τὸ ἐμπείγειν τοῖς ὁδοῦσιν, τὸ ἐμβρύκειν. Pacuuius Antiopa:

— *perdita illuuie, atque inſomnia*
Frendere noctes miſera, quas perpeſſa ſum. Sic enim coniunge hæc duo exempla: quorum primum adducitur à Chariſio, alterum à Nonio. Deinde frangere: vnde nefrendus, qui per ætatē adhuc dētibus frangere nō poteſt, vel ſenex, qui dētes amiſit. Liuius Andronicus,

Quem ego nefrendem aluilactream immulgens opem.
Inde nefrendes porculi: Inde frendere fruges, τὸ ἐρείκειν. Pacuuius Antiopa,

Fruges frendeo ſolas, ac ſicco robore. Serenus,
Copia farris uti frendentibus eruta ſaxis. Hinc frendere fabam, & freſſa faba, ἐρεγμός. Attius Troadibus: *Saxo fruges frendam*: σιτοποιήσω. Tranſtulit enim ex illo Euripidis,

τύποις μὲ προσθήσοισιν ἢ θυρῶν λάτριν
κλῇδας φυλάσσειν τὴν τεκοῦσαν Εκτορα.
ἢ σιωπιεῖν, κἂν πέδῳ κοίτας ἔχειν.

236. **Fritinni.**) Ergo *nefrende fritinni*, pro ὦ νωδὲ ψιθυρίζε. Nam fritinnire proprium hirundinum. Varro *Virgula diuina*:

Et pullos peperit fritinnientes,
Quos non lacte nouo leuata pascat,
Sed pancarpinio ocimo coacto
Libamenta legens caduca Veris.
Ad quos tum uolucres uenit pusillos,

Vsque ad limina nidica, esca uuls. Hi luculentissimi versiculi à nobis non solùm emendati sunt, sed &, quòd quatuor locis dispersi sunt apud Nonium, in vnum corpus collecti, & digesti. Valdè enim delectant me hæ reliquiæ veterum autorum, tāquam quædam ex naufragio tabellæ.

237. Sues auoluerat.) Ex his deprauatis suspicor eruendum hoc: A *sue: suboluerat, ita rudebat.* Suboluerat ei de facto, inquit quisquis est Comicus ille: eos clamores edebat. Lucillius,

Hæc, inquam, rudet è rostris, &c. Rudere suum,& leonum, & aliorum animalium. Ouidius,& Persius asinis attribuunt. Tamen oncant asini, non rudunt. ὀγκᾶν.

238. Ita trude.) *Ita rudebat,* videtur legendum. Suspicor Varronem, *rudebat,* pro grundibat in Cæcilio legisse. Nonius, *Etiam bonunum esse grunnitum Cæcilius Imbriis designat.* Quæ verba Cæcilii desideratur in Nonio, ea protulit Diomedes, sed fabulæ non meminit:

—ita cruento ore grundibat miser. Videtur hunc locũ intelligere Varro: sed *rudebat,* pro *grunnibat* legisse. Quanquam hæc sunt non certi iuris, sed arbitrarii.

239. Neque in re, neque in iudicium AEsopi, neque theatrides in colace nexum.) Ita in illis, quos semper sequor, antiquitus excusis legitur. In quibus videtur transpositum nomen fabulæ, cùm ita legendum sit, In Colace, *Neque in rem, neque in iudicium*

N.ii.

Æsopi, neque theatri des nexum.

240. Per lætitiam liquitur animus.) Apollonius
—τῇ δ' ἔνποθι κατείβετο θυμὸς ἄκην, & ἰαίνετο θυμὸν
Τηκομένη.

241. Aliquando liquitur.) Liquitur vetere declinatu. Varro lib. III. Rerum diuinarum. L. *Scipio cùm aurum haberet in cista uinaria, fulmine ita est ictus, ut cista esset integra, aurum colliquisset.* Quæ nos emendauimus, cùm propè deplorata sint apud Nonium. Simile apud Plutarchum Symposiacis: ἐκ κυλιχίων ἀργυρῶν ξυλίνοις ἐγκειμένων ἐλύτροις, τὸν μὲν ἄργυρον συζέσαι τακέντα, τὸ δὲ ξύλον ἄθικτον, ᾗ ἀπαθὲς εὑρεθῆναι.

242. Enim uero gladii: lingula.) Desunt paucula, quæ expleri possunt ex Gellio.

243. Vitulantes.) Næuius Lycurgo:
   Vos, qui regalis corporis custodias
   Agitis, itæ actutum in frondiferos lucos, ubi
   Ingenio arbusta innata sunt, non obsita.
   Ducite eò argutis linguis mutas quadrupedes:
   Vt in uenatu uitulantes ex auiis
   Locis, nos mittant Pœnis decoratos feris.
   Alij sublime alios saltus illicitæ, ubi
   Bipedes uolucres lino linquant lumina. Quod toties in his Coniectaneis fecimus, hîc præstitimus: quatuor exempla ex Lycurgo Næuii à Nonio diuersis locis citata hîc in vnum conglutinauimus, & verba mendosa emaculauimus.

244. Auitula.) Macrobius, *à Dea Vitula.* Puto Varronem rectè iudicasse. Id enim est μοιχᾶν Græcè. Menander Hypobolimæo,
   —μικρὰ παναθήναι ἐπεὶ
   πέμπουσιν ὅποι δὴ ἀγρέσις ἐμοσχίων.

μήτηρ ἐῶσα τῆς κόρης ἐφ' ἅρματος. Ita reddes Comicis senariis,

—cùm minusculas Quinquatrias
Celebrantes isti toto uitulabant foro,
Spectabat in pileato mater uirginis.

245. In Dolo.) Forsan erat scriptum *in Obolo*. Nam ita citatur Cæcilius compendiosè, pro *Obolostate*: quam etiam Comœdiam Grammatici Latinè vocant *Fœneratorem*. Eodem modo in Nonii libris calamo exaratis citatur Pacuuius in *Dolo*, pro *Duloreste*. I'dque verum puto. Nam versus qui adducuntur ex ea fabula, cum iis verbis, quæ producit Festus, & Nonius, cohærere possunt ita:

Hicine is est, quem gratia formæ ante omnes nobilitat uiros,
Amplus, rubicundo colore, spectu proteruo, ferox,
Caperata fronte? —

246. In Demetrio.) Non est Ennii, vt putat Vertranius, sed Turpilii. Ea versa est ex Alexide. Ex cuius Demetrio hæc producuntur ab Athenæo, libro VIII,

πρότερον μὲν εἰ πνεύσειε βορρᾶς, ἢ νότος
ἐν τῇ θαλάττῃ λαμπρός, ἰχθῦς οὐκ ἐνῆν
οὐδενὶ φαγεῖν —

Turpilius Demetrio apud Nonium:
Antehac si flabat Aquilo, aut Auster, inopia
Erat piscati —

247. Persibus, a perite.) Scribo, *Persibè, peritè*. Persuaserunt Itali Vertranio, legendum *Persicus*. At nos id disertè negamus: Nam apud Festum quoque legendū *Persibus*, pro *Persicus*. Quippe simplex fuit Sibus. Festus, *Sibus, callidus, uel acutus*.

248. In Lampadione.) Nescio an *in Lampade*. Nā Alexis, & Antiphanes citatur ab Athenæo ἐν λαμπάδι.

Quanquam Lampadione, eodem modo dictum, quo Ἰκαριώνη. vt apud Plautum, & Varronem Agathone.

Quid tristiorem uideo te esse? quem angit hæc
Lampadione? quid? familiaris filius
Amat ne? spes isthæc est argentaria,
Ideóque scapulæ metuunt uirgidemiam.

249. In Agedone.) Nescio an *in Agone*. Alexis citatur ἐν ἀγῶνι apud Athenæum: an *in Aedone*. Ea est fabula Liuii Andronici apud Priscianum. Si Tragœdia est, nescio an *in Ægæone*. Eā scripsit Euripides. Ex qua etiā hos versus diuersè citatos in vnum coniunxi:

ποίαν σε φῶμῴν γαῖαν ἐκλελοιπότα
πολυξενῦσθαι; γῆ δὲ τίς; πάτρας θ' ὅρος.
τίς ἔσθ' ὁ φύσας; τοῦ κεκήρυξαι πατρός;
ἦ σ' ὠνόμαζεν τῇ δεκάτῃ μήτηρ τόκον; Primos tres reperies apud Clementem Alexandrinum: quartum apud interpretem Aristophanis.

250. Caudatus.) In illis, qui olim excusi sunt, *Caudatus*. Manifestò legendum *Glucidatus* ex Festo, qui id interpretatur dulce, & iucundum. Et alibi apud eundem *Glucidatus* scribitur, eodem sensu, ὥσπερ τὸ γλυκύ.

251. Præbia, a præbendo.) Scribendum, *Proebia, à prohibendo*, vt etiam in Festo: Proebia Verrius vocari ait ea remedia, quæ Caia Cæcilia vxor Tarquinii Prisci inuenisse existimatur, & immiscuisse zonæ suæ, qua præcincta eius statua est, in æde Sangi, qui dius Fidius vocatur. Ex qua zona periclitantes ramenta sumunt. Ea vocari ait Proebia, quòd mala prohibeant. Eandem vim habebant annuli apud Græcos, qui dicebantur φυσικοὶ δακτύλιοι: & intus erant peruii & cassi, vt scribit Artemidorus. Ab eo scriptum in Cerimoniis flaminis Dialis: ANVLO, NISI PERVIO, CASSOQ

NE OITITOR. Habebant & aliquid ἀλεξίφθονον a-
nuli ferrei, qui dicebantur Samothracii. Eorum meminit Lucretius.

252. In Technico.) Nescio an Cæcilii, qui sæpe citatur in Fallaci, vel Fallacia. τεχνικός enim Fallax.

253. Vt si lorum.) Omnes antiquitus excusi, *ut sit
totum*. Ego indubitanter lego, *Proebia à prohibendo usi-
tatum*, id est παρημμένον. Proebia τὰ ἀλεξίφθορα, amuleta.
Poterat & legi *Proebra*, sicut Inebra, Enebra. Et sanè eā
puto rectam esse lectionem: & ita legendum esse in
Festo, vt Inebra ab inhibendo, sic Proebra à prohibēdo.

254. Conficiant a conficto, cóuenire dictum.)
Scribendū, *Conuitant à Cōuito, conuenire dictū*. Sed hæc
scriptura est ex veteri errore librariorum, qui *peruite-
re*, pro *perbitere*, & *inuitere* pro *imbitere* scribebant. Omnino Cōbito, eodē modo declinatū, quo imbito, in eo
in Epidico Plauti, & præbito præuenio in Pseudolo: &
rebito in Capti. redeo: & perbito, pereo. Ennius Ecuba:
 *Sed non scripsisti, quis parentem, aut hospitem
 Necasset, quo quis cruciatu perbiteret.* Plaut. Captiuis,
 Qui per uirtutem perbitat, non interit. perbitat pe-
reat. Non enim per diæreses nescio quas expediendus
versus: quod facit corrector Plautinarum fabularum,
qui Patrem meum audiendum non censet, quòd Cre-
ticos in Iambum admittat. Sed de eo alias erit loquendi locus. Itaque Combito, præbito, perbito, rebito, imbito composita sunt è simplici Betere. Plautus Astraba,
 Quæ nisi sic beteris, nimium is uægrandi gradu. Sed
error huius deprauatæ scripturæ hinc manauit, quòd
inuitere pro imbitere scribebāt, vt suprà admonuim⁹.
Quare apud Plautum Truculento, vbi hodie legitur,
 —quid tibi hanc, inquam, notio est,

N.iiii.

Amicam meam? moriere ocyus si manu niceris.
Quid manu nicerim?   castigandum est,
   —moriere ocyus, si uiam inuiteris.
   GE.   *Quid uiam inuiterim?*   STR. *Fac quod ius-*
si, mane. vbi etiam personas suo loco reddidimus.
255. Tarentilla Pacuuii.) Nam est & alia Næuii,
Ex ea hæc adducit Isidorus:
   —quasi in foro pila
   Ludens datatim dat se, & communem facit.
   Alium tenet, alij adnictat, alibi manus
   Est ocupata: ast alij percellit pedem.
   Alij dat anulum expectandum de labris.
   Alium inuocat, cúmque alio cantat: attamen
   Alijs dat digito literas—   Qui versus, quia sunt non
aspernandi, præterire nolui, sed ideo adduxi, vt expli-
carem. Primũ apud Isidorum male Ennius, pro Næuius. Sed ex Festo nouimus quomodo nomen autoris
corrigendũ esset, ex qua fabula adduceretur. Quod ait
de meretrice, quæ omniũ libidini se prostitueret, à lu
su pilæ elegãter dixit, quòd datatim sese dederet. Artemidorus lib. 1, ἁρπαστὸν δὲ, καὶ σφαῖρα φιλονικίας ἀπειρόν
τισι σημαίνουσι, πολλάκις δὲ καὶ εἰς ἑταίρας ἔρωτα. ἔοικε γὸ ἡ σφαῖρα ὧ τὸ ἁρπαστὸν ἑταίρᾳ, διὰ τὸ μηδαμῆ μένειν, καὶ πρὸς πολ-
λοὺς φοιτᾶν.
Alii adnictat, Plautus Asinaria:
   Neque illa ulli homini nutet, nictet, annuat.
Alii percellit pedem. Idem,
   Neque isthæc ulli suo pede pedẽ homini premat.
Anulum spectandum. Idem,
   Spectandum ne cui anulum det, neque roget.
Alium inuocat: in talorum iactu scilicet. Exempla sunt
in Asinaria, & in Curculione. Dat digito literas. Ouid.

Et tacitam mensæ duxit in orbe notam. Propertius:
Aut mea cum digitis scripta silenda notas.

256. Nec satis sarrire.) Satum. Acroteleutium Saturnii versus.

257. Ab serare, apperire.) Operire.

258. Producendum.) Procudendum, ex libro eruditissimi P. Victorii.

IN SEPTIMVM LIBRVM.

1. De quibus quæ experiero singulis tribus, tum de alteris totidem scribere, ac diuidere incipimus.) De quibus quæ ex prioribus, tum de alteris totidem scribere, ac, &c.

2. In ædificiis quod non videmus habere atrium περίϛυλον. similitudinem & cubiculum adæquale, cum tamen, &c.) In ædificiis quid? non uidemus atrium habere peristylÿ similitudinem, & cubiculum ædiculæ, &c.

IN OCTAVVM

1. Quod dedit ira caput, neque dispendii facit hilum.) Admonuimus scribendum,
 Quod dedit illa, capit: neque dispendii facit hilum.

2. Serperastra.) Καμπσίγγα. Orpheus enumerans crepundia Bacchi in infantum supellectile recenset illa:
 Κῶνος, ῥόμβος, & παίγνια καμπεσίγγα,
 Μῆλά τε χρύσεα καλὰ παρ ἑσπερίδων λιγυφώνων. Citat Clemens.

3. Surdum theatrum.) Κωφὸν θέατρον. Galenus περὶ μεθόδῳ λόγῳ ά.

4. Quod in præteritis dicimus longum, luit, pluit.) Ennius:

 Annuit sese mecum decernere bello. Alii annuuit duplici *uu*. Plaut.

 Nam rus ut ibat, forte ut multum pluuerat. sed tunc est à pluueo, vt annuuit ab annuueo. Idem,

 Certare abnueo metuo legionibu' labem.

IN NONVM LIBRVM.

1 Hectoris natum de muro Troiano iactari.) Ex Andromacha Ennii,

 Hæc omnia uidi inflammari,
 Priamo ui uitam euitari:
 Iouis aram sanguine turpari:
 Hectoris natum de moero
 Troiano iactari. — Sed magis puto ita scripsisse Ennium:

 Hectorem curru quadrijugo raptarier,
 Hectoris natum de moero iactarier. Otiosum enim Troiano: & est interpretamentum alicuius studiosi. Citat autem Cicero primum membrum. Porrò similis conquestio in Ecuba: —*quid petam*

 Præsidij? quid exsequar? quo nûc aut auxilio, aut fuga
 Freta sim? aræ & urbe sum orba: quò accedam? quò applicem?
 Cui nec patriæ aræ domi stât, fractæ & disiectæ iacet.
 Fana flamma deflagrata, tosti alti stant parietes. Videamus quid ex Euripide transtulerit, quid reiecerit:

ὤ μοι μοι.

CONIECTANEA. 103

τίς ἀμωὴ μοι, ποία γέννα;
ποία δὲ πόλις;
φροῦδος πρέσβυς, φροῦδοι παῖδες.
ποίαν, ἢ ταύταν, ἢ κένα
στείχω; παῖδ' ἤσω; ποῦ; τίς θεῶν,
ἢ δαιμόνων ἐπαρωγός; Addam & pro Coronide illa
non extare in Græco:
 Sed non scripsisti, quis parentem, aut hospitem
 Necasset: quo quis cruciatu perbiteret. Neque illa,
 Heu me miseram, interij, pergunt lauere sanguen sanguine. Nec illa,
 Iuppiter tibi summe tandem malè re gesta gratulor.
At illa sunt,
 Vide, hinc meæ, inquam, lacrumæ guttatim cadunt.
Talthybii verba,
   —τῶ τε γὰρ λέγων κακὰ
πέμψω τόδ' ὄμμα— At illa quomodo?
Miseretè anuis, date ferrum, qua
Me anima priuem— Hecuba apud Euripidem:
ἡμᾶς δ' ἄγοντες πρὸς πυρὰν ἀχιλλέως
κεντεῖτε μὴ φείδεσθε— Et cùm ad verbum transfer-
ret, satis negligenter illa tractabat: vt illa,
 Hæc tu etsi peruorsè dicas, facilè Achiuos flexeris:
 Nanque opulenti cũ loquitur pariter, atque ignobiles:
 Eadem dicta, eademque oratio æqua non æquè ualet.
Concinnius puto:
 Hæc tu etsi ineptè dixeris, flexis facul:
 Ignobilium etenim, atque opinatum uirum
 Oratio indidem æqua non æquè ualet. Euripides,
τὸ δ' ἀξίωμα, κἂν κακῶς λέγῃ, τὸ σὸν
πείσει· λόγος γὰρ ἔκ τ' ἀδοξούντων ἰὼν
καὶ τῶν δοκούντων αὐτὸς ὒ ταὐτὸν σένει. Sed de his satis.

2. *Cascus, furus.*) *Surus* legendū, vt suprà lib. VII. *Suro, lupo.* Ennius,

— *unus*

Surus surum ferret, emem defendere posset. Intelligit vallum, quod propterea alibi crebri surum dixit. Autor Festus. à suro autem ὑποκοριστικὸν Surculus.

HABEBAMVS & alia, quæ in hunc Autorem dici poterant. Sed, vt inquit Varro, vereor, ne plures sint futuri, qui, quòd nimium multa scripserim, reprehendant, quàm, quòd reliquerim quædam, accusent. Itaque hîc modum dicendi facio.

FINIS.

VERBORVM ETYMOLO-
GIAE PERPERAM A VARRO-
ne traditæ, hîc veris suis originibus
redduntur, aut prætermiſſæ
explicantur.

AEquor ab æquus, vt læuor à læuis. æquum, εἰκός. Doricè αἰκός. vt εἰ αἰ. εἴτε αἴκα.

Æuum αἰών· æuitas ætas, æuiternus æternus. hæc rectè à Varrone.

Ambagio. am detritum ab ἀμφί. vt At, ab ἀτάρ.

Ancile. ἀγκύλον. Anculare quoque pro miniſtrare, ὑπὸ τῆς ἀγκύλης miniſtratorio vaſe. Vide Athenæum.

Anfractum. Frago antiquum, vt tago, pago: eſt lentare, flectere παρὰ τὸ φράγεν, vnde φράγνυμι. Quòd ſignificaret lentare, vt Lentare remum Virgilio: & Lētare arcum Statio. ab eo φράγεν, & φράτεν dici cœptum pro ambire. Et Latitum priſcum Fraxare, obire, circuire vigilias, à Frago: vt à Veho, vexo, Tago, taxo. Fraxatores ergo cuſtodes circumientes vigilias. Nam ſunt duo genera eorum, ἱδρυμένοι, καὶ περίπολοι. Ab eadem origine Frequens, qui ſæpius fraxaret vigilias, non à ferendo, vt Varro.

Angulus, ἀγκών.

Ara. Prius Aſa, vt Papiſius, Valeſii. Aſa, quæ poſtea anſa, vt tago, tango, pago, pango, meſa, menſa, teſus, tenſus. Ita dicta, quòd eſſet propriè Foculus, qui manu portabatur, vt ignitabulum : ἐσχάρα.

Area. ἅλως. l, in r.

Arma, propriè ſunt ſcuta, vt Tarpeia necata armis Sabinorum, id eſt ſcutis. & ancilia arma, id eſt ſcuta. Arma itaque ab armo, quia in eo geſtarentur. Armus commiſſura brachiorum ab humeris. Itaque ab ὁρμός dicta.

Arrabon. ἀῤῥαβών. Syriacè Arabon, ab arab, ת ערבון.
Aruū ab Aro. vt paruū à paru. Larua à Lara. Seruus à Serus, ἔρος, à quo ἔειδος, & Eritudo Festo, & εἴρερος Homero.
Arcerra. ab ad, & carrus. Id erit ad verbum, Epiredium, spuria & hybrida voce. Arcerra pro adcerra, vt aruenire, arcedere : aduenire, accedere. Nisi sit eadem origo cum Arcirma.
Arca : arcere est continere. ἀρκεῖν. vnde & Arcus. in fornice, & à similitudine τὸ τόξον.
Angenora. Ita scribo, non Angerona. Angere, αὐχεῖν, cohibere. Angina αὐχόνη. Quòd ora digito angit, id est cohibet, Angenora.
Audio. Audes, pro Aures. Antiquum.
Aurora. αὔρα. vnde ἄγχαυρον. ἄγχαυρον κνώσσοντες, ὀλίγα δ' ἄμβροι φάος ἠοῖ. Apoll. sic Aurum, αὐρός. Nam remansit θησαυρός. Festus quoque testatur vetus græcum esse.
Ausculto. Auses & Audes, & Aures dicebant veteres. Ausis ὂς ὠπὸς, Creticè, & Tarentinè αὖς αὖός. Auses.
Aueo. Purum putum Hebraicum. Quòd verò dicimus salutantes, Aue, Pœnū est. vt Pœnus ille apud Plautum. POE. Auo. M.I. Salutat. Ad verbum est, viue. Nunc verò Pœni dicunt Ssalem aalech: vt Hebræi Ssalom lecha.
Autumnus : prius Auctumnus ab Augeo. vt Farctor, Fartor: Sarctor, Sartor: vnde sarcina. Auctor, Autor, vnde Autumo : Auoxilium ab Augeo, Auxilium. Auxilius nomen proprium, deminutiuum Aullus, Ὀφέλτης vt Paucxillus Paullus, Μικκύλος. Taxillus Tallus, prænomen Sabinorum. Festus.
Atrium : puto αἴθριον.
Assium, merum, prisca vox.

Balteus. Tusca vox. Charisius, Varro baltea dixit, & Tuscum vocabulum ait esse, Rerum humanarum lib. XVIII. Vides inconstantiam Varronis.
Brasica. Ortulanum olus: πρασική. vt βασιλική, ὀμφαλικός. Basilica, Ymbilicus.

Bruma, à Brumo, Baccho. βρόμος Brumus : quòd in id tempus inciderent, in quo festa erant Bacchi : Ouid. de alteris Liberalibus :

   Acceptus Geniis illa December habet.

  Cacabus, κάκκαβος.
  Calamistrum, καλαμίς. In Varrone verò legendum: *Calamistrum, quòd calfactum in cinere, qui capillus ornetur.*
  Calix. κύλιξ. Culigna, κυλίχνη.
  Canis. κύων, κυνός.
  Cano, Oscum. prius Casno.
  Capitolium, ita vocabant, quam Græci ἄκραν. quòd esset κορυφὴ τῆς πόλεως. At fabula capitis inuenti excogitata ad gentis nobilitatem. Capitoliũ ergo Latina vox, vt Pergamum Phrygia.
  Capra. Turrenum. Hesychius.
  Camelus. Syriacè Gemal. At Hebraicè Gamal.
  Caseus. Oscum. Casus apud Oscos erat παλαιός. Vnde Cascus, & Casnar. Caseus ergo lac vetustum & coactũ, ac cócretum. Inde Casies. Caries. Nisi sit à κάρυον. καρυώδη vocat Theophrastus quæ sunt vermiculata.
  Carcer. κάρχρα αἱ μάνδραι.
  Carere. κείρω, ἄκαρον. Inde Carduus. & quod carminantium è manibus deteritur Latini Floccum, Græci ἀκαρές vocant.
  Cerno, κρίνω. vnde Crinis, crimen.
  Campus. καμπὸς Syracusanum.
  Cælum, κοῖλον.
  Colles. κολῶναι.
  Concinnè. συγκεκραμένως. Cinnus ὁ κυκεών.
  Columbus. κόλυμβος, ἀπὸ τὸ κολυμβᾶν: à gestu, quem faciunt eæ aues. Et columbaria in naui, per quæ videntur remi eminentes κολυμβᾶν.
  Conus, κῶνος.
  Cilba. κιλίβας, αντος. Alii malunt Cibila. sed tunc erit trãspositum.

Capio. Syriacè Cap. volam significat.
Crepum: Cnepum. κνέφας.
Crusta, à Corio, quasi Corusta. vt à fide, fidustum: ab ango, angustum: augeo, augustum: vnco, vngustū: verbustum, à veru. *Caro verbusta.* Plaut.
Cruor, sanguis cōcretus, & cōgelatus. κρύος. Inde crudū.
Cernuus. κυρτός.
Circus. κίρκος, κρίκος. Etiam Circanea auis, ἡ κύκλῳ περιπεομένη. circumuaganea.
Cupedia. Caupedia: Claudus, cludus. Defraudare, defrudare. Laura, lura.
Cornu. κέρας· vt à κρέας carnem fecerunt. Nisi malis à Syriaco Qarna.
Cucumis. κυκνός. Inde Cucuma, quòd ventrem magnum habet.
Cura. Prius Coera. & coerare curare. Coera igitur παρὰ τὸν κόρον, κοῖρα à satietate. hinc satagere, curare. vnde κοίρανος.
Cerno, τὸ κρίνω. vnde Cernuus ὁ κατωβλέψ. Festus & Isidorus volunt Cernuum esse genus calceamenti, decepti, vt puto illo Lucillii versu, *Cernuus extemplo plantas cōuestit honestas.* Is enim est gestus calceantium se. Addam & ex Seruio: *Cernuus equus, inquit, qui cadit in faciem, quasi in eam partem, qua cernimus. Vnde & pueri, quos in ludis videmus, ea parte, qua cernunt stantes, cernui vocantur: vt etiam Varro in libris Theatralibus docet.* quod de cernuo equo scribit, est is, qui Græcè dicitur κατωμισής, ὁ ἀπὸ τῆς ὤμων ἐπὶ τὴν γῆν ῥίπτων. De cernuis verò pueris, idem est cum illo, quod scribit Varro lib. 1. de Vita po. Ro. *Etiam pelles, inquit, bubulas oleo perfusas percurrebant, ibique cernuabant: à quo ille versus vetus est in carminibus Sibi Pastores ludos faciunt cernui Consualia.*
Capis. καπίθη.
Ceres. Cereo, creo.

Damnum. δαπάνη dapnum. vt ὕπνος sopnus. Deinde Damnum, somnus. Damnum est propriè τὸ ἀνάλωμα.

Iuue-

Iuuenal. *Nulla uiri cura interea nec mentio fiet Damnorum.* δα-
πανῶν, ἢ ἀναλωμάτων. Idem : *et multa crescit damnosa papyro.*
δαπανηρὰ, δαπανώδης. Horat. *Nos nisi damnose bibimus.* ἡ γοῦ
ἀφιδῶς. Addam & Corollarium ex Suetonio de clar.
Grammat. *Precia Grammaticorum tanta mercedesque tam ma-*
gnæ, vt constet Lutatium Daphnidem, quem Leneus Melissus per no-
minis cauillatione πανὸς ἄγημα *dicit,* c c *millib. nummûm Q. Ca-*
tulo emptum, ac breui manumissum: ego lego δαπάνης ἄγημα, vel
potiùs δαπάνημα, vt sit allusum πρὸς τὸν δαφνίδην, vel
δαπανίδην.

Diana. prius Iana, vel, vt Pontificia Indigitamenta habebant Eiana, vnde etiam Deiana hodie in veteribus
monumentis visitur.

Dius. ζεὺς, δεὺς, vnde Διός.

Dico. δείκω.

Disco. δάω, δάσκω. disco *a* in *i*, vt χάω, hio. χάσκω hisco.

Doceo. δοκέω. vnde δόγματα sapientum.

Elixum. lix aqua. vnde liquor: vt à Lax, laqueus, lacio,
inde lacero & lacinia. nisi à λακίδες.

Falces. Syriacum Palea.

Fallax. φῆλιξ. Fallo φηλόω. à φάλλω φαλῶ, ἔφηλα. Apollon. lib. 111.

Fama. φήμη. φαμά.

Fari. φάω. vnde φημί.

Fastus. etiam antiquis φαςὸς, à φάσκω.

Fatuus. φατὴς. & Vates.

Faueo. ostendo beneuolentiam. φαύω. vnde προφαύσκω.
& Faustus φαυςός.

Februū. vel à Feruendo, vnde & Febris. quòd, quæ de-
ferbuerunt, pura sunt. vel à φοῖβος, φοιβερός. vt à φόβος
φοβερός.

Ferme. ἁρμοῖ. Vel à ferè, fermé: vt Gero, Germen.

Ficedulæ, miliariæ. σικινίδες, κεγχρίδες.

Fiscina. fiscus ὀξύχοινος. Etiam aluta. sed tunc puto à φα-

O.i.

σκος, vnde φασκώλιον, Pasceolus. φάσκος fiscus, vt χάσκων hisco. δάσκω, disco.

Flexum. φλεκίον· vstulata enim praua fiunt. Etiam à φλέγω, flagro. vnde Flagrum. vnde Horat. *-vrere flagris.*

Formido. Formus sudans, calidus. sudare solent nonnulli tremore. vt à graui, grauido: à rauco, raucido: sic à formo, formido.

Forum. quod foras. Foras à θύραζε, & foris θύρα. vt θὴρ, φὴρ, fera. θείω, vnde θεῖον, fio, suffio. θυμιαῦ fumigare. σχοῖνος funis. Antiquitus ssœnis, vt σφίγγος ssungus, σφενδόνη ssunda. postea s, periit. inde fœnire, nunc sinire σχοίνω μετρῆσαι.

Frater. φράτωρ. Cōfratres vocant vulgò τοὺς συμφράτορας·

Fremo. βρέμω.

Fruges. φρύγω. *Et torrere parant flammis, & frangere saxo.*

Fritinire. φρίττω, φριττνύω. est titilationē corporis præ se ferre. Aliter frigere, ab eadem origine. Varro: Commutari mentes, frigi animos eorum. φρίσσειν. Afranius Priuigno:
    Occasione certa mulier inuolat
    In collum, plorat, orat: occurrit nepos
    Pausillus: neptis porro de lecto frigit.

Fordæ. φοράδες.

Flora. χλωεὶς. vt Flos, χλόος.

Galea. γαλέη. vt κυνέη, ἰχθυδέη, λυκέη, &c.

Gallus. παρὰ τὸ κάλλος. κάλλος pala Galli gallinacei.

Gaudium. γάδος. priscum. vt à πλαδὸς, vnde πλαδαρὸς, plaudus. à πλατὺς Plautus. à κλεὶς κλῃδὸς Dor. κλᾴδος Claudo. Nisi sit, vt κλείω claudo, sic à γαίω Gaudeo. κύδει γαίων.

Gemo. γέμφω. plenus sū. *Gemit imposito sub pondere Cymba.* & γέμος, πλήρωμα νηός· vt contrà στένω gemo, & angustus sū.

Græcostasis. Græcorum statio. vt Fregellæ Fregellanorū.

Festus. Sic apud Martialem:
    Bis vicine nepos: nam tu quoque proxima Floræ
    Incolis, & veteres tu quoque Ficelias.

Ibi Ficeliæ est statio Ficuleatum. Neque quicquam mutandum est, quod putat Domitius.

Hillum. Hir est minutum illud cauum in media vola. Ab eo ὑποκοριστικόν Hillum. Cùm vellent ostendere paruum modum rei, puta aquæ, aut similium, ne hillum quidem, dicebant, ostendentes volam manus.

Honor. veteres Onor scribebant. Est à prisco ὀνή, vnde ὀνίνημι. vt ab ὠνή factum ὠνεῖσθαι. At onus verisimile esse ab ea origine, vnde fluxit ὄνος Græcorum, qui ab aliqua ratione ærumnosum illud animal ita vocarint.

Horreum. quod ὡραῖα omnes fructus, & atq; adeò prouentum omnem ita vocarent. Galen.

Humus, χαμαί. Humilis χαμαλός, vnde χθαμαλός, vt χθών, vnde χθὲς, Hesi, postea heri. χθὲς vt πρὸς, χ in h. vt χάω hio, &c.

Infulæ. infilare, amicire. Filameum, pòst Flameum, amiculum, &c.

Interamna, δίποταμος πόλις, vt διθάλασσος κόρινθος. Bimarisque Corinthi. Horat. δίθυρον γραμματίδιον τὸ δίπτυχεν. Hesych. Bipatens pugillar, Auson.

Irpices, ἁρπηξ, κος. Euripid. Cyclope.

Irundo. εἴρια. vel vt verū fatear, quod veteribus helundo, à χελιδών. χ in h. vt suprà. Et ea est vera etymologia.

Iurgo. declinatum à Ius: vt à per, pergo: tero, tergo: mare, mergo, τὸ καταποντίζω. Sic à μορός, murgiso. cor, corgo. κηροπ, κηρόθεν. Sic à λαῦρος. vnde Lura, largus: à παῦρος, parcus. σπείρω, spargo. susum, surgo.

Larus. λάκυης.

Lætus. λαιτός. Ita vocabant, qui cum corona publicè victulabant. λᾶος, λαιτός. Deinde ληπός. vnde λήιτρα.

Lautolæ, Latinè, quæ Græci λυτρά. Nam balneum Græcum est. Dicebantur & Albulæ. Lautolæ autem vocatus ille locus Romæ ab ea fabula, quam narrat Ianus apud Ouidium: *Súmque repentinæs eiaculatus aquas, &c.*

Lignum, à lego : vt à tego, tignũ: rego, regnum : μέγας, magnus : ϛέγω, ϛεγνὸν. ϛίζω, signum, amisso t. παχὺς pinguis, λείχω, linguo, & lingua: ἔχις anguis: δασὺς, densus.

Locus. λέχω iaceo, antiquum, vnde λέλοχα, λόχος, vbi quis situs est.

Loqui. λόγος.

Lupercus. cognomen Fauni, λυκεῖος.

Lucumo. Tuscum, & tamen origo Græca. Nam in Latio Lucumones ii sunt, qui in Arcadia λυκάονες.

Lustrum. vt flustrum, malacia maris.

Lucrum : à luo. Nisi sit eadẽ origo cum Lucare. Quod lucrum captabatur è lucis vocabant Lucar : sicut quod ex sacrorum æruscationibus, Extar.

Lutra, λυτρὶς, vnde & ὀνυδρίς, eadem.

Lux. λύκη. vnde λυκοφῶς.

Ligo. λίγξ. ἐργαλεῖον ꝗ. vel quòd terra λίγξ. Clemens Alexandr.

Malua. μαλάχη. *Maloach* Syriacum.

Macer. μακρός. quòd macri longi sint: vt tenuis ἀπὸ τὸ τείνεϑαι.

Mars. Sabinum.

Mendum. à minus, vt à manus mando παρεγκυῶ. à Mẽdo Mendicus: cui deest aliquid : nam mendum propriè defectus. Itaque qui minus, quàm opus est, dicit, is veritatem imminuit, dicitúrque mendax. Sic Mendicum vocabant, minus velum, quod in prora ponitur. Græcè ὁ ἀρτέμων. Aliter τέρθρον. Et locus, vbi proreta speculatur scopulos in mari, dicitur πρϑρωτήρ. Statius in Propemptico,   *Sint, quibus exploret rupes grauis arte Molortus.*
ἀναμφισβήτως lego,
      Sint, quibus exploret rupes maris artemo Locrus.
Locrum vocat, quia Locrenses Opuntii, populi maritimi, nauticæ rei periti fuerunt. At nescio quid nugati sunt nonnulli de molortho, tãquam μόλορϑρον esset perpendiculum. Et vt puto, qui hoc annotarunt in Lexicis

suis, & Thesauris, hunc locum Statii autorem videntur habuisse. nam in nullo veterum extat, quòd sciam.

Mens. vt à γένος, gens, à φάρος pars: sic à μῄρος, mens.

Mereo. μείρω. quòd distribuitur merces.

Metuo. μέδω antiquum, vnde μέμοθα, μόθος. sic à πέθω obsoleto, peto nostrum. à quo πέποθα, πόθος. sic antiquũ δέλω, vnde δέλεαρ peperit δέδολα, δόλος, Dolus. Sic etiam μέδω, vnde μέδιμνος. μέμοδα, μόδος, modus. Inde Modius. A Syriaco Mad, & Madad.

Mitra, Syriacum, διάδημα Græcum, Vitta Latinum, idē significant in sua lingua, nempe vinculum.

Minerua. prius Menerua. Meneruare erat monere. Vnde promeneruat, monet in Saliari carmine. Menere est monere: & meniscor. vt apo apiscor: fruor, fruiscor. à quo composita comminisci, reminisci.

Moneo. prius meneo.

Moereo. à μοίρα. quod pro dolore τροπικῶς sumitur.

Murus. prius moerus, à μοίρα. quòd quisque pro parte sua eos seruaret. Hoc docet Lucill. cùm ait, *Moenu' tamen fungi, ac moeros seruare potessint.* Itē adsignificat & Moenia, quod partes officii cuiusque significat, quasi Moeria dicta. postea munia, oe in u. vt poenire, punire. vt φοῖβος, pubes. ἔθω ἔοιθα, vnde εἴωθα factum, vt ab εἴκω ἔοικα. ab illo ἔοιθα igitur, oitor & oisus: vtor, vsus. vt μοῖσα, μῦσα, τύπτοισα, τύπτυσα, &c. Multa. oscum. desinat ineptire Varro. à quo multus: quòd numerando multa æstimaretur. & multare in auctionibus, τὸ πλησιεαζ̄ιν. Plaut. Sticho:
Quàm multas tecum miserias multauerim.

Murmuro. μορμύρω.

Narro. Antiquitus Gnaro, à gnarus. vnde Gnarigo apud Festum, & Dignorare apud eundem. Omnia παρὰ τὸ γνωρίζειν. sic Gnascor, & Gnatus, παρὰ τὸ γνάω, γνάσκω. vt à γνόω, γνώσκω, gnosco, gnotus.

Neptunus. Tuscum, vt Volcanus.

Nonæ. vt à Nouē, Nonus: sic à nouo Nonæ: vt νεομηνία

Græcorum. Et *Chadaſʒ* Hebræorum, id eſt nouus.

Nuncius. planè Syracuſana vox. vt ab ἐν ἑνὸς, οὐγκία, ſic à νέος, νούγκιος Siculi declinarunt.

Nux. Syriacum *Luz*. vt Lympha, Nympha.

Ocrea. ὀκρυόεις.

Odor. ὄζω, ὄδωδα, odor. vt φράζω, conſidero, πέφραδα, φράδων, prudens. Ab eadem mente olere, *d* in *l*: vt dacrumæ, lacrumæ: ἄδακρυς alacer.

Olus, oleo creſco. quòd tranſlata in ortu, ex agreſtibus culta fiunt. quare ab eo dicta λάχανα, ϖρα̣ τὸ λαχαίνειν.

Ops Dea. ὦπις. Heſych. vel ὄπις, vnde ὀπίζεθαι, venerari, colere: ſicut venerari à Venere.

Opto, propriè eſt eligere, conſiderare: vt, *pars optare locum: eligere.* Et Optio electus, ab ὄπλω Græco, video conſidero. opus verò eſt ab ἔπω facio, adminiſtro. vnde δίοπος, qui aliquid facit, adminiſtrat.

Oriens. ὄρω, orior. vnde ὄρνυμι.

Pala. prius paxilla. vt axilla, ala, paxillus, palus, piſtillus, pilus.

Palatium φαλαίζιον. Ita vocabant ſumma iuga veteres Latini, & Græci. vnde Falæ, & Falantum Hetruſcis erat cælum.

Palus. forſan à πηλός.

Paſco. Varro neſcio quid nugatur. Alii à βόσκω. non malè. Ego à πάω πάσκω. vnde etiam πῶυ, Grex.

Panis. Vocabulum magnæ Græciæ. Athen.

Pater. quòd per eum pateat ſemen. ἄπιλλον ϛπυζόπαιζ quæ inuidia eſt deducere à πατήρ?

Pauo. πάως πάϝος Æolicè. Pauo. *t*, in *p*, vt ςάχυς, ſpica: & ϛίς, oſcè, pis. π̔ pit. & pitpit, quicquid. τέσαρες, πίουρες, πέπρες. Oſcè petora, vnde petoritum, quatuor rotarum. Latinj *p*, in *q*, aut *c*. pit, quid. pitpit, quicquid. petora quatuor. πέμπε, pro πέντε, quinque. πόπος, quotus. ἔμπαι, ſequor. ἵππος, equus. λίπω, liquo. vnde linquo, & contra : vt λύκος, lupus.

Pauper, à παῦρος. prima reduplicata. vt popolus, à πολύς. susurrus, à σύρος, vnde συριγξ. Cacula, à cala, ligno. Lucill. *Scinde puer calum, vt caleas.* Propero, à πρῶ. Nisi sit περπρῶ, aut περπρεύομαι: aut potius à περπερὸ, quæ reduplicatio notat celeritatē. Sic à Curuus, cucurbita. à *tor* Syriaco, & Pœnico, turtur. à far, furfur. Mars, Mamers.

Pauor. φίβος. vnde πεισεα, φαψφαβος, παρὰ τὸ φοβεῖσθαι.

Pecunia, à pecu, quòd omnis veterum substantia in pecuaria. Sic Græci πρόβατα à prouentu. πρόβασις Homero, prouentus: quòd eorum copia in pecu.

Pecudes. νοκάδες.

Peluis. πέλυς. vt parum, paruus, &c.

Perdix, παρὰ τὸ πέρδην. Eum enim sonum edit. vnde & κακκαβίζην quoque dicitur. & κάκκη fœtor: vnde Cacare. Hebræi Quoré, id est κλητής. quòd vocet pullos.

Peregrinus. peregre. & Et peragrare, ἀποδημεῖν.

Pistor, à pinsendo. Pinsere, vel, vt veteres dicebant, pisere, πτίσσειν. T perit, vt πέρνη, perna. πτηνός, Æolice πεννὸς, à πετηνός, penna. sic πτηὴρ, ὁ λύῶος, amittit τ, à πτίσσειν. A quo πιστικὴ νάρδος in Euangelio, nardus expressa, & contusa in liquorem, & vnguentum: quod spicatum dicebatur, si ex spica exprimeret: foliatum, si ex foliis. *At mea me libram foliati poscat amica.*

Plaustrum. à palando, quod extendere significat: quasi palaustrum: vt plancæ, quæ prius palancæ. palancæ, seu palāgæ, vt id quoque explicemus, sunt, quas Græci φάλαγγας vocant, quibus subducuntur naues. Varro de vita po. Ro. lib. IIII. *Cùm Pœnus obuiam venisset nostris, & quosdā cœpisset crudelissimè, pro palangis, carinis subiecerat.* relatū id ab Appiano in Libycis: τοὺς αἰχμαλώτης ἡμῶν, τοὺς μὲν εἰς τάφρους ἢ ποταμοῖς ἐμβάλλοντες, ὡς γε φύραις ἐπέβαινον. τοὺς δε τοῖς ἐλέφασιν ὑπέβαλον. Et in Annibale, ἔστι δε οἷς ὑπ' ὀργῆς αἱρεῖ. ἢ τοῖς στόμασι τὸν ποταμὸν ἐγεφύρα, ἢ ἐπέρα.

Poena, ποινή. à πόνος. vt πνόος πνοιή. χλόος, χλόη. μόρος, μοῖρα, &c.

Perna. πέρνη.

Porca. Nonnulli à περσιά. a, in o. vt porrus, à πάρρος antiquo, ex quo πάρσος, & περσός. vt πόρρω, πόρσω, πορσίσω. à quo porro, & prorsus, vt prorsi limites. Et prorsa oratio, deinde Prosa, vt rursum, rusum: sursum, susum: prorsum, prosum. Afranius.

Præmium. à præ, & emo, accipio. demo contrarium accipio. Inde præmiatores, serui publici, qui præibant Flaminem Dialem, dicti à præmio. Ita legendum apud Festum, non *preciamitatores*. Apud Nonium legendum, Præmiatores, nocturni præcones. Nouius Anagrypnuntibus:

Nam in scena vos nocturnos cæpit præmiatores tollere. Dicebatur & Preciæ, à precio: vt Præmiatores à præmio. Virga autem, qua summouebant turbam, dicebatur Commotaculum.

Pratum: Doricè περπά, à περσιά.

Precium, à procando. Procare à προξ προκὸς, vnde προιξ.

Pecto. πέκω, πέκτω. vt τέκω, τέκτω. πλέκω, πλέκτω, plecto.

Proserpina. prius Preserpina à προσιφόνη. Nam ferè quæ in o nunc dicimus, per e enuntiabant.

Rapum, ράπυς. inde ράφανος.

Raudus, & rudis virga, ἡ ῥάβδος eadem origine.

Rete. Rete τὰ ῥωπήϊα, quæ impediunt euntes, aut quæ sunt in fluuiis. Ita τὸ δίκτυον, quia implicat, quæ in eo incidunt.

Rica. ῥέκος, ῥεῖκος. Ricinium.

Robigo. Quia coloris robi. Robū τὸ πυῤῥὸν vocabant, seu rutilum.

Rura. ἄρερα. ἀμέλγω, mulgeo.

Saturnus. Tuscum, vel Syriacum. Aut σάτυρος. Aut vt à λιγυρὸς, Λιγυεῖνος: sic σάτυρος, σατυεῖνος, Saturnus. vt Volturrenus, Volturnus. Quemadmodum Alumento, Catamitus, Melo, Polluces, corruperunt ex Laomedonte, Ganymede, Nilo, Polydeuces.

ETYMOLOGIAE.

Sancus. sacer, sanguis, saxum, Tusca.

Scutum. σκῦτος. ex corio enim.

Seculum. à sequendo. Est enim series temporum. vt tegula, à tego: Regula à rego.

Simpulum. Syriacum.

Signum. σιγμή, τ periit, vt πέρνη perna, πίσω, pinso, πιστήρ pistor. Vt ergo à πυγμή pugna: sic à σιγμή signum.

Sirpo. à sero, id est prehendo. vt à saro antiquo (quod à σαίρω) sarpo: vnde sarmenta.

Sinus. vas. *Sin* Syriacum. vnde fecerunt Sinseneth.

Sponte & spondeo: à σπονδή. Nam quod per sacrificia firmaretur, erat σπονδή. ab ea mente sponte. Nam id non inuiti facere debemus. Vnde etiam Hebræis Nedibath oblatio ἑκούσιος. sponte igitur à σπονδή, id est libatio. Et liber ab eadem caussa. Nam λοιβή, libatio. vnde olim *loiber,* vel *loeber* dicebatur. Festus.

Spica. στάχυς. Æolicè σπάχυς. vt στάδιον, σπάδρον, spatium. vt contra σπουδή, studium.

Taurus. ταῦρος. Sed Græci à Syris Thor, & Thaur: quod Hebræi sor.

Termentarium. ita vocarunt linteum ποδηνεκές. Nam vestem ποδηνεκή & talarem Græci vocant περμιόεντα.

Termini. τέρμονες. termen, terminis.

Templum, τέμενος.

Tera. δαίρα. vt δὰς, δᾶδα. teda. δάσκια, tesca. *a* in *e,* vt δαὴρ, deuir: nunc leuir.

Tutulus. prius Titulus, ὑποκοριστικῶς à Titus. Ὑπὸς à Τίω, defendo, honoro.

Torus. quicquid rotundum. τείρω, τρῶ, τέτορα, τόρος. vnde τορεύω, τορεύματα. Et τόρνος. Inde torqueo. Inde τόρμος, vt à φέρω, φορμός. à κείρω, κορμός. à μοίρα, μορμή.

Trabes. τράφηξ. Lycophron. tamen Ennius trafax, vel, vt est apud Festum trifax dicit, pro trabe, sude, vel cóto:

  Vt permaceret paries percussu trifaci.

Tremo. τρέμω.

Turris. τύρρις, τύρσις. à Syriaco Tur. Id ab Hebræo tzur.
Tubi. τύποι. quòd caui.
Turma. τόρμος. rotūditas. vt cohors: quia cohortes villaticæ rotundæ. Vide Torus.

Vallum. ὑποκοριστικῶς à vanno.
Vellera. σέμματα, à velando.
Vestis. ἕς,ο. vnde ἐσθής.
Venilia. à veniendo. vt εἰλήθυα παρὰ τὸ ἐλθεῖν. Sed diuersæ sunt Deæ.
Vdus. ὕδωρ. vdor.
Venari scrutari venas. Venæ ἶνες. Venatur, qui scrutatur & indagat aliquid.
Video. εἰδέω.
Via. οἴα. Apollon.
Vinum. οἶνος. vt οἶα via. οἶνος Hebraicum.
Vigil. ἀγαλλός. vnde ἀγαλλιάω. a in i. χάω hio, &c.
Vitis. quia lenta. vieo. flecto, ligo. à ui.   -magna vi flexa domatur In burim.
Vibices. ἴβυκες, σίμαή. Hesych.
Viola. ὑποκοριστικῶς. nam ab ἴον.
Vetus. βρετής. βῦ intendit.
Vis. ἴς, alii à βία.
Vligo. detritum ex vdiligo. vt à vitia, vitiligo.
Vmbilicus. ὀμφαλικός, vt, παιδικὰ pædicare. βασιλική Basilica. πρασική brasica.
Volcanus. Tuscum.
Volo. Græcum.
Vrbs. Vrbare & orbare, est circulo circunscribere, περιγράφειν. vnde vrbs, & orbis. orbare seu vrbare Galli dicunt cerner, quasi circinare. ab eo Seneca in Œdipo oculos vocat orbes, vt Sophocles, quem sequitur, κύκλοις. Et qui eos amisit, dicitur orbus, nisi sit antiquum ὀρφὸς, ex quo ὀρφανός.

NOMENCLATVRA AV-
TORVM QVI IN HIS CONIE-
ctaneis aut emendantur, aut
illuſtrantur.

Aeschilus. 134.
Afranius. 15. 74. 106.
Alcman. 135.
Alexis. 192. 197. 198.
Apollonius. 102. 173.
Aristophanes. 151.
Aristoteles. 193.
Athenæus. 77. 162.
Attius. 1. 72. 102. 104. 113.
120. 121. 123. ibidem 128.
130. 160. 161. 178. 182. 183.
194. ibid.
Ausonius. 179.

Callimachus. 42.
Cato. 33. 88. Origin. 180.
Catullus. 10. 59. 68. 130. 162.
166. ibid. 181.
Cæcilius Statius. 115. 176.
195. 199.
Censoriæ tabulæ. 111.
Censorinus. 28.   (ibid.
Cicero. 70. 73. 110. 123. 126.
Clemens Alexãdrinus. 19.
Cor. Tacitus. 144.

Diodorus. 78.
Diomedes. 185. 187. 188. 195.

Dionysius Halicarn. 31.
Dioscorides. 180.
Donatus. 45.

Ennius. 5. & ibidem. 7. 17.
23. 24. 25. 70. 85. 96. 103.
109. 110. 118. 120. 128. 129.
134. 140. ibid. 148. 150. 151
156. 157. 176. 177. 190. 191.
202. ibid. 204.
Epicharmus. 23.
Euripides. 5. 6. 109. 110. 111.
120. 121. 137. 139. 177. 198.
202. 203.

Fabius Pictor. 91.
Festus. 18. 20. 28. 84. 85. 91.
105. 120. 171. 182. 186. 187.
197. 198. ibid. 199.

Galenus. 202.
Gellius. 63. 66. 69.

Hegesander. 2.
Hephæstion. 28.
Hesychius. 6.
Homer⁹. 184. 185. ibid. ibid.
191. ibid.

Horatius.65.131.

Iuuenalis.53.185.

Lex flaminis Dialis.198.
Lex Numæ Regis.59.
Licinius Imbrex Comicus. 34.
Liuius Andronicus.56.
Lucillius. 2. 22. 41. 62. 153. 154.158.166.186.192.
Lucretius.31.
Lycophron.45.

Macrobius.22.147.
Manlius vetustiss. poeta.
Martius Vates.20.
Mattius poeta.184.185.ibidem. ibid.
Menander.36.196.

Næuius.36.118.139.151.158. 196.
Nicander.102.
Nigidius Figulus.183.
Nonius. 1.5. 36.40.41.142. 143.148.157.174.186.195. ibid.
Nouius Atellanarius. 173.

Ouidius.27.32.64.94.
Orpheus.201.

Pacuuius.12.30.118.127.131. 136.137.182.194.197.200

Papinius Statius.189.
Pausanias.85.
Persius.24.35.
Plautus. 42. 43. 46.48. 59. 61.65.68.69.73.77.79.81 84.107.155.159. 163.ibid. 164.165.ibid.166.ibidem 167.172.ibid.ibid.178.181 188.199.ibid.200.ibid.
Plinius.15.50.
Plutarchus.11.75.101.
Pollux.65.77.78.
Pomponius Atellanarius. 10.21.
Priscianus.184.185.
Prouerbium explicatū.145

Seneca.11.98.
Serenus.188.
Sophocles.85.122.123.130.
Stobæus.81.
Strabo.170.
Sudas monachus. 71.80.
Sulpitius.13.

Terentius.63.
Terentianus Maurus.81.
Tertullianus.171.
Theocritus.68.73.
Theophrastus.50.
Titinius.58.188.
Turpilius.87.197.

Varro apud Grammaticos 8.18.25.26.37.ibid.40.55.

61.63.74.75.76.78.83.86 Vetꝰ carmē explanatū 146.
94.ibid.100.142.143.145 Virgilius.17.78.
148.154.159.ibid.172.174 Vlpianus Iurisconſ.162.
194.196.198. Vitruuius.194.
Vetus Poeta innominatus.
98.109.131.139.192. Xenophon.80.

F I N I S.

EXCVDEBAT ROBERTVS STE-
PHANVS TYPOGRAPHVS
REGIVS, LVTETIÆ PA-
RISIORVM, X. CAL.
SEPTEMB. ANNO
M. D. LXV.

12

www.ingramcontent.com/pod-product-compliance
Lightning Source LLC
Chambersburg PA
CBHW021823230426
43669CB00008B/848